Weitere Titel findest du auf der letzten Seite >> >>

Rätselspaß mit
WAS IST WAS

Rätselhefte

Quizblöcke

Ein WAS IST WAS Buch

Polizei

Von Rainer Crummenerl

Illustriert von Raphael Volery

Fachberatung: Polizeihauptkommissar Hans Schmidt, Leipzig
& Polizeihauptkommissar Rainer Seebauer, Nürnberg

TESSLOFF

Vorwort

Seit es Menschen gibt, gibt es auch Verbrechen. Raub, Diebstahl oder Erpressung gehören dazu, zunehmend auch Gewalt und Geiselnahmen, im schlimmsten Fall Mord. Jede Zeit bringt neue Verbrechen hervor, heute sind es vor allem Wirtschaftsverbrechen, Umweltverschmutzung und Internetbetrug.

Früher regelte man Verstöße gegen die allgemeine Verhaltensnorm unter sich. Als Grundsatz galt „Auge um Auge, Zahn um Zahn". Später, als die Landesfürsten nach Belieben schalten und walten konnten, gab es niemanden, der die Rechte aller Menschen des Landes gleichermaßen schützte. Es gab diese Rechte nicht.

Heute, in unserem Land, ist die Polizei für uns alle da. Sie ist immer dann gefordert, wenn Leben, Gesundheit, Freiheit und Eigentum bedroht oder beeinträchtigt sind. Sie hat das Recht, anzuordnen, einzuschreiten, zu vernehmen und sogar festzunehmen. So, wie die Bundeswehr uns vor äußeren Angriffen schützt, gewährleistet die Polizei unsere innere Sicherheit.

Meistens setzen wir Polizeiarbeit mit der Bekämpfung der Kriminalität gleich. Das ist aber nur zum Teil richtig, denn die Arbeit der Beamten mit und ohne Uniform erschöpft sich keinesfalls nur im Aufspüren und Festnehmen von Straftätern. Viel Zeit verbringen sie auch mit der Vorbeugung: Die Polizei gibt wichtige Ratschläge, damit möglichst niemand Opfer einer Straftat wird.

Aber auch in anderen Bereichen ist die Polizei immer stärker gefordert. Das betrifft den ständig dichter werdenden Straßenverkehr ebenso wie die Tätigkeit der Wasserschutzpolizei. Auch die zahlreichen Einsätze bei Staatsbesuchen, Demonstrationen, Fußballspielen, Popkonzerten oder anderen Großveranstaltungen sind sehr aufwendig.

Dieses WAS IST WAS-Buch gibt einen Überblick über die Tätigkeitsfelder der Polizei. Es zeigt, wie sie aufgebaut ist, wie sie arbeitet und welche technischen Mittel ihr zur Verfügung stehen. Besonders ausführlich beschäftigt es sich mit der Bekämpfung der Kriminalität und der Bewältigung der Probleme im Straßenverkehr. Auch die Ausbildung der Polizisten, die Tätigkeit der Spezialeinheiten sowie die immer engere Zusammenarbeit vor allem der europäischen Polizeien werden dargestellt.

Danksagung: Für die freundliche und engagierte Unterstützung bei der Entstehung des Buches bedanken wir uns herzlich bei Alejandro Franco, Isabell Gahn, Wolfgang Geyer, Ivo Krumbach, Markus Kummeth, Johann Meier, Martina Sebald, Christian Strohmaier, Gerd Uphoff sowie dem Polizeipräsidium Mittelfranken.

MIX
Papier aus verantwortungsvollen Quellen
FSC
www.fsc.org
FSC® C084279

WAS IST WAS
BAND 120

Die Schreibweise entspricht den Regeln der neuen Rechtschreibung.

BILDQUELLENNACHWEIS:
FOTOS: AKG, Berlin: S. 90r; Archiv Tessloff Verlag/ W. Geyer, Nürnberg: S. 4, 5, 80r, 10ul, 12ol, 13, 14, 15ol, 16ul, 16o, 17o, 17mr, 20, 21, 30, 31, 33o, 38; Bilderberg, Hamburg: S. 36u, 46or, 46ur, 48r; BKA, Wiesbaden: S. 9u; Corbis, Düsseldorf: S. 46mr, 47, 48l u. Fond; Ecopix.de: S. 15o; Gendarmerie Nationale, France: S 46/47o; Picture-Alliance, Frankfurt: S. 6ur, 7o, 8or, 17u, 19or, 23u, 26u, 26ol, 27, 32or, 34u, 37o, 42o, 46ul; Polizei Hamburg: S. 15mr; Jochen Tack, Essen: S. 1, 4/5 (Fond), 6ol, 8o, 8u, 10ur, 12mr, 12u, 16mr, 16ur, 17ml, 18o, 19ol, 22, 23o, 26ul, 26or, 28, 29, 32u, 32ol, 34o, 36o, 39, 41, 42m (3rd. Fotos), 44, 45; Ullstein Bild, Berlin: S. 9ol.

UMSCHLAGFOTOS: Gettyimages: M. Kappeler (Hubschrauber), V. Rys (Absperrung); Peter Roggenthin, Nürnberg: o. A. (Polizist); Jochen Tack: o. A. (Auto).

UMSCHLAGGESTALTUNG: Antje Ickler, Berlin

ILLUSTRATIONEN: Raphael Volery, Zürich

GESTALTUNG: Johannes Blendinger, Nürnberg

LEKTORAT: Tatjana Marti

ISBN 978-3-7886-1507-9

Inhalt

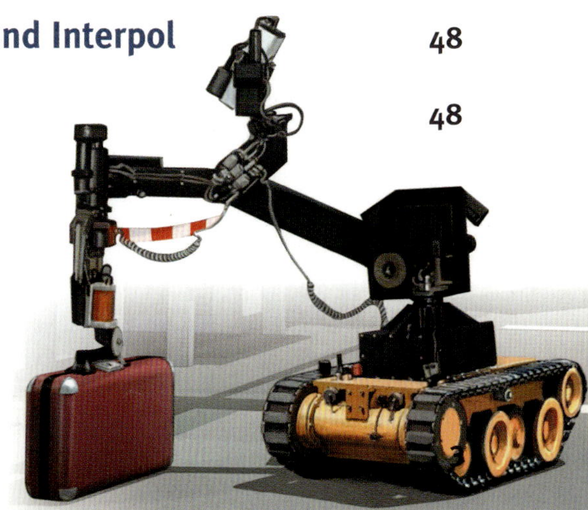

Auf Streife

Im Polizeirevier wird ein Einbruch gemeldet. Der Einsatzleiter sieht auf seinen Monitor. Dann greift er zum Funkgerät: „Löwe 2/206 für Löwe 2/20, kommen.“ Der Funkstreifenwagen meldet sich: „Hier Löwe 2/206!“ „2/206, fahren Sie Pirolweg 30. Auto wurde aufgebrochen. Kommen, ob verstanden.“ „Löwe 2/206, fahren Pirolweg 30, verstanden.“

Funkstreifenwagen sieht man Tag und Nacht. Für die meisten von uns sind sie die Polizei schlechthin. Ihre Besatzungen werden immer dann gerufen, wenn Menschen in eine gefährliche Situation geraten sind oder durch eine Straftat geschädigt wurden. Einen Großteil ihres Dienstes verbringen sie mit vorbeugenden Streifenfahrten. Isabell und Markus sind Streifenpolizisten in Nürnberg. So könnte ihr ganz normaler Arbeitstag aussehen:

Isabell, Polizeimeisterin

Markus, Polizeihauptmeister

Nach dem Aufrüsten des Funkstreifenwagens beginnen Markus und Isabell ihre vorbeugende Streifenfahrt.

6:30 Die Frühschicht beginnt. Markus und Isabell holen ihre Dienstwaffen aus dem Schließfach. Dann rüsten sie den Streifenwagen auf. Die meisten Dinge, die man braucht, sind bereits an Bord. Wenn alles verstaut ist, geht es los.

Raub im Juwelierladen. Der Inhaber informiert die Polizisten.

7:10 Der erste Auftrag kommt über Funk. Ein Wagen wurde aufgebrochen. Der Besitzer war verreist. Die Streife fährt zu ihm. Markus nimmt seine Personalien auf und stellt fest, was fehlt. Isabell sucht nach Spuren und fotografiert den Tatort. Ein Ermittler wird den Einbruch weiterbearbeiten.

Markus sieht einen Mann, auf den die Beschreibung passt. Er läuft ihm hinterher.

Die beiden Polizisten stellen den Mann. Er leistet keinen Widerstand.

Die Durchsuchung des Täters bringt die gestohlenen Dinge zum Vorschein.

8:15 Anschließend Streifenfahrt im Stadtteil Johannis, wo in letzter Zeit viele Autos aufgebrochen wurden.

9:10 Eine ältere Dame vermutet Einbrecher auf ihrem Grundstück. Isabell und Markus können jedoch niemanden finden.

Das Funkgerät verbindet den Streifenwagen mit der Wache. Dort koordiniert ein Beamter die Einsätze der Streife.

9:55 Wieder ein Funkspruch: „VU ohne in Rosenau" – ein Verkehrsunfall ohne Verletzte. Markus schaltet das Blaulicht ein. Am Unfallort notiert er die Daten der Unfallbeteiligten und befragt Zeugen. Isabell macht Fotos und funkt an das Revier, damit zwei Abschlepper verständigt werden. Nach einer Stunde ist die Straße wieder frei.

10:45 Markus und Isabell kehren zum Revier zurück und schreiben Protokolle. Anschließend gehen sie in der Innenstadt zu Fuß auf Streife.

13:45 Der Streifengang verläuft ruhig. Eine Touristin fragt nach dem Weg. Markus fordert einen Autofahrer auf, aus der Fußgängerzone zu fahren.

14:25 Über Funk wird ein Raub in einem Juwelierladen gemeldet. Die beiden sind schnell vor Ort. Dem Inhaber steckt der Schreck noch in den Gliedern, aber er kann eine gute Beschreibung des Täters liefern und zeigt, in welche Richtung er davongerannt ist. Während Isabell das Geschehen aufnimmt, ist Markus schon auf der Straße – weit kann der Täter noch nicht sein. Einige Straßen weiter sieht er einen Mann, auf den die Beschreibung passt. Überrascht setzt der Täter zu einem Spurt an, doch Markus kann ihn nach wenigen Metern stoppen. Der Mann leistet keinen Widerstand. Inzwischen ist auch Isabell vor Ort. Bei der Durchsuchung kommen die gestohlenen Uhren zum Vorschein.

Gute Kontakte zu den Bürgern sind wichtig für die Polizeiarbeit.

14:55 Der Mann wird zur Dienststelle gebracht und dort vernommen. Isabell informiert den Juwelier.

16:00 Dienstschluss. Isabell und Markus schließen ihre Dienstwaffen wieder weg.

Auftrag: Ordnung und Sicherheit

Die Kriminalpolizei ist für die Vorbeugung und die Verfolgung von Verbrechen und Vergehen zuständig; hier bei der Festnahme eines Straftäters.

Was macht die Polizei?

Was wäre, wenn es keine Polizei gäbe? Dann würde vieles im Land drunter und drüber gehen: Diebe bekämen immer längere Finger, Mörder bräuchten kein Gefängnis zu fürchten, Autobahnraser könnten ungestraft drängeln, Umweltsünder würden hemmungslos die Umwelt verpesten und Randalierer immer öfter ihre Mitmenschen belästigen. Dies alles und noch vieles mehr aber ist verboten. Jeder kann es nachlesen. Es steht in den Gesetzen unseres Landes. Ob wir ohne sie auch so gut zusammenleben würden?

Doch was nützen die besten Gesetze, wenn manche Menschen sich nicht an sie halten. Diese Menschen sind die Ausnahmen in unserer Gesellschaft. Mit ihnen beschäftigt sich die Polizei. Sie ist dazu da, die Einhaltung unserer Gesetze zu kontrollieren und dafür zu sorgen, dass wir sicher leben können. Und sie hat das Recht, notwendige Maßnahmen notfalls auch mit Zwang durchzusetzen. Dieses Recht gibt ihr, ebenso wie die Pflichten, ein Gesetz – das Polizeigesetz.

Wo wird die Polizei vor allem tätig?

Die Polizei wird vor allem in den drei großen Hauptbereichen Strafverfolgung, Verfolgung von Ordnungswidrigkeiten sowie Gefahrenabwehr tätig. Der Begriff Strafverfolgung umfasst alles, was

Die Bereitschaftspolizei durchsucht das Gelände nach einer vermissten Person oder wird bei Großeinsätzen wie Naturkatastrophen, Sportveranstaltungen oder Demonstrationen eingesetzt.

Straftaten

Was ist eigentlich eine Straftat? Juristen sagen es so: Eine Straftat ist ein rechtswidriges und schuldhaftes menschliches Verhalten, das mit Strafe geahndet wird. Bei Straftaten unterscheiden sie zwischen Verbrechen und Vergehen. Verbrechen sind rechtswidrige Taten, die mindestens mit Freiheitsstrafen von einem Jahr oder darüber bestraft werden. Wird dagegen eine geringere Freiheitsstrafe oder eine Geldstrafe verhängt, spricht man von einem Vergehen.

INTERNETWACHE

Die bundesweit erste Online-Wache ist 2003 im Bundesland Brandenburg eröffnet worden. Bei der virtuellen Polizeiwache können Anzeigen erstattet und Demonstrationen angemeldet werden. Online-Formulare ermöglichen den direkten Kontakt. Die Beschwerden und Hinweise der Bürger werden verschlüsselt übermittelt. Die Wache untersteht der Leitstelle des Polizeipräsidiums Potsdam.

zur Aufklärung einer Straftat beiträgt. Dazu gehören nicht nur Tatortaufnahmen, Vernehmungen, Observationen, Befragungen sowie Festnahmen. Auch das enge Zusammenwirken mit der Staatsanwaltschaft ist dafür unerlässlich. Keine Straftaten sind die Ordnungswidrigkeiten. Sie werden, wie falsches Verhalten im Straßenverkehr, mit einem Bußgeld geahndet.

Unter Gefahrenabwehr versteht man alles, was die Polizei unternimmt, um Schäden für Leib und Leben abzuwenden oder Sachschäden zu verhindern. Dieser Begriff schließt die berühmte Katze auf dem Baum ebenso ein wie die Suche nach vermissten Personen oder den Großeinsatz bei einem Fußballspiel. Er ist so weit auslegbar, dass man ihn mit Beispielen allein nur unvollkommen darstellen kann. Allgemein aber gilt, dass jede Verletzung eines geschriebenen Gesetzes polizeiliches Handeln vorschreibt. Zur Gefahrenabwehr gehört aber auch, Straftaten zu verhüten und sie vorbeugend zu bekämpfen. Man nennt dies präventive, also vorbeugende, polizeiliche Tätigkeit.

Die Schutzpolizei sorgt für die Aufrechterhaltung der öffentlichen Sicherheit und Ordnung, die allgemeine Strafverfolgung sowie die Straßenverkehrsüberwachung.

Erste Anlaufstelle Polizeiwache: Einer Frau wurde die Tasche entrissen, ein Junge meldet sein Fahrrad als gestohlen.

Wasserschutzpolizisten auf ihrer täglichen Patrouillenfahrt sorgen für den Umweltschutz und die Verkehrssicherheit auf unseren Wasserstraßen.

Wo kommt der Polizist her? Die Mütze und das Wappen am Ärmel verraten es.

Wie ist die Polizei aufgebaut?

In Deutschland liegt die Polizeihoheit bei den 16 Bundesländern. Die Polizei wird in Polizeiverwaltungsbehörden und Vollzugspolizei untergliedert. Polizeiverwaltungsbehörden sind zum Beispiel das Ordnungsamt oder das Gewerbeaufsichtsamt.

Die Vollzugspolizei ist der Teil der Polizei, der den Hauptteil der Gefahrenabwehr übernimmt. Dazu gehören vor allem die Schutzpolizei (SchuPo), die Kriminalpolizei (KriPo), die Bereitschaftspolizei (BePo) und die Wasserschutzpolizei (WaPo).

Die oberste Polizeibehörde eines Bundeslandes ist das Landespolizeipräsidium. Ihm sind neben dem Landeskriminalamt (LKA) und dem Präsidium der Bereitschaftspolizei auch die Landespolizeidirektionen (in manchen Bundesländern Polizeipräsidien genannt) nachgeordnet. Diese führen die Dienst- und Fachaufsicht über die Polizeidirektionen, die jeweils für eine große Stadt oder einen Kreis zuständig sind. Kleinste Einheiten sind die Reviere und Posten. Das Bundesland Baden-Württemberg, mit zehn Millionen Einwohnern eines der größten, hat fast 160 Polizeireviere und über 600 Polizeiposten. In Deutschland gibt es insgesamt etwas mehr als 270000 Polizeibeamte. Allein 20000, davon 15000 Schutzpolizisten, sorgen in Berlin für Ordnung und Sicherheit.

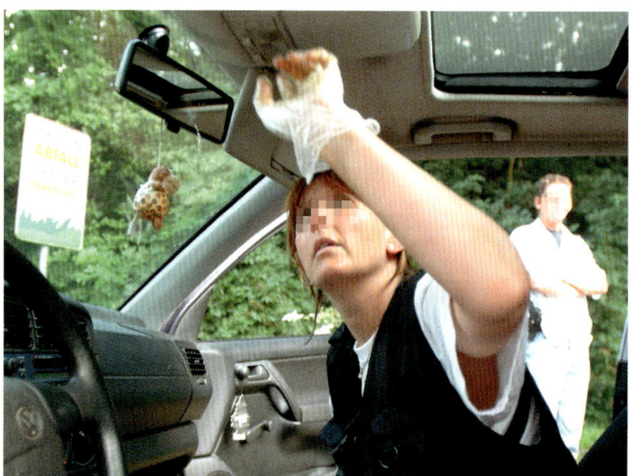

Nicht nur an den Grenzen aktiv – Zollfahnder bekämpfen Rauschgiftkriminalität, Waffenschmuggel, Ein- und Ausfuhrdelikte, Geldwäsche und Schwarzarbeit.

Finanzpolizei

Auch eine sogenannte Finanzpolizei gibt es. Das ist der Zoll. Er ist dem Finanzministerium unterstellt und wird vor allem bei Rauschgiftkriminalität, Waffenschmuggel, Ein- und Ausfuhrdelikten, Geldwäsche und im Kampf gegen Schwarzarbeit tätig. Die „Kriminalpolizei" der Zollverwaltung ist die Zollfahndung. Der Zoll arbeitet oft mit der für die Grenzsicherung zuständigen Bundespolizei (BPo) zusammen. Die Bundespolizei unterhält drei Spezialeinheiten: eine Fliegergruppe, die Grenzschutzgruppe 9 (GSG 9) und eine Dienststelle zur Bekämpfung der organisierten Kriminalität.

Seit wann gibt es die Polizei?

Eine Polizei im heutigen Sinne gibt es noch nicht lange. In früheren Zeiten zweigte man Kräfte zur Aufrechterhaltung der geltenden Ordnung einfach vom Militär ab. Bei den alten Griechen übernahmen Gerichtsdiener diese Aufgabe. Ihr Oberbegriff für die gesamte Verwaltung einer Stadt lautete „Politeia". Seit dem Mittelalter stand „gute Policey" für eine gute Verwaltung, „Policey-Kräfte" hießen später auch die Sicherheitskräfte. Noch heute werden sie nahezu weltweit Politi, Polis, Police, Policia oder Polizei genannt. Mit dem Wachsen der Städte wuchs auch der Bedarf an Sicherheitskräften. Richters- und Pfändersknechte wurden eingestellt, Henkersposten und Wachdienste geschaffen. Doch dies alles war uneinheitlich. Auch die mit der Wahrnehmung der Polizeiaufgaben betrauten Armeen waren überfordert. Während sie von Krieg zu Krieg zogen, überflutete räuberisches Gesindel Stadt und Land. Es wurde Zeit zu handeln. So entstanden im 18. Jahrhundert die ersten echten Polizeieinheiten. Aber erst nachdem ein Missbrauch der Polizeigewalt durch die Landesfürsten nicht mehr möglich war, wurde der Grundstein für das heutige Verständnis des Polizeibegriffs gelegt. Das erste Land, das eine kriminalistische Arbeit begann, war Frankreich: 1810 entstand in Paris die Brigade de Sûreté, die Sicherheitsbrigade. Ihr Chef wurde ein ehemaliger Sträfling: Eugène François Vidocq (oben) glaubte, dass Verbrechen nur durch Verbrecher bekämpft werden können.

Die ersten motorisierten Streifenpolizisten der Berliner SchuPo, 1925

Das Rechenzentrum des BKA mit dem zentralen Fahndungscomputer

Wofür ist das BKA zuständig?

Eine Sonderstellung innerhalb der deutschen Polizei nimmt das Bundeskriminalamt (BKA) ein. Es ist die zentrale Kriminalpolizei in Deutschland und befindet sich in Wiesbaden, Meckenheim und Berlin. Das BKA hat die Aufgabe, die Verbrechensbekämpfung auf nationaler und internationaler Ebene zu koordinieren. Alle wichtigen Meldungen über Straftaten und Straftäter, die überregionalen Charakter haben, werden dem BKA übermittelt. Hier steht auch der zentrale Fahndungscomputer der deutschen Polizei. In bestimmten schwerwiegenden Kriminalfällen ermittelt das BKA auch selbst.

Eine Abteilung des BKA ist das Kriminaltechnische Institut (KT). Es verfügt über modernste technische und naturwissenschaftliche Einrichtungen. In ihnen sind rund 300 Chemiker, Physiker, Biologen, Ingenieure, Psychologen, Elektroniker und andere Wissenschaftler tätig. Sie arbeiten eng mit den Landeskriminalämtern sowie mit kriminaltechnischen Instituten im Ausland zusammen.

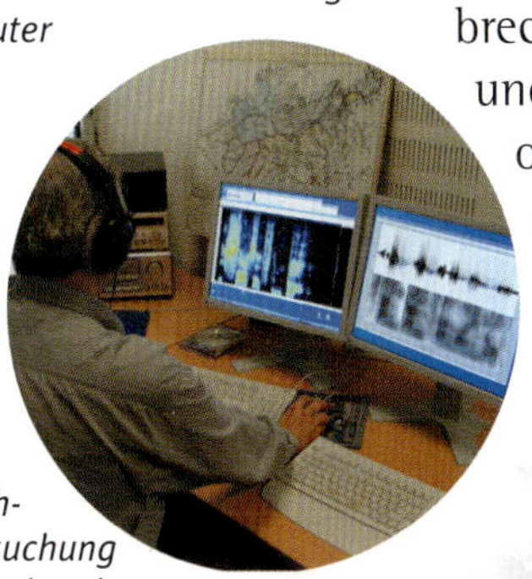
Sprachuntersuchung von Tonbandaufzeichnungen

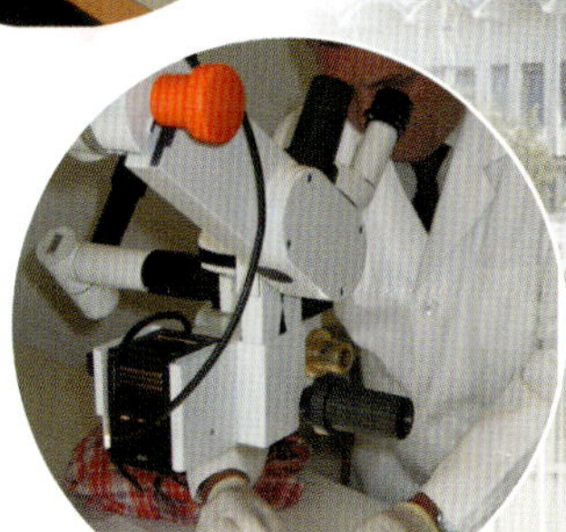
Spurensuche und -sicherung an einer Tatwaffe mit dem Mikroskop

Außenansicht des Wiesbadener BKA. Insgesamt arbeiten über 5 000 Mitarbeiter für das BKA.

Wachdienst

Notruf 110 – der direkte Draht zur Polizei

Wohin geht ein Notruf?

Immer dann, wenn jemand dringend die Polizei alarmieren muss, wählt er die Notrufnummer 110. Sie gilt überall in Deutschland und verbindet den Anrufer mit dem Führungs- und Lagezentrum der Polizeibehörde. Speziell geschulte Beamtinnen und Beamte nehmen rund um die Uhr die Gespräche der Hilfesuchenden an und leiten sofort alle notwendigen Maßnahmen ein. Weil oft jede Sekunde zählt, ist es wichtig, möglichst schnell die richtigen Informationen mitzuteilen.

Die Rufnummer 110 sollte man nur in wirklich dringenden Fällen benutzen. Denn jeder Funkstreifenwagen, der umsonst gerufen wird, fehlt dort, wo er schnelle und echte Hilfe leisten muss. Deshalb wird der Missbrauch von Notrufeinrichtungen empfindlich bestraft.

In modernen Polizeileitstellen können die diensthabenden Beamten genau erkennen, wer sie auf der 110 anruft. Jede Nummer wird angezeigt – egal, ob der Anruf vom Mobiltelefon, vom Festnetz oder aus einer Telefonzelle kommt. Auch Nummern, die normalerweise „unterdrückt", also nicht angezeigt werden, erscheinen auf den Bildschirmen der Leitstellen-Telefoncomputer.

Wie arbeitet eine Leitstelle?

In der Leitstelle trifft eine wichtige Meldung ein: Am Westplatz hat sich ein Verkehrsunfall ereignet. Der Stadtring ist blockiert; schnelle Hilfe ist erforderlich. Der Leitstellenbeamte rea-

Notruf 110

Bei einer Notfallmeldung sind diese Angaben am wichtigsten:

Wer ruft an? (Vor- und Familienname)

Wo befinden Sie sich? (Stadtteil, Straßenname, Hausnummer)

Wann ist etwas passiert? (unmittelbar vor dem Anruf oder schon früher?)

Was ist passiert? (Verkehrsunfall/Unglücksfall; Raub-/Überfall; Schlägerei/Bedrohung)

Wie viele Personen sind beteiligt bzw. verletzt? (Anzahl der Verletzten und Art der Verletzungen)

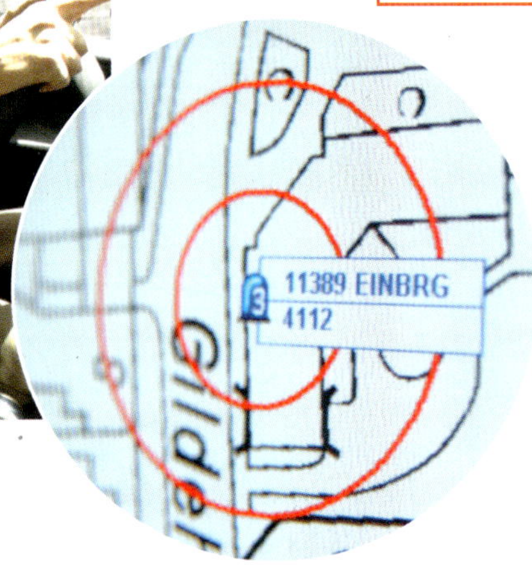

Per Computer wird der Streifenwagen ermittelt, der am schnellsten am Einsatzort sein kann.

Weitere Angaben bei Unfällen im Verkehr:
Ist ein Gefahrguttransport beteiligt?
Läuft etwas daraus aus?
Wie lauten die Ziffern auf den orangen Warntafeln?
Wo (auf der Fahrbahn) befindet sich die Unfallstelle?
Ist sie abgesichert oder beleuchtet?

Weitere Angaben bei Straftaten oder Unfallflucht:
Haben sich Beteiligte entfernt?
Wenn ja, in welche Richtung und wie lange ist dies her?
Können Sie Kennzeichen/ Beschreibung angeben?

giert gelassen. Er sitzt vor einer Computer-Workstation mit drei Bildschirmen. Für jede der 200 möglichen Einsatzarten sind hier Maßnahmenkataloge gespeichert – von A wie „Alarmierung“ bis Z wie „Zugunglück“. Sie schlagen konkrete Einsatzmittel vor. Selbst Tageszeit und Örtlichkeit werden automatisch berücksichtigt. Jedem Einsatz wird eine Bedeutungsstufe zwischen eins und fünf zugeteilt – ein schwerer Verkehrsunfall auf einer Hauptverkehrsstraße ist dringlicher als ein kleiner Einbruch.

Ein Blick auf den Monitor verrät dem Beamten, welche Fahrzeuge sich in der Nähe des Platzes befinden – sämtliche Streifenwagen, Motorräder und auch Zivilwagen sind mit dem System verbunden. Per Funk können diese, ebenso wie Rettungswagen oder Spezialtechnik, zum Unfallort geschickt werden. Noch während die Fahrzeuge unterwegs sind, informiert sich der Einsatzleiter, wie der Westplatz beschaffen ist. Tausende Kreuzungen und Straßennamen, zahlreiche Grundriss- und Lagepläne sowie Objekte wie Banken, Sportanlagen, Parkhäuser und vieles mehr sind in seinem Computer gespeichert. Das erleichtert alle weiteren Anweisungen.

Die ganze Aktion dauert nur wenige Minuten. In dieser Zeit hat der Einsatzbeamte auch ein Einsatzprotokoll erstellt. Standardisierte Angaben im Computer helfen ihm dabei.

In der Leitstelle laufen die wichtigsten Informationen zusammen und werden weitergeleitet.

„Fremdenführer“ Streife – ein Tipp vom Ortskundigen

Welche Aufgaben hat der Streifendienst?

Wenn jemand die Polizei braucht, dann ist – abgesehen vom Notruf 110 – in den allermeisten Fällen das jeweils zuständige Polizeirevier oder der Polizeiposten im Ort die richtige Anlaufstelle. Dort sind die Frauen und Männer des Streifendienstes rund um die Uhr für die Bürger da. Sie gehören der Schutzpolizei an und arbeiten im Schichtdienst. Schutzpolizisten sind die „Feuerwehrleute“ der Polizei. Sie erreichen gewöhnlich als Erste einen Ereignisort. Schutzpolizisten müssen sehr vielseitig sein. Sie nehmen Fundsachen entgegen und Verkehrsunfälle auf, sie bearbeiten kleine und mittlere Straftaten wie Einbrüche und Diebstähle, sie regeln und überwachen den Straßenverkehr, sie schützen Großveranstaltungen und sie helfen in Fällen häuslicher Gewalt. Vor allem aber sind sie für die Abwehr und Beseitigung von Gefahren aller Art zuständig. Das können neben Bedrohungen, Erpressungen oder Schlägereien auch solche Dinge sein wie auslaufendes Öl oder Brände. Die Polizei muss hier den Hergang aufklären und die zuständigen Stellen alarmieren.

Für diese und weitere Aufgaben gibt es ein dichtes Netz von Polizeidienststellen.

Viele ihrer Beamtinnen und Beamten fahren oder gehen Streife und achten auf Sicherheit im Revier.

Welche Formen des Streifendienstes gibt es?

Am häufigsten begegnet man den Fußstreifen und den Funkwagenstreifen. Aber es gibt auch Motorradstreifen und sogar Streifenbeamte, die auf Fahrrädern unterwegs sind.

Die Besatzungen der Funkstreifenwagen verbringen einen Großteil ihres Dienstes mit vorbeugenden Streifenfahrten. Aufmerksam beobachten sie das Geschehen auf

Auch bei häuslicher Gewalt hilft die Schutzpolizei. Hier ist Einfühlungsvermögen gefordert.

GEFILMT

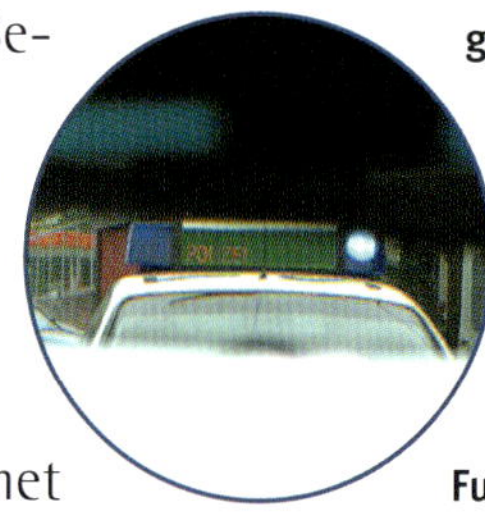

Wer das Anhaltesignal „Stopp Polizei“ eines Streifenwagens im Rückspiegel seines Autos sieht, wird immer häufiger gefilmt: Viele Streifenwagen verfügen über Videokameras hinter der Windschutzscheibe. Sobald ihre Funktion aktiviert ist, blinkt zwischen Frontscheibe und Rückspiegel – dem Sitz der Kamera – eine von außen erkennbare rote Leuchtdiode. Täter sollen so von Übergriffen auf Polizeibeamte abgehalten werden. Das Filmmaterial wird nur bei Straftaten ausgewertet.

Eine Fahrradstreife überrascht durch ihr plötzliches und lautloses Erscheinen zwei Straftäter.

MOTORRADSTREIFEN sind schneller und wendiger als Streifenwagen: Sie werden eingesetzt, um den Straßenverkehr in besonderen Situationen zu überwachen und zu lenken. Aber auch Schwerpunktkontrollen (Alkohol, Geschwindigkeit), Sperrkreise bei Alarmfahndungen sowie Ehren- und Sicherungsgeleite gehören zu ihren Aufgaben. Die Polizisten führen ein Funkgerät, Blaulicht und eine Lautsprecheranlage mit sich.

Straßen und Plätzen. An Bord ihrer Fahrzeuge befinden sich moderne Sprechfunkanlagen mit Freisprecheinrichtungen und oft auch Einrichtungen zur Videodokumentation von Anhalte- und Kontrollvorgängen. Dazu kommen eine Lautsprecheranlage, Warnblinkleuchten Signallampen, Fotoapparate, Werkzeuge und anderes mehr. Funkstreifenwagen halten ständig Kontakt zu ihren Wachen. Ähnliche Aufgaben haben Motorradstreifen.

Fahrradstreifen bevorzugen Orte, an denen Streifenfahrzeuge nur hinderlich wären. Dazu gehören enge Fußgängerzonen, Wohngebiete, Kleingartenanlagen und Parks. Die uniformierten Biker sehen und hören mehr als ihre Kollegen im Streifenwagen und sie werden oft angesprochen. Ein weiterer Vorteil ist ihr Überraschungseffekt. Durch die nahezu geräuschlose Anfahrt und das plötzliche Erscheinen der Polizisten können Täter oft frühzeitig erkannt und festgenommen werden. Der Radstreifendienst ist daher vor allem in der offenen Drogenszene sehr gefürchtet.

Zu den Aufgaben der radelnden Polizei gehört auch die Bekämpfung von Delikten rund um das Fahrrad, die allgemeine Fahndung nach Fahrraddieben und deren Festnahme im Rahmen von Verkehrskontrollen. In manchen Städten gibt es auch zivile Bike-Fahnder.

Motorradpolizisten mit ihren schnellen Maschinen ...

... sind aus der Verkehrsüberwachung nicht mehr wegzudenken.

Auch Schreibtischarbeit gehört zu den täglichen Pflichten eines Polizisten.

Festnahme

Kann ein dringend Tatverdächtiger auch ohne richterlichen Haftbefehl festgenommen werden? Er kann – wenn er auf frischer Tat ertappt wird, wenn Fluchtgefahr besteht und wenn er sich weigert, seine Personalien preiszugeben. In solchen Fällen ist nicht nur der Polizei die Festnahme erlaubt. Dies dürfen alle Bürger unseres Landes – auch Minderjährige. Diese „Jedermann-Festnahme“ muss aber verhältnismäßig erfolgen. Beispielsweise darf sie nicht bei geringsten Vergehen zu erheblichen Verletzungen beim Täter führen.

Was ist eine Anzeige?

Nach der Streife wartet in der Dienststelle auf die Beamten der zweite Teil ihrer Arbeit. Dann müssen sie all das ausführlich festhalten, was sie sich zuvor schon kurz notiert haben: Unfallhergänge, Zeugenaussagen oder Beobachtungen. Zwischendurch nehmen sie Anzeigen auf, die von Bürgern auf ihrer Wache erstattet werden. Ein Fahrrad ist verschwunden, ein Handy wurde gestohlen oder eine Bedrohung ist ausgesprochen worden – jede entdeckte Straftat sollte sofort der Polizei gemeldet werden. Wer dies tut, übergibt den Beamten eine wertvolle erste Information; er erstattet eine Anzeige. Anzeige kann jeder erstatten, auch ein Kind. Es gehört zu den Pflichten der Polizei, alle Angaben schnell und sorgfältig zu prüfen.

Anzeigen kann man schriftlich, mündlich oder telefonisch erstatten. Seit kurzer Zeit ist dies auch online möglich. Das geht ganz einfach. Wichtig ist nur, genau zu beschreiben, was wann und wo passiert ist und wer das Genannte getan haben könnte. Wer eine Anzeige erstattet, nützt nicht nur der Polizei. Er hilft auch mit, dass immer weniger Straftaten unerkannt bleiben. Wer von schweren Verbrechen wie Mord, Raub oder Geiselnahme weiß, ist sogar zur Anzeige verpflichtet.

Schutzwesten

Zur Ausstattung eines Streifenpolizisten gehören auch Schutzwesten. Sie werden in den Einsatzfahrzeugen mitgeführt oder in den Dienststellen bereitgehalten. Darüber hinaus gibt es maßgeschneiderte Unterziehschutzwesten. Sie bestehen aus einem

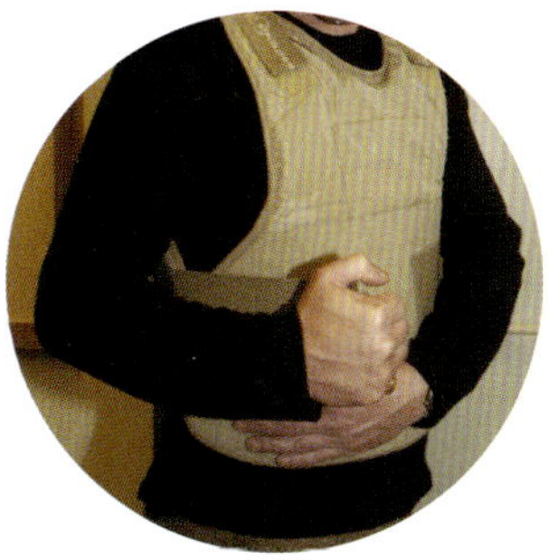

schussfesten Gewebe, das auch Angriffen mit Messern widersteht, und wiegen nur 1,3 Kilogramm (oben).

Farbwechsel: Heute sind die Polizeifahrzeuge überwiegend blau-silbern.

Wie ist ein Schutzpolizist ausgerüstet?

Vor über 30 Jahren führte ein Schutzpolizist in Bremerhaven nicht nur Signalpfeife, Schlagstock und Pistole mit sich. Zu seiner Grundausstattung gehörten auch ein sauberes Taschentuch und 20 Pfennig. Die Münzen sollten zum Telefonieren verwendet werden und das Taschentuch diente zur Sicherung von Spuren.

Heute ist jeder Streifenpolizist mit Taschenlampe, Schreibzeug, Handschellen, einem Funkgerät und einer Waffe nebst Reservemagazin ausgerüstet. Dazu kommt ein Pfefferspray. Es wird nicht in einem Sprühnebel ausgebracht, sondern in einem ballistischen Strahl, dessen Reichweite zwischen drei und acht Metern schwankt. Pfefferspray stoppt sofort jeden Angriff und hat keine Gesundheitsschäden der Opfer zur Folge.

Weil ein Großteil der Polizeiarbeit auf der Straße erfolgt, stehen immer mehr Streifenpolizisten wichtige Daten auch auf Handys oder PDAs, kleinen mobilen Computern, zur Verfügung – der Streifenwagen wird immer mehr zum rollenden Revier. Die Streifenpolizisten können somit schon vor Ort auf Fahndungsdaten, Daten der Einwohnermeldeämter oder des Kraftfahrt-Bundesamtes zurückgreifen.

Auch die Polizeiuniformen sind meistens blau.

Schirmmütze mit Polizeistern und Wappen des Bundeslandes.

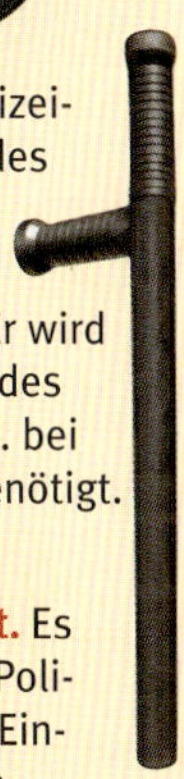

Schlagstock. Er wird zum Schutz des Beamten z. B. bei Randalierern benötigt.

Handfunkgerät. Es verbindet den Polizisten mit der Einsatzzentrale.

Am Gürtel befindet sich auch die Tasche mit dem **Reservemagazin.**

Vierbeinige Helfer

Wann kommen Diensthunde zum Einsatz?

Ein verlässlicher Helfer des Schutzpolizisten in seinem täglichen Dienst ist der Hund. Seine Schnelligkeit und Ausdauer bei der Verfolgung von Personen oder einfach nur sein Respekt einflößender Anblick können in bestimmten Situationen durchaus mehrere Beamte ersetzen. Die Schutzhunde, wie diese Diensthunde heißen, stöbern auch Tatwerkzeuge und Straftäter auf und sie sind beim Objektschutz gefährdeter Häuser und Grundstücke ebenso unentbehrlich wie beim Schutz von Großveranstaltungen.

Bei besonderer Eignung erfolgt eine Spezialisierung zum Fährten-, Rauschgift-, Sprengstoff- oder Leichensuchhund.

Hund und Herrchen – nicht nur im Dienst ein unzertrennliches Team!

Hunderassen

Nicht jeder Hund bringt die Voraussetzung mit, bei der Polizei zu „arbeiten“. Am besten geeignet sind Deutscher und Belgischer Schäferhund, Rottweiler, Boxer, Dobermann und Riesenschnauzer. Viele Dienststellen bevorzugen den Belgischen Schäferhund, von dem es vier Rassen gibt. Eine davon ist der Malinois. Diensthundeführer schätzen seine Wachsamkeit und sein lebhaftes Temperament. Der Malinois verteidigt seinen Herrn hartnäckig und leidenschaftlich. Polizeihunde arbeiten meist im Schichtdienst und verbringen einen Großteil ihres Lebens an der Seite ihres Hundeführers. Auch in ihrer freien Zeit sind Herr und Hund nur selten getrennt, weil jeder Diensthund bei seinem Herrn zu Hause lebt. Die meisten Polizeihunde gehen nach sechs bis acht Dienstjahren in den Ruhestand.

Schäferhunde sind verlässliche und berechenbare Diensthunde.

Mit überlegenem Riecher

Am längsten dauert die Ausbildung zum Sprengstoffspürhund. Dieser Spezialdiensthund „beschnuppert“ in fünfzehn Wochen alle gängigen gewerblichen und militärischen Sprengstoffe, Waffen und Munition. Er zeigt seinem Führer durch Vorsitzen an einem Versteck an, dass er spezielle Duftmoleküle wahrgenommen hat. Spezialdiensthunde nehmen Duftstoffe bis zu 10 Millionen Mal besser wahr als der Mensch. Einmal im Jahr muss jeder Diensthund zur Fortbildung.

25 000 Gerüche kann der Hund voneinander unterscheiden.

Wassersuchhunde können Menschen sogar durch das Wasser riechen. Die Wassertiefe spielt dabei in strömungsfreien Gewässern keine Rolle.

Der Scheintäter wird nicht nur verbellt, sondern auch festgehalten.

Ausbildung

Der Weg vom Junghund zum Diensthund ist nicht einfach. Er beginnt mit einem elfwöchigen Grundlehrgang. Eine Diensthundeprüfung schließt ihn ab. Geübt werden in den ersten Wochen vor allem Unterordnung, Fährtensuche und Schutzdienst. Dem künftigen Diensthund wird beispielsweise beigebracht, wie man Fährten oder verlorene Gegenstände sucht, Hindernisse bewältigt oder „bei Fuß" läuft, also den Herrn mit seiner Schulter in Höhe des linken Knies begleitet – egal in welchem Tempo. Beim Schutzdienst gehören die Suche nach einem Scheintäter, Einholen, Stellen, Verbellen und Festhalten zu den Schwerpunkten des Lehrgangs.

Mörder „gerochen"

Der Polizeidiensthund wurde in Deutschland Ende des 19. Jahrhunderts als Einsatzmittel entdeckt. Er war damals in erster Linie Begleiter des im Streifendienst eingesetzten Beamten und nahm nach heutigem Maßstab die Aufgabe eines Schutzhundes wahr. Als es 1904 einem Polizeihund gelang, dank seiner Riechleistung einen Mörder zu fassen, begann man über die Einsatzmöglichkeiten des Polizeihundes im kriminalpolizeilichen Ermittlungsverfahren nachzudenken. Die Ausbildung und der Einsatz von Spürhunden setzten aber erst viel später ein. Rauschgiftspürhunde „arbeiten" in der Bundesrepublik seit 1972, Sprengstoffspürhunde seit 1976.

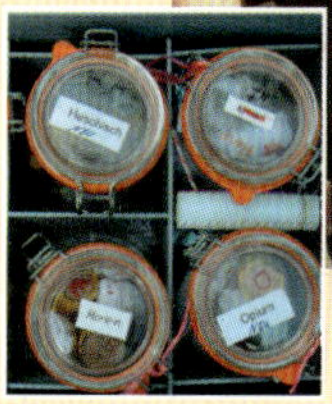

Der Rauschgiftspürhund lernt im Training verschiedene Proben von Rauschgift (links) kennen.

Über Stock und Stein

Auch Pferde helfen der Polizei. Vor allem in Parks, Auen und auf großen Friedhöfen sind Reiter den anderen Einsatzkräften deutlich überlegen. Auch der Schutz von Sportereignissen gehört zu den Aufgaben einer Reiterstaffel. Bei randalierenden Fußballfans kann ein berittener Beamter zehn bis zwölf „normale" Polizisten ersetzen – der Respekt vor den großen Tieren ist unübersehbar. Polizeipferde sind mit Leuchtgamaschen und Steigbügelleuchten ausgerüstet. Die reitenden Polizisten tragen eine Signalweste. Das ist auch deshalb nötig, weil die Pferde nach der Straßenverkehrsordnung als Fahrzeuge gelten. Sie müssen im Ort also dort geritten werden, wo die Autos fahren: auf der Straße. Bevor die – reiterlich schon fertig ausgebildeten – Polizeipferde ihren Dienst aufnehmen können, werden sie noch „polizeifest" gemacht. Dazu gehört, sie an jegliche Umwelteinflüsse zu gewöhnen: vom lauten Hupen über platzende Luftballons bis zum durchdringenden Geräusch des Martinshorns. Am wichtigsten bei der Ausbildung zum Polizeipferd ist aber, dass die Neulinge bei kleineren Einsätzen mit einem erfahrenen Pferd mitgehen und so lernen, die ungewohnten Situationen zu beherrschen.

Polizeidienst hoch zu Ross im Stadion

Auf Straßen und Autobahnen

Welche Aufgaben hat der Verkehrsdienst?

Als vor über 100 Jahren in Berlin die Verkehrspolizei gegründet wurde, bekamen die Schutzmänner weiße Mützen, damit sie bei schlechtem Wetter besser zu erkennen waren. „Weiße Mäuse“ wurden sie deshalb genannt. Auch heute sagt man zu den Beamtinnen und Beamten des Verkehrsdienstes noch manchmal „weiße Mäuse“. Dabei tragen mittlerweile alle Schutzpolizisten im Einsatz- und Streifendienst weiße Mützen.

Die „weißen Mäuse“ haben es nicht leicht: Auf unseren Straßen wird es immer enger. Dass die vielen Verkehrsteilnehmer trotzdem sicher an ihr Ziel gelangen, ist ihre wichtigste Aufgabe. Und doch gibt es Unfälle. Sind sie klein und mit geringem Sachschaden verbunden, rücken Beamte der Polizeireviere aus. Sie sind für die Aufnahme der Unfälle und die Gefahrenabwehr am Unfallort zuständig. Bei schweren Unfällen werden Spezialisten der Verkehrspolizei-Inspektionen hinzugezogen.

Nach wie vor sind Alkohol, überhöhte Geschwindigkeit und das Nichtbeachten der Vorfahrt Hauptunfallursachen. Verkehrskontrollen sollen helfen, Unfällen vorzubeugen. Aber die Beamten der Verkehrspolizei überwachen nicht nur den Verkehr. Genauso wichtig ist es, ihre Erfahrungen mit dem Straßenverkehr an möglichst viele Menschen weiterzugeben.

ABSICHERUNG

Was passiert, wenn die Beamten ihren Funkstreifenwagen zur Absicherung einer Gefahrenstelle mit Beleuchtung, Warnblinkanlage, Blaulicht und Funk abgestellt haben? Dann gehen nach kurzer Zeit buchstäblich die Lichter aus. Nur ein laufender Motor kann dies verhindern. Das wiederum ist eine Einladung an Fahrzeugdiebe, denn der Streifenwagen ist in diesem Fall unverschlossen. Eine elektronische Schaltung ermöglicht jetzt, das Fahrzeug ordnungsgemäß abzuschließen und den Motor zur Versorgung der Batterie mit Energie trotzdem im Stand weiterlaufen zu lassen.

Alkoholkontrolle. Ein Polizist winkt Fahrzeuge heraus. Der Fahrer muss in das Alkoholtestgerät pusten.

Unfallsteckkarte

Wo sich Unfälle ereignen und welche Auswirkungen sie haben, hängt nicht allein vom Zufall ab. Um andere Ursachen herauszufinden, führt die Polizei Unfallsteckkarten: Auf Stadtplänen und Landkarten hält sie neben dem Ort Art und Schwere der Unfälle mit farbigen Stecknadeln oder elektronisch im Computer fest. Wird ein Unfallschwerpunkt erkannt, werden bauliche Veränderungen angeregt.

Wie wird ein Unfall aufgenommen?

Ein Unfall wird gemeldet. Der Verkehrsdienst rückt aus. Am Unfallort beginnen die Beamten unverzüglich mit ihrer Arbeit. Zunächst sichern sie die Unfallstelle. Ist der Notarzt noch nicht eingetroffen, versorgen und beruhigen sie Verletzte. Gleichzeitig müssen die Beamten Beteiligte befragen, Zeugen vernehmen und Fotos anfertigen.

Wichtig ist es, die Unfallstelle sehr sorgfältig zu untersuchen. Jede entdeckte und dokumentierte Unfallspur hilft, die Unfallursache später lückenlos aufzuklären. In Deutschland ist die Polizei bei Unfällen mit Verletzten oder hohem Sachschaden verpflichtet, Unfallspuren umfassend aufzunehmen und eine Unfallskizze anzufertigen. Nicht selten zieht sie in solchen Fällen auch Sachverständige hinzu.

An der Unfallstelle treffen die Polizisten oftmals unterschiedlichste Reifenspuren an. Das können Blockierspuren, Brems-, Drift- oder Schleuderspuren sein. Sie geben unter anderem Hinweise auf Geschwindigkeiten, Einlaufrichtungen und Grenzfahrzustände. Aber auch Fahrzeugteile, Lacksplitter, Flüssigkeitsspuren oder Kratz- und Schleifspuren finden sich häufig auf der Fahrbahn. Sind alle diese Spuren dem Unfallgeschehen zuzuordnen, werden sie mit Blockkreide markiert.

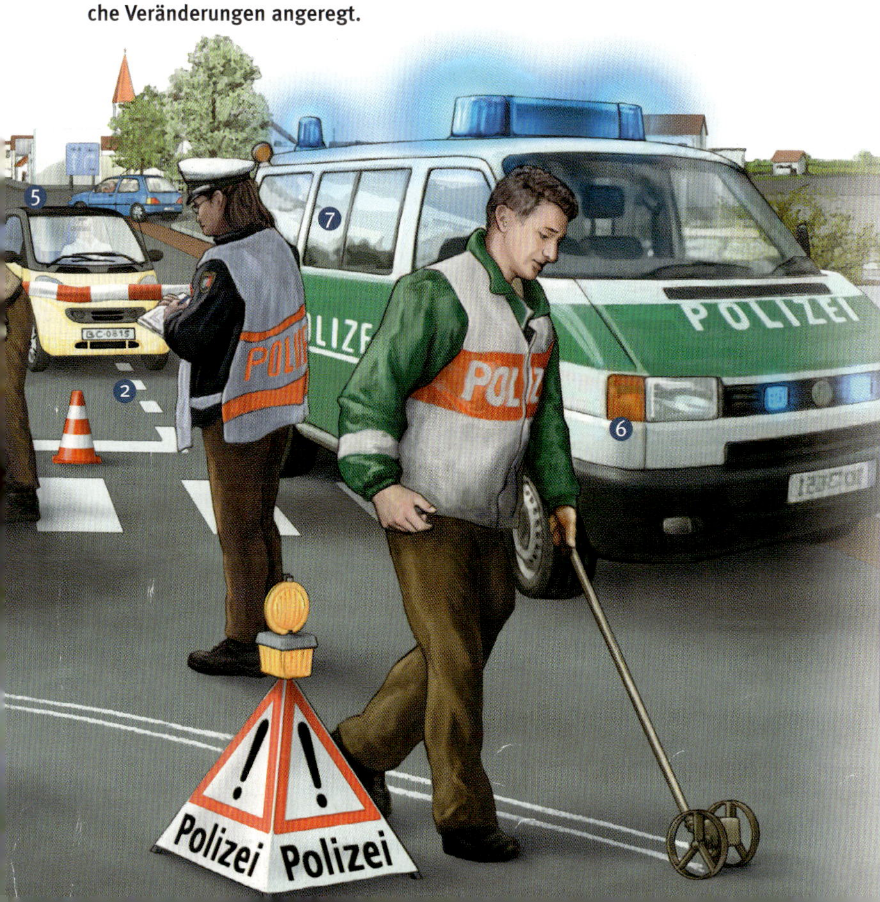

Unfallaufnahme:

1. Erreichen die Beamten vor dem Notarzt die Unfallstelle, helfen sie den Verletzten. Wichtig ist auch, Beteiligte und Augenzeugen über den Unfallhergang zu befragen.
2. Wichtig ist es, die Unfallstelle abzusichern, um zu verhindern, dass noch Schlimmeres passiert.
3. Notarzt und Sanitäter kümmern sich um die Versorgung der Verletzten.
4. Der Unfallort wird aus verschiedenen Blickwinkeln fotografiert.
5. Ein Polizist vermisst die Aufprallstelle.
6. Fahrzeugstände und Bremsspuren werden mit dem Kreiderad und der Sprühdose markiert. Dies ist wichtig für die genaue Rekonstruktion des Geschehens.
7. Anschließend fertigt ein Beamter eine Unfallskizze an. Die Handskizze soll unter anderem den Straßenverlauf, die Fahrlinien, den Stand der beteiligten Fahrzeuge sowie die Länge und den Verlauf von Bremsspuren enthalten.

Lacksplitter unter dem Mikroskop

Eine genaue Unfallskizze wird angefertigt.

Dann wird die Unfallstelle vermessen. Auf einer Handskizze werden Bremsspuren und die Lage der Fahrzeuge festgehalten.

Wie geht die Polizei bei Unfallflucht vor?

Tatort Bundesstraße. Ein Raser verursacht einen schweren Verkehrsunfall. Es ist Nacht und er kann unerkannt flüchten. Am Unfallort bleiben nur winzige Lacksplitter zurück. Werden sie ausreichen, um den Täter zu fassen?

Die Puzzlearbeit der Spezialisten beginnt. Welchem Autotyp kann der Lack zugeordnet werden? Und welches Baujahr hatte das Fahrzeug? Unter dem Lichtmikroskop wird der genaue Aufbau des Splitters sichtbar. Das kann sehr aufschlussreich sein, denn jeder Lack ist anders. Die Messdaten werden im Computer mit den gespeicherten Daten von mehr als 8000 Lackarten verglichen. Findet der Rechner für die Lackprobe in der Datenbank ein passendes Muster, ist der Autotyp aber noch lange nicht gefunden. Weil mehrere Hersteller infrage kommen, machen die Spezialisten weitere Analysen. Sie vergleichen die Ergebnisse mit den technischen Zusatzinformationen, die sie über fast alle Lacke und Grundierungen haben.

Ist der Täter ermittelt, bestreitet er oftmals den Unfallhergang. Nun müssen Untersuchungen eines Gutachters zur endgültigen Klärung des Falles beitragen.

Photogrammetrie

Darunter versteht man ein Verfahren zur technischen Bildvermessung. Die Unfallphotogrammetrie wendet zunehmend das rechnergestützte Mehrbildverfahren „Phidias" (Photogrammetrisches Interaktives Digitales Auswerte-System) an. Es vereinfacht die Herstellung maßstabsgerechter Skizzen durch fotografische Beweissicherung. Das Prinzip: Die an der Unfallstelle nach einem bestimmten Schema gemachten Fotos werden später mithilfe spezieller Software ausgewertet. Dadurch können maßstabsgerechte Planskizzen erstellt werden.

Was ist ein Drugwipe-Test?

„Allgemeine Verkehrskontrolle. Haben Sie Alkohol getrunken oder Drogen zu sich genommen?" – Der Autofahrer schüttelt den Kopf. Etwas zu ruckartig, findet der Polizist. Dann fallen ihm die starren Pupillen des Mannes auf. „Steigen Sie bitte aus", fordert er und bereitet einen Drugwipe-Test vor. „Drugwipe" ist englisch und bedeutet „Drogenwischer". Mit dem Drogen-Schnelltest Drugwipe können alle gängigen Rauschmittel nachgewiesen werden. Dazu genügt schon ein wenig Schweiß oder Speichel. Der Beamte feuchtet einen spezialbeschichteten Papierstreifen im Gerät mit Wasser an und wischt ihn über die Stirn des Autofahrers. Verfärbt sich der Streifen, ist der Fahrer „positiv". Dann muss er sein Auto stehen lassen und zur Bestätigung des Schnelltests eine Blutprobe machen. Da jede Droge den Streifen nur an einer bestimmten Stelle rot einfärbt, kann der Beamte auf Anhieb erkennen, ob der Autofahrer z. B. Heroin, Kokain, Haschisch oder Ecstasy genommen hat. Die Blutanalyse im Labor liefert nicht nur den endgültigen Beweis, sie informiert auch über Zeitpunkt und Menge des Drogenmissbrauchs.

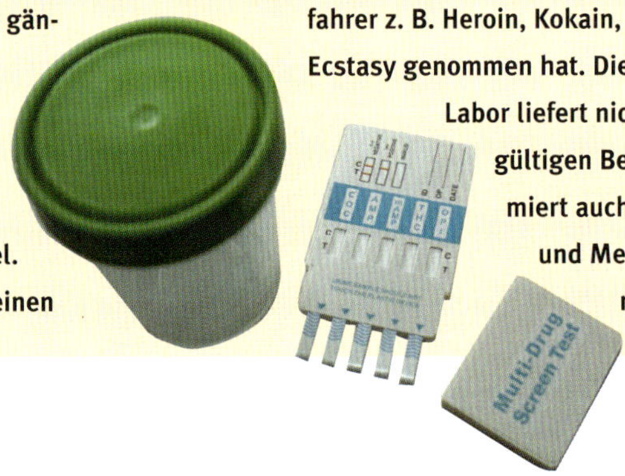

Radar

Andere Geschwindigkeitsmessgeräte sind die Lichtschranke und das Radar. Dieses Wort kommt aus dem Englischen und bedeutet Funkmessung. Dabei sendet die Antenne des Radargerätes elektromagnetische Wellen auf das zu messende Fahrzeug aus. Das Ziel wirft einen Teil der Wellen wieder zurück. Anhand des Frequenzunterschiedes zwischen der gesendeten und der reflektierten Strahlung wird die Geschwindigkeit des Fahrzeugs errechnet. Radargeräte können stationär in Radarboxen, den „Starenkästen“, oder aber mobil in Kraftfahrzeugen montiert sein.

Wie wirksam ist eine Laserpistole?

Es ist noch früh am Morgen. Die Menschen fahren zur Arbeit. Ein Motorradfahrer hat es besonders eilig. Er fährt auf einer Schnellstraße, doch der Biker ist noch viel schneller als die erlaubten 70 Kilometer pro Stunde.

Schon etliche schwere Unfälle hat es hier gegeben. Damit muss endlich Schluss sein! Und so stehen wieder einmal zwei Polizisten mit einer Laserpistole an einer Parkbucht. Da nähert sich ein Motorrad. Der Beamte an der Laserpistole peilt ihn an. Als der rote Messpunkt das Licht der Maschine erfasst, sagt er nur: „104 km/h.“ Mit erhobener Kelle geht der Anhalter auf die Straße. Überrascht stoppt der Biker. Er wusste nicht, dass moderne Laserpistolen einen Entfernungsbereich von 1000 Metern erfassen!

Das Lasergeschwindigkeitsmessgerät ist eine der wirksamsten Waffen gegen Temposünder. Es macht sich die Lichtgeschwindigkeit zunutze, um das Tempo von Fahrzeugen zu messen, die auf die Lichtquelle zufahren oder sich von ihr entfernen. Das Lasergerät sendet Messstrahlen aus, die vom Fahrzeug reflektiert und von der Empfangseinheit aufgenommen und ausgewertet werden. Während bei der Radarmessung nur eine bestimmte Anzahl von Messstellen zur Verfügung steht, darf die Polizei das Lasergerät fast überall einsetzen. Auch werden Temposünder nicht „geblitzt“, also fotografiert, sondern gleich angehalten. Lasermessgeräte sind sehr vielseitig: Man kann sowohl von Hand, aus dem Auto heraus und auch per Stativ messen.

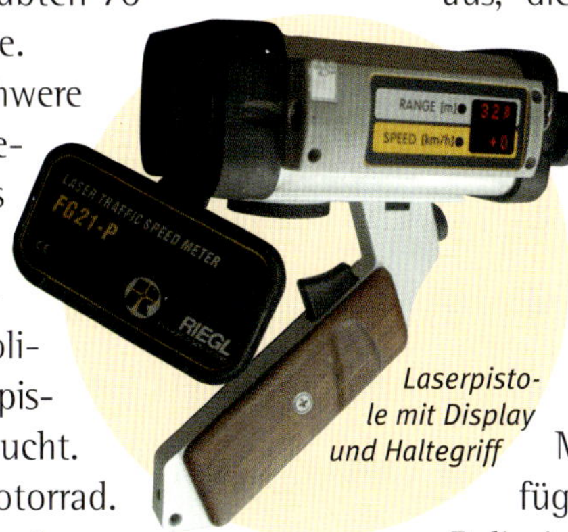

Laserpistole mit Display und Haltegriff

Raser im Visier: Geschwindigkeitsmessung mit der Laserpistole

„Das ist ja ein starkes Stück!“ Der Polizeimeister stemmt die Arme in die Seite. Er trägt eine gelb-orange Weste. Soeben hat seine Kollegin einen Lastzug auf den Kontrollplatz an der Autobahn gewunken. Der Hänger hat Zementsäcke geladen und die Ladefläche ist bereits durchgebrochen. Auch hat der Fahrer die Säcke nicht gesichert. „Wenn der ins Schleudern kommt oder auf ein Stauende auffährt“, der Beamte hebt seinen Arm, „dann schießt die Ladung ab wie eine Rakete …!“

Was macht die Autobahnpolizei?

Die Autobahnpolizei ist nicht nur für die Verkehrsüberwachung auf den Bundesautobahnen und ausgewählten autobahnähnlichen Straßen zuständig. In ihrem Zuständigkeitsbereich bekämpft sie auch die Kriminalität auf den Autobahnen. Das betrifft vor allem Eigentumsdelikte, Einfuhrschmuggel und illegale Einreisen und Aufenthalte. Besonders vielfältig ist die Arbeit der Autobahnpolizisten im Verkehrsbereich. Sie reicht von der Absicherung und Beseitigung von Gefahrenstellen, Verkehrsunfallaufnahmen und der Verfolgung von Straftaten und Ordnungswidrigkeiten bis hin zu technischen Kontrollen, Geschwindigkeitsüberwachungen sowie Abstandsmessungen. Dabei spielen die Kontrollen von Lkw, Lenk- und Ruhezeiten, Überladung und Ladungssicherung eine besondere Rolle.

„Das wird teuer“, sagt der Polizeimeister ernst. Der Mann mit dem durchgebrochenen Hänger zuckt die Achseln. „Was soll ich machen – mein Chef hat mich so losgeschickt!“ Der Beamte schüttelt den Kopf: „Die Punkte in Flensburg wird er Ihnen aber nicht abnehmen.“

Kontrolle an der Autobahn: Ist die Ladung auch ordnungsgemäß gesichert?

Aufschlussreiche Scheibe – der Fahrtenschreiber eines Lkw

MANIPULATION

Lastkraftwagenfahrer müssen nicht nur vorgeschriebene Höchstgeschwindigkeiten, sondern auch Lenk- und Ruhezeiten einhalten. Bei Lkw, die eine zulässige Gesamtmasse von 3,5 Tonnen überschreiten, ist sogar ein Kontrollgerät, der Fahrtenschreiber, Pflicht. Es zeichnet neben der gefahrenen Geschwindigkeit auch die Lenk- und Ruhezeiten des Fahrers auf. Polizeikontrollen zeigen, dass häufig versucht wird, den Fahrtenschreiber zu beeinflussen. Das reicht vom Verbiegen des Schreibstiftes der Kontrollscheibe bis zu Eingriffen in elektronische Steuerungen. All diese Fälschungen sollen über die tatsächlichen Lenk- und Ruhezeiten oder über die gefahrenen Geschwindigkeiten hinwegtäuschen. Dabei nehmen die Fahrer die Gefährdung anderer Verkehrsteilnehmer durch zu hohe Geschwindigkeit oder Übermüdung in Kauf.

Verkehrspolizisten in Zivil verfolgen auf der Autobahn einen Raser.

Auf dem Monitor kann sich der Raser den Videomitschnitt seines Verkehrsverstoßes anschauen.

Was versteht man unter ProViDa?

Die meisten Autobahnpolizisten sind in Funkstreifenwagen unterwegs. Manche Beamten aber – die sogenannten ProViDa-Spezialisten – fahren ein „ziviles“ Fahrzeug. „ProViDa“ ist die Abkürzung für „**Pro**of **Vi**deo **Da**ta System“. Dahinter verbirgt sich ein mobiles Verkehrsüberwachungssystem. Es ertappt Verkehrssünder nicht nur auf frischer Tat, sondern speichert ihre Vergehen auch beweissicher („Proof“). Ermöglicht wird das durch eine Videoanlage mit Kameras in Front und Heck, einen Bordcomputer und das Aufzeichnungsgerät im Kofferraum.

ProViDa-Beamte tragen keine Uniform. Ihre Autos sind über 200 PS stark – mühelos können sie daher den meisten Rasern folgen. Die Polizisten heften sich an ihr Fahrzeug, filmen die Übertretung und messen die Durchschnittsgeschwindigkeit und den Abstand über eine bestimmte Strecke. Danach geben sie sich zu erkennen. An der nächsten sicheren Stelle wird der Raser angehalten. Die Beamten klären ihn über sein Vergehen auf und zeigen ihm den Videomitschnitt seines Verkehrsverstoßes. Später werden die Aufnahmen den zuständigen Behörden als Beweisstücke übergeben.

Die Teams spüren aber nicht nur Raser auf. Mit ihrer Heckkamera entlarven sie Fahrzeuge, die den zulässigen Mindestabstand grob und andauernd unterschreiten. Auch das Überholen auf der rechten Spur und andere Vergehen werden von ihnen verfolgt. Die Arbeit verlangt hohes fahrerisches Können, das sich die Beamten in Hochgeschwindigkeits- und Schleuderkursen aneignen.

Verkehrserziehung

Verkehrserzieher sind besonders geschulte Polizisten. Sie erklären vor allem Kindern, wie man sich im Verkehr richtig zu verhalten und zu bewegen hat. Verkehrserziehung beginnt bereits im Kindergarten. Beliebt und erfolgreich sind Verkehrspuppenbühnen: Mit ihnen bringen Polizisten den Kindern spielerisch sicheres Verkehrsverhalten bei. Neben dem Schulwegtraining für Vorschulkinder und Schulanfänger ist die Radfahrausbildung in den 4. Klassen (rechts) ein Schwerpunkt in der Tätigkeit der Verkehrserzieher. Das Ausbildungsprogramm läuft wie in einer richtigen Fahrschule ab. Zuerst wird die Theorie gepaukt, dann folgt eine schriftliche Prüfung. Nur wer sie besteht, erhält nach der anschließenden Prüfungsfahrt den „Ausweis über die bestandene Fahrradprüfung“. Aber auch in höheren Klassen sind die Verkehrserzieher oft zu Gast. Dort vermitteln sie den Jugendlichen Informationen über den Führerschein, die Folgen von Alkohol- oder Drogenkonsum im Straßenverkehr, Verkehrsunfallflucht und vieles andere.

Auf dem Wasser und in der Luft

Was versteht man unter „großer Revierfahrt“?

Die See in der Helgoländer Bucht ist kabbelig. Der Wind pfeift mit Stärke 6. Dem Küstenboot der Wasserschutzpolizei macht das nichts aus. Kraftvoll wird es von 2000 PS starken Motoren durch die Wellen getrieben. Das Boot befindet sich auf „großer Revierfahrt“. Unter Revierfahrt versteht man bei der Wasserschutzpolizei eine Patrouillenfahrt auf den Seeschifffahrtsstraßen und in den Häfen. Ähnlich wie im Straßenverkehr müssen sich auch die Kapitäne der Seeschiffe an bestimmte „Straßen“ halten. Selbst draußen auf der Nordsee verlaufen „Fahrbahnen“. Für die Sicherheit auf den Seeschifffahrtsstraßen und in den Häfen sorgt die Wasserschutzpolizei. Ihr Zuständigkeitsbereich endet zwölf Meilen vor der Festlandküste.

Deutschland hat über 2300 Kilometer Küstenlinie. Seit 2002 gibt es für alle Dienststellen und Küstenboote der Wasserschutzpolizei von Bremen, Niedersachsen, Hamburg, Schleswig-Holstein und Mecklenburg-Vorpommern eine zentrale Leitstelle. Sie befindet sich in Cuxhaven. Den Beamten stehen insgesamt 25 Polizeiboote zur Verfügung. Die Leitstelle soll die Polizeiarbeit in den deutschen Hoheitsgewässern besser abstimmen und die Küstengebiete sicherer machen. Ein Boot wurde entwendet? Eine Segeljacht ist gekentert? Ein Schiff verunreinigt die See mit Öl? Diese und andere Informationen fließen in der Leitstelle zusammen. Sofort nimmt ein Polizeiboot Fahrt auf.

Küstenwache

Seit 1994 arbeiten Bundespolizei, Zoll, Wasser- und Schifffahrtsverwaltung, Fischereischutz und Umweltbundesamt besonders eng zusammen. „Küstenwache“ nennt sich ihr Arbeitsverbund. Erkennungsmerkmale aller darin eingesetzten Schiffe und Boote sind der Schriftzug „Küstenwache“, die Schwarz-Rot-Gold-Kennzeichnung am Schiffsrumpf und das Wappen der Küstenwache. Die Wasserschutzpolizeien der „maritimen“ Bundesländer sind in den Küstenwachzentren Nordsee (Cuxhaven) und Ostsee (Neustadt/Holstein) mit eigenen Leitstellen vertreten.

Wasserschutzpolizisten gehen an Bord des Frachtschiffes. Sie wollen herausfinden, was es mit der Ölspur auf sich hat.

Gemeinsam gegen Umweltverschmutzer: Ein Polizeihubschrauber entdeckt in der Nordsee ein Schiff, das eine Ölspur hinter sich herzieht. Er alarmiert ein Küstenboot.

Radar gegen Raser

Auf fast allen Bundeswasserstraßen bestehen Geschwindigkeitsbegrenzungen. So darf im 100-Meter-Uferbereich höchstens mit neun, auf seeartigen Verbreiterungen über 250 Meter mit 25 Kilometern pro Stunde gefahren werden. Sinn dieser Begrenzungen ist es, wasserbauliche Anlagen zu schützen und Sog und Wellenschlag im Bereich von Häfen oder schützenswerten Uferzonen zu vermeiden. Die Überwachung der Höchstgeschwindigkeiten erfolgt unter Einsatz der Lasertechnik. Manchmal wird das Tempo von Wasserfahrzeugen auch mithilfe des Radars an Bord der Streifenboote bestimmt.

Wofür ist die Wasserschutzpolizei zuständig?

Dichter Nebel liegt morgens auf der Elbe, als die Station der Wasserschutzpolizei eine alarmierende Meldung erreicht. Ein Tankmotorschiff ist auf Grund gelaufen und Leck geschlagen. Heizöl strömt aus. Der wachhabende Beamte erkundigt sich nach Einzelheiten. Unverzüglich gibt er die Meldung dann an die Besatzung eines Streifenbootes weiter. Es befindet sich unweit der Unfallstelle. Schnell erreichen die beiden Wasserschutzpolizisten den Tanker. Sie machen an ihm fest und informieren sich über das Leck und den Unfallhergang. Auch die vorbeifahrende Schifffahrt wird gewarnt. Ihre Erkenntnisse leiten die Beamten sofort an die Dienststelle weiter. Von dort wurden inzwischen die Feuerwehr alarmiert und der Verkehrswarndienst der Polizei und der Wasserwarndienst benachrichtigt. Als es dämmert und sich der Nebel endlich lichtet, ist das Schlimmste überstanden. Die Besatzung konnte das Öl in andere Laderäume pumpen. Der Tanker hat wieder Wasser unter das Vorschiff bekommen.

Das Küstenboot der Wasserschutzpolizei trifft bei dem Umweltsünder ein. Was ist dort los? Ein Tochterboot wird klargemacht und zu dem Containerschiff geschickt.

Ist der See verschmutzt? Wasserschutzpolizisten nehmen eine Wasserprobe und untersuchen sie.

Während er zum nächsten Hafen fährt, meldet der Bootsführer des Streifenbootes: „Einsatz beendet!"

Über 7000 Kilometer Wasserstraßen gibt es in Deutschland. Auf ihnen fahren zahlreiche Schiffe und Sportboote. Was für die Straßen an Land gilt, ist auch für die Wasserstraßen verbindlich: Verkehrsregeln müssen eingehalten und Unfälle vermieden werden. Deshalb kontrollieren die Beamten regelmäßig Schiffe und Boote: Stimmen die Papiere? Werden die Fahrzeiten eingehalten? Befindet sich genügend Personal auf dem Schiff? Ist seine technische Ausrüstung in Ordnung? Eine weitere wichtige Aufgabe der Wasserschutzpolizei liegt im Umweltschutz. Die Beamten ermitteln beispielsweise, welches Schiff Altöl verklappt oder wer giftige Chemikalien in das Wasser eingebracht hat. Proben werden allerdings nur in Verdachtsmomenten zur Beweissicherung genommen.

Bootskontrollen gehören zum Alltag der Wasserschutzpolizisten. Die Beamten sind selbst ausgebildete Bootsführer. Sie wissen genau, worauf es ankommt.

Schnell und wendig sind die modernen Streifenboote der „2 000er"-Klasse. Sie werden vor allem zur Überwachung des Schiffsverkehrs auf dem Rhein eingesetzt. Die blau-weißen Boote sind 17,74 Meter lang und 4,53 Meter breit. Zwei Dieselmotoren mit je 370 Kilowatt machen sie rund 45 Stundenkilometer schnell. Der Fahrstand ist u. a. mit Tageslichtradar, Telefon, Polizeifunk und PC ausgerüstet. Die Schiffskabinen sind schallisoliert. Die Boote haben Schlafkojen, eine Küche und eine Toilette an Bord.

Aufmerksam beobachten die „Wasserschützer" ihr Revier.

Die Suche nach Vermissten ist wohl die schwierigste Aufgabe der Wasserschutzpolizei (links). Rechts: Ein Autowrack muss geborgen werden.

Was machen Polizeitaucher?

Immer dann, wenn ihren Kollegen an Land das Wasser die weitere Arbeit erschwert, sind die Berufstaucher der Polizei gefragt. Als erstes Bundesland setzte 1955 Bayern Polizeitaucher ein. Die Männer mit den schweren und unbequemen Taucheranzügen sollten im Wasser verstecktes Diebesgut und Waffen suchen. Inzwischen hat sich die Ausrüstung der Polizeitaucher ziemlich verändert. Auch ihr Aufgabenbereich ist gewachsen. So fahnden die Beamten der Tauchergruppen immer öfter nach Schiffen, die auf den Flüssen und Seen illegal ihren Abfall entsorgen. Aber auch die Rettung von Ertrinkenden und das Bergen von Leichen gehört zu ihrer Arbeit. In Hamburg und anderen Hafenstädten suchen die Tauchergruppen der Polizei häufig bei soeben angekommenen Schiffen nach Rauschgift. Während Beamte des Zolls die Durchsuchung an Bord vornehmen, tauchen die Polizisten die Bordwände nach am Schiffsrumpf oder in den Ansaugrohren zur Seewasserkühlung befestigten Drogenpaketen ab. Dies ist eine reine Tastarbeit, denn die Taucher können in der Elbe nur etwa 30 Zentimeter weit sehen. Auch Platzangst sollte ihnen fremd sein, denn der Abstand zwischen Bordwand und Kaimauer beträgt nicht einmal einen Meter. Bei hohen Staatsbesuchen werden die Schiffsrümpfe nach Sprengsätzen abgesucht. Und auch bei Hochwasser sind die Polizeitaucher gefragt. Dann müssen sie die Festigkeit der Deiche untersuchen.

Mit regelmäßigem und hartem Training halten sich die Polizeitaucher in Form.

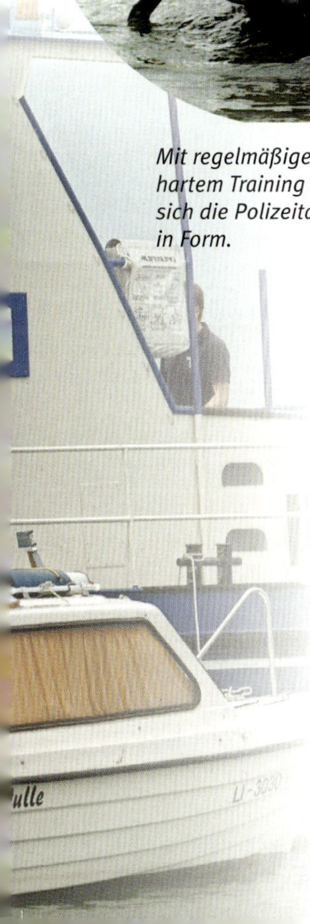

Die Ausrüstung eines Polizeitauchers ist außerordentlich umfangreich.

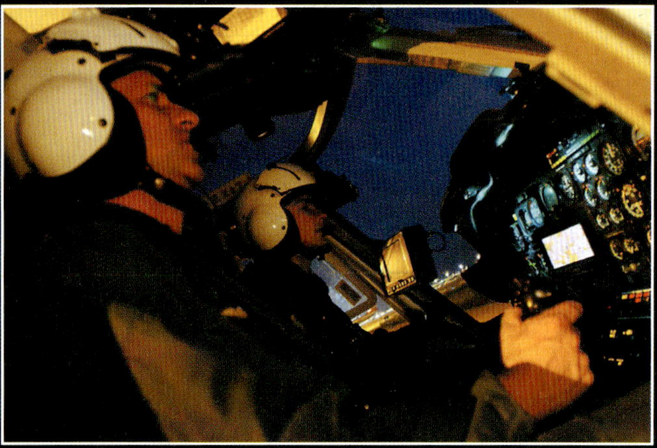

Jeder Handgriff muss sitzen, wenn die Besatzungen der Polizeihubschrauber zu ihren oftmals ungewöhnlichen Einsätzen gerufen werden.

Wie wichtig sind die Hubschrauberstaffeln der Polizei?

Von oben sieht man mehr. Aber nicht nur deshalb verfügt die Polizei über hoch spezialisierte Hubschrauberstaffeln. Hubschrauber sind wendig und sie können fast überall landen. Auch ihre Fähigkeit, in der Luft zu schweben, macht sie zu einem unentbehrlichen Einsatzmittel der Polizei.

Vor allem bei Geiselnahmen, Entführungen oder Fahndungen nach Straftätern erreichen die Spezialeinheiten ihren Einsatzort in kürzester Zeit. Unabhängig vom Straßenverkehr können die Polizisten samt notwendiger Ausrüstung auf schnellstmöglichem Wege transportiert werden. Ein moderner Hubschrauber ist beispielsweise in der Lage, in sieben Minuten jeden Punkt innerhalb der Zweimillionenstadt Hamburg zu erreichen. Von Düsseldorf nach Dortmund braucht er elf Minuten.

Flüge zur Verkehrsaufklärung und -überwachung sind ebenso selbstverständlich geworden wie die Suche nach Umweltsündern. Auch bei „großen Einsatzlagen“, Großveranstaltungen oder Kundgebungen, leisten die Hubschrauber mit ihrer modernen Bildübertragungstechnik wertvolle Dienste. Zusammen mit der Feuerwehr und der Wasserschutzpolizei werden bei Bedarf auch Flüge zur Waldbrandaufklärung und für den Eiswarn- und Rettungsdienst durchgeführt. Jede Hubschrauberstaffel hat einen anderen Funkrufnamen. In Hamburg heißen sie „Libelle“, in Nordrhein-Westfalen „Hummel“ und in Thüringen „Habicht“.

Was können Polizeihubschrauber?

Ihre besondere Ausrüstung macht die Polizeihubschrauber zu Alleskönnern. Unabhängig von Typ und Größe verfügen die meisten Helikopter über Wärmebildkameras. Mit ihnen spüren sie vermisste Kinder ebenso auf wie flüchtige Täter oder die noch längere Zeit warmen Motoren von abgestellten Fluchtautos. Die aufgenommenen Bilder können live an entsprechend ausgerüstete Polizei-

Schon kurz nach dem Alarm ist der Helikopter in der Luft. Suchscheinwerfer, Infrarotkameras und Restlicht-Verstärker ermöglichen der Besatzung, sich auch in der Dunkelheit zu orientieren.

Technisch hervorragend ausgestattet, erlauben die neuesten Helikopter auch die Dokumentation ihres Einsatzes.

Wärmebildkameras kommen überall dort zum Einsatz, wo das menschliche Auge Unterstützung braucht. Sie machen sich die Infrarotstrahlung zunutze und zeichnen ein Bild von einem Objekt, indem sie dessen Wärmeverteilung widerspiegeln. Jede Temperatur wird farblich anders abgesetzt, es entsteht ein sogenanntes Falschfarbbild. Dabei bedeuten die „falschen" Farben Rot = warm und Blau = kalt. Anhand dieses Bildes lassen sich Personen auch bei Dunkelheit erkennen (oben).

fahrzeuge oder Leitstellen übertragen werden. Selbst nachts sind die Hubschrauber zu Einsätzen unterwegs. Das ermöglicht die sogenannte „BIV-Brille" (Bildverstärkerbrille). Durch sie wird schwaches Restlicht so verstärkt, dass sich die Besatzung auch in der Dunkelheit gut orientieren kann. Infrarotkameras oder Suchscheinwerfer machen zusätzlich die Nacht zum Tag.

Zur polizeilichen Ausrüstung gehören auch eine unter dem Hubschrauber angebrachte Außenlautsprecheranlage, umfassendes Rettungsgerät und ein kreiselstabilisiertes Fernglas. Es versetzt die Besatzung u. a. in die Lage, Kfz-Kennzeichen auch noch aus 150 Meter Höhe ablesen zu können.

Mit einem Anti-Kollisions-System neuester Generation ist der Eurocopter (EC) 155 ausgerüstet. Es warnt vor möglichen Zusammenstößen und stimmt im Notfall automatisch ein Ausweichmanöver mit dem anderen Luftfahrzeug ab. Ein Autopilot regelt nach den Vorgaben der Besatzung Höhe, Geschwindigkeit und Kurs bis hin zum Schwebeflug. Der EC 155 kann zwölf Einsatzbeamte mit kompletter Ausrüstung transportieren. Er erreicht eine Höchstgeschwindigkeit von über 320 Stundenkilometern.

Auf der Autobahn hat es einen schweren Unfall gegeben. Ein Polizeihubschrauber landet nahe der Unfallstelle.

Bei der Kriminalpolizei

Was ist der „erste Angriff"?

In der Einsatzzentrale des Kriminaldauerdienstes (KDD) klingelt das Telefon. Ein Mann wurde auf offener Straße angegriffen und niedergeschossen. Für drei Beamte heißt es jetzt: raus aus der warmen Dienststelle und rein in den Einsatzwagen. Jede Minute Zeitverlust wird zum Zeitgewinn für den Täter. Es ist 22.20 Uhr. Seit über drei Stunden läuft die Nachtschicht der Kriminalisten, doch jetzt erst beginnt sie richtig.

Der Kriminaldauerdienst ist die „Feuerwehr" der Kriminalpolizei. Es gibt ihn nur in größeren Städten. 40 bis 50 Beamte, mitunter oft noch mehr, sitzen in mehreren Schichten rund um die Uhr in der Dienststelle und warten auf ihren Einsatz. Nur bei schwerer und mittelschwerer Kriminalität rücken sie aus – bei Tötungen, Raubüberfällen, Brand- und Sexualdelikten. Kleinere Straftaten werden von den Polizeirevieren bearbeitet.

In der dem Tatort nächstgelegenen Dienststelle der Polizei erklärt der wachhabende Beamte den Kriminalisten, was geschehen ist. Ein Zeuge hat den Überfall gemeldet. Der Tatort ist weiträumig abgesperrt, das Opfer liegt noch immer auf der Straße. Totschlag? Vielleicht sogar Mord? Das müssen die Beamten des KDD nicht klären. Ihre Aufgabe ist der „erste Angriff". Darunter versteht man „alle unaufschiebbaren Feststellungen und Maßnahmen zur Aufklärung einer Straftat". Der erste Angriff umfasst in der Regel den Sicherungsangriff und den Auswertungsangriff. Beider Ziel ist es, ein möglichst un-

Sieben goldene „W"

Kriminalisten verfügen über zahlreiche technische und andere moderne Hilfsmittel. Dennoch beginnen sie ihre Arbeit nicht selten nach einem alten Schema. Es sind die sogenannten W-Fragen, die sie sich in dieser Reihenfolge stellen: Wann? Wer? Wo? Was? Wie? Womit? Warum? Die Fragen sind eine gute Gedankenstütze und haben sich schon vielfach bewährt; darum spricht man häufig auch von den „sieben goldenen W".

verändertes Spurenbild am Tatort zu erhalten und die Spuren zu sichern. Während die Kriminalisten mit ihrer Arbeit beginnen, wird der Zeuge in die Einsatzzentrale gefahren. Vielleicht hat er den Beamten ja noch etwas Wichtiges mitzuteilen.

Der Kriminaldauerdienst verfolgt seine Fälle in der Regel nicht bis zur Aufklärung. Er sichtet und bewertet das von ihm zusammengetragene Material und gibt es an die Fachkommissariate weiter.

Wie wird ein Tatort gesichert und ausgewertet?

Konzentriert nähern sich die Kriminalisten dem Tatort. Sie wissen: Er ist ihre vielleicht einzige Quelle zur Suche und Sicherung von Spuren. Am Tatort entscheidet sich oft der weitere Verlauf der Untersuchung. Unter den auswertbaren Spuren von sogenannten nicht Tatortberechtigten, die man dort findet, ist zu 98 Prozent auch der Täter.

Am weiträumig abgesperrten und gut ausgeleuchteten Tatort verschaffen sich die Kriminalisten einen ersten Überblick. Dann fotografieren sie aus verschiedenen Blickrichtungen. Zusammen mit einer Tatortskizze und ihren Notizen sind die Aufnahmen Grundlage für eine spätere Rekonstruktion. Oft nehmen kriminaltechnische Fachleute an einem Auswertungsangriff teil: Gerichtsmediziner, Tatortzeichner oder Tatortdaktyloskopen – das sind Experten, die am Tatort nach Fingerspuren suchen.

Vorsichtig beginnen die Kriminalisten mit der Spurensuche. Sie dürfen weder Spuren vernichten, noch wollen sie eigene Spuren setzen. Das ist aber nicht immer zu vermeiden. Obwohl sie ihre Spuren besonders kennzeichnen, besteht die Gefahr, sogenannte Trugspuren zu hinterlassen. Das können eigene Faserspuren, Haare oder anderes sein. Weil die Kriminalisten den wahrscheinlichen Weg des Tatverdächtigen inzwischen gefunden haben, beschränkt sich ihre Suche nun nicht mehr nur auf den Tatort.

Je nach Art des Deliktes ist der Kriminaldauerdienst mit zwei bis acht Beamten am Tatort. Später fassen sie ihre Maßnahmen in einem Tatort- und Ermittlungsbericht zusammen.

Nächtliche Spurensicherung an einem abgesperrten Tatort. Kriminaltechniker in weißen Overalls markieren die Lage jeder gefundenen Spur mit einem Nummernschild.

Im sogenannten „Tatortfahrzeug“ befindet sich die umfangreiche Spezialtechnik zur Spurensicherung.

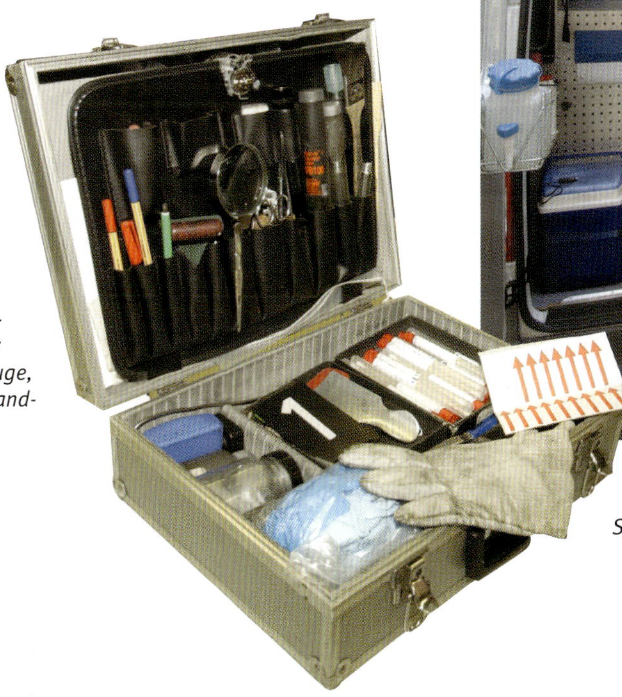

Der Einsatzkoffer ist die Grundausrüstung des Kriminaltechnikers. Er enthält u. a. verschiedene Werkzeuge, Pinsel, Gips, Klebefolien, Gummihandschuhe und Nummernschilder.

Die Arbeit eines Ermittlers, hier bei der Durchsicht einer Täter-Lichtbildkartei, ist mitunter eine langwierige Recherchearbeit.

Information ist alles. Tägliche Besprechung von Mitarbeitern einer Sonderkommission der Kriminalpolizei.

Welche Kommissariate gibt es?

Die weitere Bearbeitung der Straftaten erfolgt in den Fachkommissariaten der Kriminalpolizei. Häufig bestehen sie aus einem Zentralen Dienst (K1) und speziellen Ermittlungsbereichen. Zu den Zentralen Diensten gehören neben dem Kriminaldauerdienst auch die Personenfahndung, der Zeugenschutz, der Zivile Streifendienst und der Technische Erkennungsdienst.

Die speziellen Ermittlungsbereiche gliedern sich entsprechend der zu bearbeitenden Straftaten. Im Kommissariat „Kapitaldelikte" beispielsweise geht es u. a. um Todesursachenermittlungen, Sexualverbrechen sowie Brand- und Sprengstoffdelikte. Mitunter bestehen auch spezielle Mordkommissionen und in besonderen Fällen werden Sonderkommissionen eingerichtet. In ihnen können über 100 Polizisten mitarbeiten. Diebstähle werden im Kommissariat „Eigentumsdelikte" bearbeitet. Politisch motivierte Straftaten wiederum verfolgt das Kommissariat „Staatsschutz".

Andere Fachabteilungen gehen gegen Unterschlagung, Rauschgift- und Falschgeldkriminalität sowie gegen Wirtschafts-, Umwelt- und Internetstraftaten vor. Kriminalkommissariate gibt es auch in den Polizeiinspektionen. Sie bearbeiten die sogenannte Alltagskriminalität.

Die kriminalpolizeilichen Teams arbeiten eng mit der Schutzpolizei und der Staatsanwaltschaft zusammen. Meist führen die von ihnen und dem KDD geleisteten Ermittlungen zu einer Fahndung – vorausgesetzt, der Tatverdächtige konnte identifiziert werden.

Besatzung eines Streifenwagens bei einer Festnahme

Sachfahndung

Gefahndet wird nicht nur nach Straftätern und vermissten Personen, sondern auch nach gestohlenen Gegenständen: vom Ausweis über das Fahrrad bis zur Baumaschine. In der vom BKA betriebenen INPOL-Sachfahndungsdatei sind über zehn Millionen Gegenstände erfasst, die wegen eines möglichen Zusammenhangs mit Straftaten gesucht wurden. Darunter befinden sich mehr als 800 000 Fahrräder, über 4,5 Millionen Ausweise und Führerscheine sowie nahezu 180 000 Pkw.

ERKENNUNGSDIENST

Unter diesem Begriff fassen Kriminalisten alle Tätigkeiten zusammen, die mit Spurensuche, Spurensicherung und Spurenauswertung zusammenhängen. Bei einer erkennungsdienstlichen Be-

handlung werden von tatverdächtigen Personen auch Fingerabdrücke genommen (oben), dreiteilige Lichtbilder gefertigt und eine detaillierte Personenbeschreibung aufgenommen.

Welche Fahndungsarten unterscheidet man?

Fahnden heißt planmäßig und zielstrebig suchen. Es gibt verschiedene Fahndungsarten, zum Beispiel die Ringfahndung, die Grenzfahndung, die Schleierfahndung, die Rasterfahndung und die Zielfahndung.

Besonders aufwendig ist die Ringfahndung. Sie wird daher nur in schwerwiegenden Fällen wie Entführung, Geiselnahme oder Bankraub eingeleitet. Dabei postieren sich abhängig von Tatort und Zeit, die seit der Tat vergangen ist, Polizeibeamte an vorgegebenen Punkten. Die Fahndungsringe umschließen den Tatort in Abständen von 20, 30, 40 und 50 Kilometern. Die Ringfahndung wird gewöhnlich nur dann ausgelöst, wenn seit dem Anlass nicht mehr als 30 Minuten vergangen sind. Während die Grenzfahndung Teil der grenzpolizeilichen Kontrolle ist, bezeichnet die Schleierfahndung stichprobenartige Personenkontrollen. Sie wurde zuerst in Bayern eingeführt, wo die Polizei in einer 30-Kilometer-Zone hinter der Grenze einen Sicherheitsschleier in Form von überraschenden Kontrollen aufgezogen hatte. Bei der Rasterfahndung werden die Daten verdächtiger Personen automatisch mit anderen Datenbeständen abgeglichen.

Wie arbeitet ein Ermittler?

Die meisten Ermittlungen bedeuten mühevolle Kleinarbeit. Vor ihrem Beginn setzen sich die beteiligten Kriminalisten zusammen und beraten, wie sie am besten vorgehen. In einem Untersuchungsplan legen sie die einzelnen Ermittlungsrichtungen fest. Dieser bestimmt auch die Aufgaben der beteiligten Kriminalisten. Jeden Morgen bei Dienstbeginn informieren sie sich in einer kurzen Besprechung gegenseitig über den Stand der Untersuchungen.

Die Vernehmung im Kommissariat kann mit der Kamera aufgezeichnet werden. Vernommen werden nicht nur Beschuldigte, sondern auch Zeugen.

Ein Phantombild entsteht: Was der Zeuge vom Täter weiß, setzt der Kriminalist am Computer in Bildvorschläge um. Oft wird das Phantombild in der Zeitung oder im Fernsehen veröffentlicht.

Ermittlungen werden oft in die verschiedensten Richtungen geführt. Das ist nicht immer sehr spannend. Nach der Tatortuntersuchung werden Zeugen und Tatverdächtige festgestellt. Dazu müssen viele Menschen befragt werden. Haben die Kriminalisten schließlich einen Tatverdächtigen festgenommen, werden die Ermittlungen noch lange nicht eingestellt. Denn nun wird geprüft, ob dieser die Tat auch wirklich begangen haben kann. Dazu gehören viel Erfahrung und Einfühlungsvermögen. Die Kriminalisten vernehmen ihn, überprüfen sein Alibi und stellen ihn den Zeugen gegenüber. Gleichzeitig forschen sie nach den Ursachen für die Tat. Immer wieder befassen sie sich auch mit den Gutachten der Sachverständigen, die im Labor die gefundenen Spuren untersucht und ausgewertet haben.

Manchmal möchten sich die Ermittler bestimmte Einzelheiten der Tat noch einmal verdeutlichen. Dann stellen sie den Tathergang und den Zustand des Tatorts in einer Rekonstruktion originalgetreu wieder her. Die Ermittlungsergebnisse werden in einer Ermittlungsakte festgehalten. Sie besteht aus zahlreichen schriftlichen Aufzeichnungen und ist ein Grund dafür, dass die Kriminalisten viel Zeit am Schreibtisch verbringen müssen.

Wie helfen Computer den Kriminalisten?

Computer speichern beim Bundeskriminalamt nicht nur ständig alle wichtigen Meldungen über Straftaten und Straftäter, sie geben auch rasch Auskunft über die Identität einer Person. Hat zum Beispiel ein Verdächtiger falsche Personalpapiere oder – angeblich – seinen Pass verloren? Dann verraten seine Fingerabdrücke, auf elektronischem Weg an das Bundeskriminalamt gesandt und dort geprüft, oftmals sehr schnell, wer er in Wirklichkeit ist. Über drei Millionen

Biometrie

In Zukunft wird sich die Identifizierung von Personen vor allem auf biometrische Daten stützen. Die Biometrie ist die Lehre von der Vermessung körpereigener Eigenschaften. Charakteristische und unverwechselbare Eigenschaften eines Menschen sind nicht nur seine Fingerabdrücke und seine Stimme. Auch die Farbe der Iris, die Blutgefäßstruktur und die Gesichtsgeometrie gehören dazu. Unter Gesichtsgeometrie versteht man die Abstände der gesichtsbestimmenden Merkmale Augen, Nase und Mund. Biometrische Verfahren werden bald auch die herkömmlichen Passwörter und PIN-Nummern ersetzen. Geldautomaten etwa werden nur noch auf Gesichter oder Stimmen reagieren.

Computer helfen bei der raschen Identifizierung von Wiederholungstätern, zum Beispiel durch Scannen der Iris (unten).

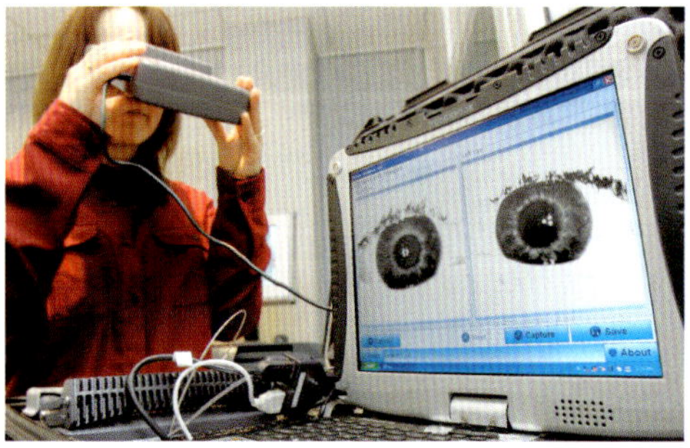

Mit einem speziellen Scanner werden Fingerabdrücke erfasst.

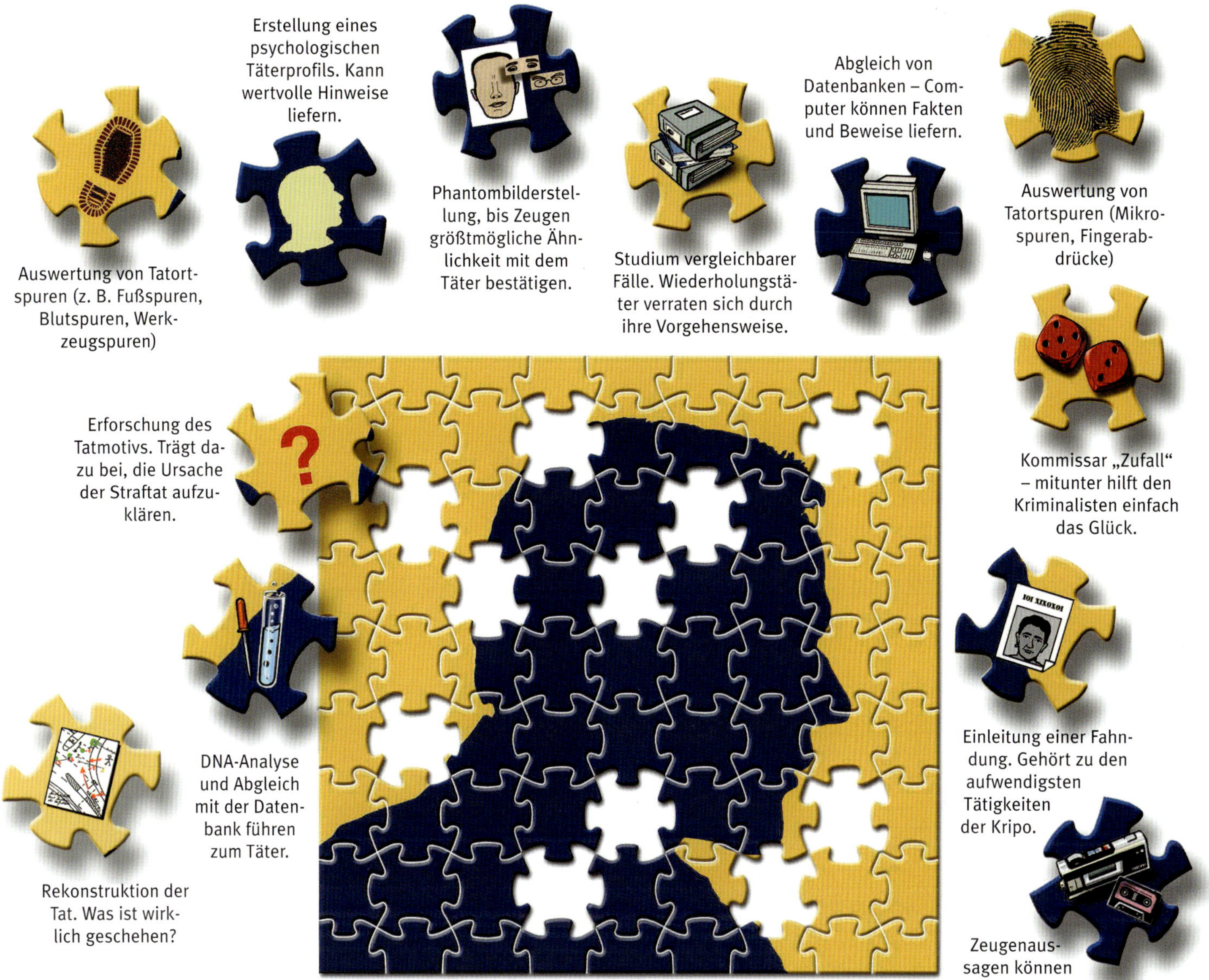

Die Lösung eines Falls ist mitunter mit einem Puzzlespiel vergleichbar – viele einzelne Puzzleteile tragen zur Aufklärung bei und führen die Kriminalisten schließlich auf die Spur des Täters.

VICLAS

Aus Kanada kommt das Datenerfassungssystem VICLAS. Es „merkt“ sich jedes noch so winzige Detail eines Gewaltverbrechens und hilft, Serienstraftaten aufzuklären. Fast jeder Serienstraftäter geht nach einem bestimmten Muster vor. Auf Tastendruck findet VICLAS zum Beispiel heraus, wie viele unaufgeklärte Morde an welchen Tatorten ein übereinstimmendes Muster aufweisen und damit einem Verdächtigen zugeordnet werden können.

Straftäter sind im Automatisierten Fingerabdruck-Identifizierungs-System (AFIS) gespeichert.

Erfolgreich arbeitet auch die DNA-Analyse-Datenbank der Kriminalpolizei. Sie wurde ebenfalls beim BKA eingerichtet und ist ein wichtiges Hilfsmittel zur raschen und sicheren Identifizierung von Wiederholungstätern. Anfang 2011 waren in dieser Datei über 900 000 Datensätze gespeichert. Beim Bundeskriminalamt steht auch der zentrale Fahndungscomputer der deutschen Polizei. Wer wird gesucht? Wonach wird gefahndet? Besteht ein Haftbefehl? Diese und andere Fragen beantwortet er in Sekundenschnelle. Dabei ist es unerheblich, ob die Fragen von einer Funkstreife vor Ort oder von der Grenzkontrolle am Flughafen gestellt werden. INPOL heißt das elektronische Informationssystem der Polizei. In ihm sind auch erkennungsdienstliche Lichtbilder zahlreicher Straftäter gespeichert.

Eine Zielfahndung ist langwierig und zeitintensiv – nicht selten wird der Gesuchte im Ausland aufgespürt.

Was ist ein Profiler?

Manche Verbrechen lassen sich trotz Computer und moderner Kriminaltechnik nur sehr mühsam oder gar nicht aufklären. Dann schlägt die Stunde der Profiler. Das sind psychologisch ausgebildete Männer und Frauen, die die Verhaltensmuster des unbekannten Täters ergründen und daraus ein Bild von ihm entwerfen. Profiler studieren nicht nur die objektiven Daten der Fälle, sie beschäftigen sich auch mit allem, was auf den ersten Blick nebensächlich erscheint und für die Tatausführung nicht unmittelbar notwendig war. Aus all diesen Fakten versuchen sie Rückschlüsse auf die Persönlichkeit und die Lebensweise des Täters zu ziehen. Auch müssen sie sich in seine – oft abnorme – Gedankenwelt hineinversetzen können.

Das Ergebnis der Überlegungen des Profilers ist das Täterprofil, das mitunter den später ermittelten Täter sehr deutlich beschreibt. Meist ist das Täterprofil aber nur eine ungefähre Einschätzung. Dennoch liefert es oft wertvolle Hinweise für die Festnahme des Gesuchten.

Wie arbeiten Zielfahnder?

Statt abzuwarten, ob der in die Fahndungsregister aufgenommene Beschuldigte mehr oder minder zufällig – etwa bei einem Grenzübertritt – festgenommen werden kann, arbeiten Zielfahnder anders: Die Zielfahndung ist eine intensive, operative Suche nach Personen, deren Festnahme von besonderer Bedeutung ist.

Ein Beispiel: Drei Beamte eines Zielfahndungsteams erhalten den Auftrag, einen Bankräuber zu fassen. Er soll sich mit 1,9 Millionen Euro ins Ausland abgesetzt haben. Als Erstes versuchen die Beamten herauszubekommen, in welchem Land sie den Räuber vermuten müssen und wo er sich konkret aufhalten könnte. Sie überlegen auch, mit wem er Kontakt aufnehmen oder wie er sein Äußeres verändert haben könnte.

Ihre Befragungen ergeben, dass der Gesuchte mehrmals in Südamerika Urlaub gemacht und auch einen Sprachkurs für Portugiesisch belegt hatte. Das einzige südamerikanische Land, in dem diese Sprache gesprochen wird, ist Brasilien. Aber Brasilien ist groß. Die Zielfahnder bemühen

VERDECKTE ERMITTLER **sind im Gegensatz zu sogenannten V-Personen Polizeibeamte. Sie haben die Aufgabe, als Privatperson getarnt eine bestimmte „Szene" zu beobachten und verdeckt Straftaten aufzuklären. Eigens dafür erhalten die Beamten einen neuen Lebenslauf, also eine neue Identität. Verdeckte Ermittler dürfen nur zur Aufklärung schwerer Straftaten, beispielsweise bei der Bekämpfung der Drogenkriminalität, eingesetzt werden. Die V-Personen genannten Vertrauenspersonen dagegen sind „freie Mitarbeiter" der Polizei. Sie sind Informanten und haben keine besonderen Befugnisse.**

Organisierte Kriminalität im großen Stil: Lagerhalle des Hamburger Zolls mit sichergestellter Schmuggelware

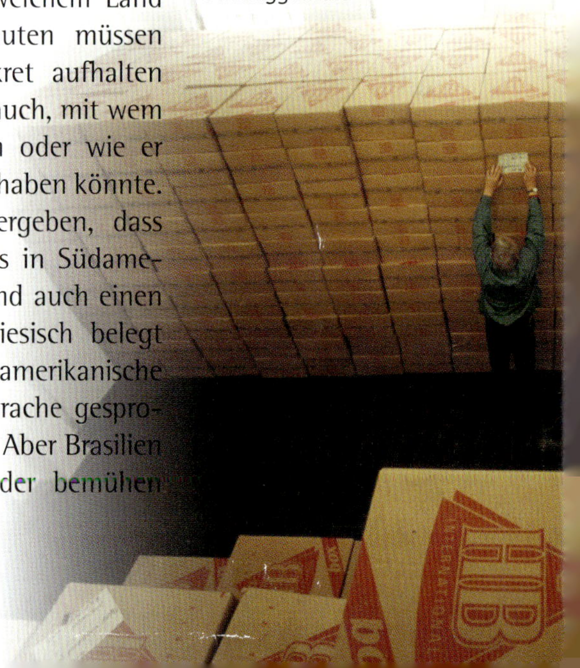

Unter **ORGANISIERTER KRIMINALITÄT** versteht man, wenn mehrere Täter planmäßig bedeutende Straftaten auf längere oder unbestimmte Zeit begehen. Wichtig dabei sind auch die Anwendung von Gewalt, die Verwendung geschäftsähnlicher Strukturen und die Einflussnahme auf Politik, Justiz oder Wirtschaft. Kerngebiete der OK, wie man sie kurz nennt, sind vor allem Drogenhandel, Schmuggel, Kreditkartenfälschung, illegaler Waffenhandel, Schutzgelderpressung, Geldwäsche und Menschenhandel. Das organisierte Verbrechen existiert schon seit Jahrhunderten. Unter dem Begriff Mafia ist es am bekanntesten worden.

sich, das Fluchtgebiet weiter einzugrenzen. Wird er zunächst erst einmal Geld verdienen müssen, weil die Nummern der geraubten Banknoten bekannt sind? Unterhielt er etwa Brieffreundschaften oder anderen Kontakt zu Brasilianern, deren Unterstützung er jetzt suchen könnte?

Die Ermittlungen der Zielfahnder sind so umfangreich wie zeitraubend. Oft müssen sie Monate oder gar Jahre ermitteln und um die halbe Welt reisen, ehe sie die „Schlinge zuziehen“ können.

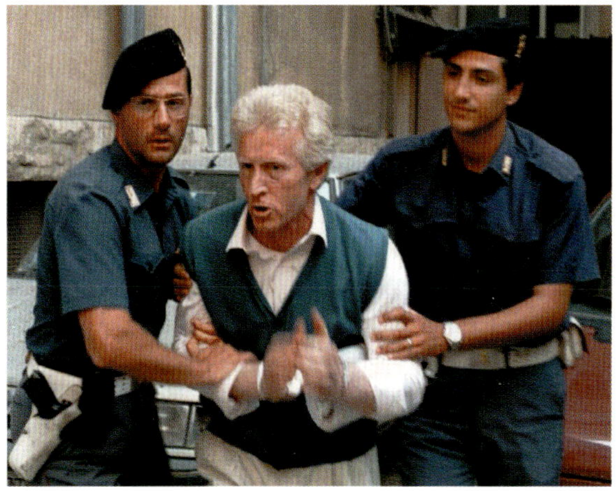

Erfolgreicher Schlag gegen das organisierte Verbrechen: Italienische Polizisten nehmen einen Mafia-Boss fest.

Wer erstellt einen Haftbefehl?

Üblicherweise wird in Deutschland nach Tatverdächtigen gefahndet, indem die Staatsanwaltschaft beim Ermittlungsrichter einen Haftbefehl erwirkt. Dieser dient als Grundlage zur Ausschreibung in den Fahndungsregistern. Seinen Ausgang aber nimmt jedes Strafverfahren bei uns mit einem Ermittlungsverfahren. Es wird auch Vorverfahren genannt. „Herrin“ des Ermittlungsverfahrens ist die Staatsanwaltschaft. Sie führt mit Unterstützung der Polizei Untersuchungen zu den Straftaten durch. Anders als in den meisten Fernsehkrimis bestimmt während der Ermittlungen also die Staatsanwaltschaft alle wichtigen Entscheidungen. In Verfahren der kleineren bis mittleren Kriminalität allerdings führt gewöhnlich zunächst die Polizei die Ermittlungen.

Besteht gegen eine Person ein dringender Tatverdacht, kann nur der Staatsanwalt einen Haftbefehl beantragen. Darunter versteht man die schriftliche Anordnung der Untersuchungshaft. Der Haftbefehl enthält u. a. den Namen des Beschuldigten, die Straftat, derer er verdächtigt wird, und den Haftgrund. Haftgründe sind vor allem die Flucht- und Verdunklungsgefahr – wenn also zu befürchten ist, dass der Beschuldigte flüchtet oder Zeugen beeinflusst.

WAS IST EIN ZEUGENSCHUTZPROGRAMM?

Wichtige Helfer der Kriminalpolizei sind die Zeugen. Ihre Aussagen führen häufig zur Überführung eines oder mehrerer Täter. Manche Zeugen sind hoch gefährdet und müssen daher geschützt werden. Dies geschieht in Zeugenschutzprogrammen. In ihnen werden die Zeugen von speziell geschulten Beamten, den Zeugenschützern, intensiv auf ein neues Leben vorbereitet. Die Zeugen erhalten entsprechende Dokumente: von der Geburtsurkunde über Zeugnisse und den Führerschein bis zum Reisepass. Sie ziehen an einen anderen Ort und bekommen Hilfe bei der Suche nach einem Arbeitsplatz. Einzige Ansprechpartner, Sozialarbeiter, Arbeitsvermittler, „Kindermädchen“ und Bodyguard sind die Zeugenschützer. Um den Zeugen größtmöglichen Schutz zu bieten, sind die Beamten der Zeugenschutzdienststellen ständig im Training. Ihre Ausbildung geht über die eines normalen Polizeibeamten hinaus. Das Schutzprogramm währt so lange, bis der Zeuge nicht mehr gefährdet ist. In Deutschland befinden sich rund 1000 Personen in Zeugenschutzprogrammen.

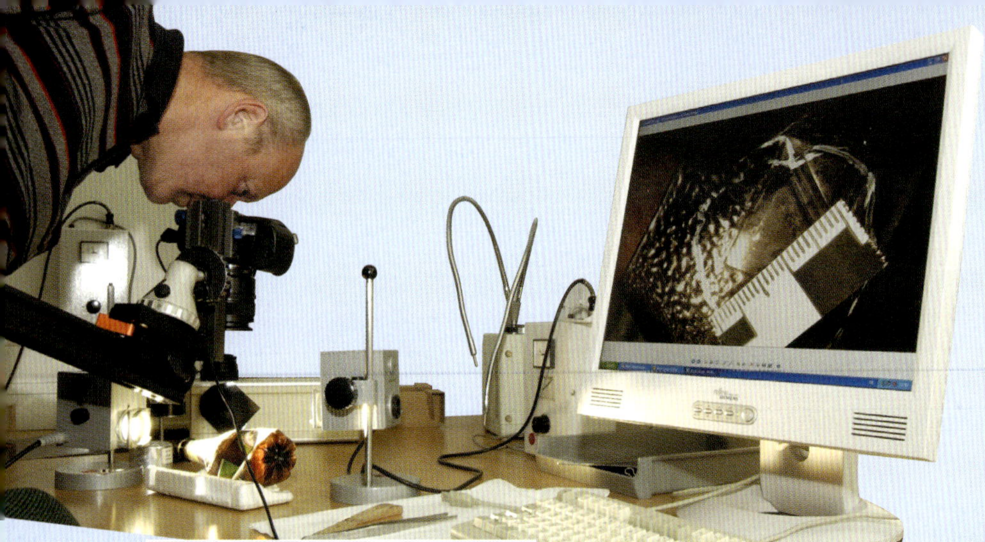

Spurensuche

Zunehmend werden Straftäter durch wissenschaftliche Untersuchungen überführt. Das ist ein Verdienst der Kriminaltechnischen Institute. Die ausgeklügelten Methoden der Labordetektive lassen den Straftätern immer weniger Chancen.

Fingerabdrücke gehören zu den häufigsten kriminalistischen Spuren. Oft genügt das Einstäuben mit einem feinkörnigen Pulver, um sie sichtbar werden zu lassen (oben).

Das Kleidungsstück eines Tatopfers wird akribisch auf Spuren untersucht.

Fingerabdrücke

Ein eindeutiges Beweismittel bei der Aufklärung von Verbrechen sind Fingerabdrücke. Es beruht darauf, dass die Hautmuster an den Fingerbeeren bei jedem Menschen einzigartig sind. Daktyloskopie heißt das Verfahren, einen Menschen an den Abdrücken seiner Finger zu erkennen. Bei der herkömmlichen Methode, einen verborgenen Fingerabdruck sichtbar werden zu lassen, werden Gegenstände mit Rußpulver bestäubt. Die erscheinenden Fingerabdrücke bleiben an einem Klebeband haften. Sollen auf nackter Haut Fingerabdrücke gesichert werden, wird die Stelle mit Bleistaub bepinselt und mit Röntgenstrahlen fotografiert.

Genetischer Fingerabdruck

Auch aus winzigen Blut-, Haut- oder Speichelresten lässt sich ein „Fingerabdruck" erstellen – ein genetischer. Er entsteht aus dem unverwechselbaren Muster des menschlichen Erbguts. Es ist in jeder Körperzelle vorhanden und auf einem fadenförmigen Molekül gespeichert, das wissenschaftlich als DNA bezeichnet wird. Um einen genetischen Fingerabdruck zu erhalten, brechen Gerichtsmediziner die Zellkerne des sichergestellten Genmaterials auf, extrahieren die DNA und fertigen „Gen-Schnipsel" an. Diese lassen eine individuelle Länge und Anordnung der Erbgutbausteine – als Muster aus schwarzen Balken – erkennen. Mit ihrer Hilfe können Spuren verschiedener Tatorte miteinander oder mit den Speichelproben Verdächtiger verglichen werden. Auch viele Jahre nach seiner Straftat kann der Täter mit der DNA-Analyse gefasst werden.

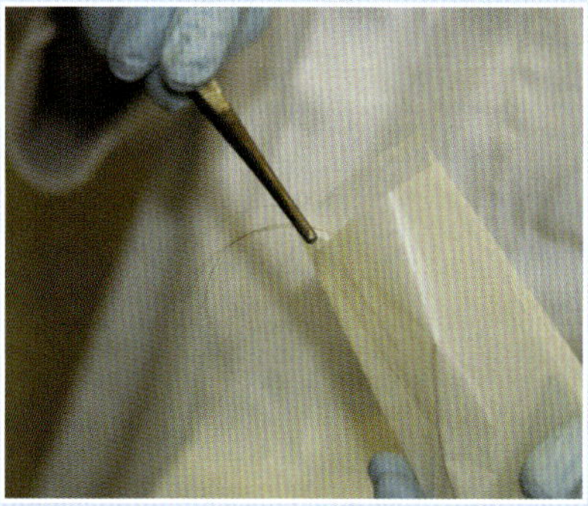

Auch am Tatort gefundene Haare können zahlreiche wertvolle Informationen über den Täter vermitteln.

Mikrospuren

Ist die Textilfaser vom Tatort identisch mit den Fasern aus der Kleidung des Verdächtigen? Im Rasterelektronenmikroskop wird die Probe anstatt mit Lichtstrahlen von einem scharf gebündelten Elektronenstrahl „beleuchtet". Er wird von elektromagnetischen Spulen gelenkt und tastet die Faser zeilenförmig ab.
Ein solches Mikroskop ermöglicht eine bis zu 300 000-fache Vergrößerung und liefert Bilder von hoher Auflösung. Die Tiefenschärfe ist 500-mal größer als bei einem Lichtmikroskop. Der Elektronenstrahl eignet sich aber nicht nur zum Vergrößern. Energiereiche Elektronen lassen sich auch als Geschosse einsetzen, die die Bausteine der Probe in Schwingungen versetzen. Das Ergebnis: Die Probe sendet ein „Erkennungszeichen" aus.

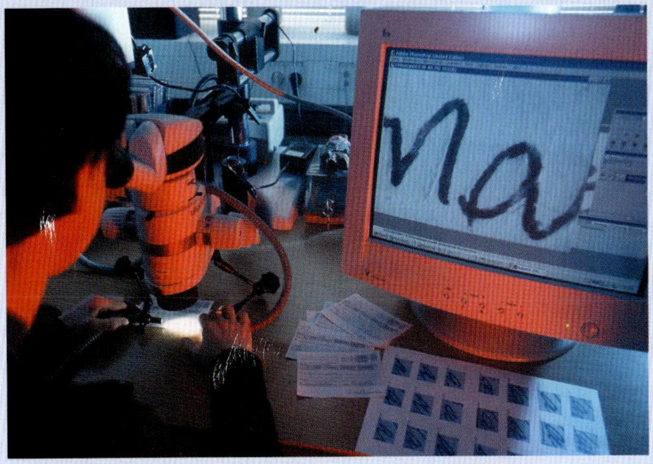

Ein Sachverständiger analysiert im Labor eine Handschrift.

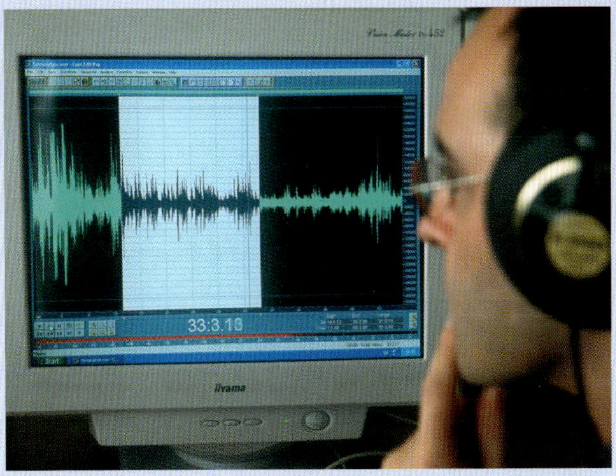

Auch eine Stimme lässt sich wie ein Tatwerkzeug untersuchen.

Handschriften Ist die Unterschrift echt oder gefälscht? Stammt die Schrift von einer bestimmten Person? Diese beiden Fragestellungen prüft die vergleichende Untersuchung von Handschriften. Sie beruht auf der Annahme, dass jeder schreibkundige Mensch eine für ihn typische Handschrift besitzt. Diese bleibt in ihrem Grundgefüge meist auch bei ungewöhnlichen Entstehungsbedingungen erhalten. Die forensische Handschriftenuntersuchung wird von erfahrenen Sachverständigen vorgenommen. Ihr Arbeitsgebiet reicht von Kreditkartenbelegen über Drohschreiben bis zu Graffiti. Das computergestützte System FISH (Forensisches InformationsSystem Handschriften) unterstützt die kriminaltechnischen Untersuchungen.

Stimmanalyse Individuell ist auch die Stimme eines Menschen. Hat der Täter sie auf einem Tonträger hinterlassen, lässt sie sich mit dem „Phonetisch-instrumentellen Kombinationsverfahren" wie ein Tatwerkzeug untersuchen. Es beginnt mit der Erarbeitung eines „philologischen Steckbriefs": Was sagt der anonyme Anrufer und wie drückt er sich aus? Die Antworten können viel über Alter, Herkunft und Bildung des Täters verraten. Dann wird die Grundfrequenz der Stimme bestimmt. Ebenso aufschlussreich ist die Melodik der Sprache. Die messbare Streuung der Frequenzen zeigt an, ob eine Stimme viele Höhen und Tiefen aufweist. Dieses Stimmprofil ist genauso unverwechselbar wie ein Fingerabdruck.

Ballistik Auch Schüsse hinterlassen charakteristische „Fingerabdrücke" der verwendeten Feuerwaffen: Die Patronenhülse verhält sich zur Tatwaffe wie ein Schlüssel zum Schloss. Sogar auf den Splittern eines Geschosses, die in einer Hauswand gefunden werden, erkennen die Schusswaffenexperten (Ballistiker) Abriebspuren, die der Pistolenlauf hinterlassen hat. Mit einem Vergleichsmikroskop lassen sich gleichzeitig Geschoss und die dazu passenden Laufmuster studieren und mit den bekannten Waffentypen abgleichen. Aufschlussreich sind auch die Schmauchspuren genannten Pulverspuren. Sie verraten, wie weit die Waffe im Moment des Schusses vom Körper des Opfers entfernt war. Mit dem Rasterelektronenmikroskop können winzigste Rußteilchen an den Händen eines mutmaßlichen Schützen selbst dann noch aufgespürt werden, wenn er sich diese gewaschen hat.

Unter dem Mikroskop wird das Projektil auf charakteristische Abriebspuren untersucht.

Ein Beamter feuert eine Kugel aus der vermeintlichen Tatwaffe in das Beschussbecken.

In speziellen Fällen

Was geschah 1971 in München?

Es ist der 4. August 1971, 15.55 Uhr. Zwei schwer bewaffnete Männer stürmen in München eine Filiale der Deutschen Bank. Sie tragen Motorradhelme und rote Gesichtsmasken. Als wenig später Streifenwagen anrücken und das Gebäude weiträumig abgesperrt wird, sind ihre Forderungen schon bekannt: zwei Millionen Mark, ein Fluchtfahrzeug und freier Abzug. Die Polizei verhandelt. Nach einer Stunde lassen die Gangster eine ihrer sieben Geiseln frei.

Immer mehr Polizisten gehen rund um die Bank in Stellung. Polizeihubschrauber umkreisen das Stadtviertel. Am frühen Abend steht das geforderte Fluchtfahrzeug bereit. Die Verhandlungen ziehen sich aber weiter hin, denn die Polizei verlangt die Freigabe der Geiseln.

Kurz vor Mitternacht beginnen die Täter zu handeln. Einer von ihnen erscheint mit zwei Geiseln und besteigt das Fluchtauto. Die Polizei eröffnet das Feuer. Der Räuber wird tödlich getroffen, kann aber noch auf die neben ihm sitzende Frau schießen. Auch sie überlebt nicht.

Ein Jahr später kommt es in München erneut zu einem Zwischenfall. Terroristen töten während der Olympischen Sommerspiele zwei israelische Sportler und nehmen weitere als Geiseln. Der Versuch, sie zu befreien, endet in einem Blutbad.

AUSRÜSTUNG

SEK-Beamte sind sehr gut ausgerüstet. Sie tragen stets eine Schutzweste und einen Einsatzhelm, dessen Titanlegierung kugelsicher ist. Der Helm hat ein starkwandiges Visier und einen aktiven Gehörschutz. In den vielen Taschen der Einsatzweste befinden sich u. a. Blendgranaten, Werkzeuge, ein Funksprechgerät und Verbandpäckchen. Am Gürtel sind eine Waffe, Reservemagazine und Handschellen befestigt. Mitunter führen die Beamten zusätzlich Schutzschilde mit. Die größten Schilde bieten zwei Männern hohe Sicherheit selbst vor Gewehrgeschossen.

Misslungener Überfall auf eine Bank. Der Täter verlässt mit einer Geisel das Gebäude, um seine Flucht zu erzwingen. Ein Fluchtfahrzeug wird bereitgestellt. Ein Beamter versucht, den Mann zur Aufgabe zu bewegen.

Was macht ein Verhandler?

Ein Verhandler hat die Aufgabe, mit dem Täter ins Gespräch zu kommen. Der speziell für solche Aufgaben ausgebildete Beamte hat – wie ein Profiler – gelernt, sich in die Gefühlswelt anderer hineinzudenken. So weiß er ziemlich genau, was in Situationen wie dieser in Geiselnehmern und Opfern vorgeht. Zunächst muss der Verhandler herausfinden, was der Täter will. Gleichzeitig wirkt er beruhigend auf ihn ein, um das Leben der Geiseln zu schützen. Verhandlungen führen nicht immer dazu, dass die Täter von ihrer Tat Abstand nehmen. Sie können aber zu einer erheblichen Verbesserung der Ausgangssituation beitragen. Am häufigsten kommen Verhandler bei Bedrohungen, Suizidversuchen (oben), Entführungen, Erpressungen und Geiselnahmen zum Einsatz.

Spätestens jetzt erkannte man, dass nur speziell ausgebildete Zugriffskräfte derartigen Situationen gewachsen sind. So wurde 1974 beschlossen, Spezialeinheiten der Länder und des Bundes zu schaffen. Das war die Geburtsstunde des SEK, des Spezialeinsatzkommandos.

Wann wird das SEK angefordert?

Spezialeinsatzkommandos gibt es in allen Großstädten. Ihr Einsatzalltag wird bestimmt durch geplante Festnahmen von bewaffneten oder als besonders gefährlich eingestuften Straftätern. Aber auch bei Geiselnahmen, Entführungen, Tötungsdelikten oder bei der Bekämpfung der organisierten Kriminalität kommen diese besonders ausgebildeten SEK-Beamten zum Einsatz.

Zu den Spezialeinheiten der Polizei gehören auch die Mobilen Einsatzkommandos (MEK). Die MEKs sind hauptsächlich für Beobachtungen und Fahndungen zuständig. Aber auch sie greifen zu, wenn es

Einsatzübung am Reisezug. Ein Beamter dringt in den Waggon ein, während die anderen absichern.

notwendig ist. Vervollständigt werden die Spezialeinheiten der Polizei von den Verhandlungsgruppen (VG) zur Gesprächsführung mit Straftätern und von den Technischen Einsatzgruppen (TEG), die die Polizei beraten und technisch unterstützen. Spezialeinsatzkommandos operieren häufig über die Grenzen der Bundesländer hinweg. Deshalb sind sie einheitlich ausgebildet und weitgehend einheitlich ausgerüstet.

SEK-Beamte stehen auf den Kufen eines Polizeihub schraubers. Gleich werden auch sie sich abseilen.

SEK-Beamte müssen ständig trainieren, um psychisch und körperlich absolut fit zu sein. Geübt wird u. a. das Abseilen an Gebäuden, das Überwinden von Hindernissen sowie das Eindringen in ein Haus (v. l.).

Wie wird das SEK ausgebildet?

Was im Ernstfall nur wenige Sekunden dauert, wird von den Beamten mit den schwarzen Masken über dem Kopf ständig trainiert. Regelmäßig sind sie in der zentralen Fortbildungsstelle für Spezialeinheiten (FSE) zu Gast. Das Trainingszentrum liegt in einem ausgedienten Steinbruch und ist einzigartig in Europa. Es hat u. a. Schießstände, einen Sprengübungsplatz, eine Hindernisbahn sowie einen Fahrparcours. Ein vierstöckiges Übungshaus bietet von der Bank im Erdgeschoss über Wohnungen mit langen Fluren bis hin zu Balkonen vieles, was im Polizeialltag eine Rolle spielt. Das FSE wird auch von der Polizei anderer Länder genutzt.

Einen wesentlichen Bestandteil der SEK-Arbeit bilden Einsatzfahrten mit dem Pkw. Den Beamten wird in aufeinander aufbauenden Kursen sehr schnelles, aber kontrolliertes Fahren beigebracht. Sie lernen, wie man eine 180-Grad-Wende vorwärts und rückwärts ausführt und wie man bei einer Geschwindigkeit von 80 Stundenkilometern das Fahrzeug um 90 Grad wendet. Auch das Ausweichen vor Hindernissen und das Durchbrechen von Fahrzeugsperren wird trainiert. Später üben die Beamten das Beherrschen des Fahrzeugs im Grenzbereich, das Anhalten von Täterfahrzeugen sowie das Schießen aus Fahrzeugen heraus.

Das ABSEILEN vom Hubschrauber ist eine Spezialität der SEK-Beamten. An das Abseilgerät können sich bis zu vier Mann einklinken. Sie stehen auf den Kufen des Hubschraubers und fliegen zu ihrem Einsatzort. Erst wenn einer von ihnen dem Piloten ein Handzeichen gibt, beginnt das Abseilen. Sekunden später stoßen sich die ersten beiden Beamten von den Kufen ab und lassen sich nach unten gleiten. Eine besondere Sicherung verhindert schwere Unfälle: Das Abseilen wird gestoppt, wenn man ein spezielles Handgerät loslässt.

Technische Einsatzgruppen sind die Aufklärungseinheiten von SEK und MEK. Sie arbeiten selbstständig, sind aber untereinander kompatibel. Vor allem werden sie in der organisierten Kriminalität, bei Gefährdungslagen (räuberische Erpressung, Raub- und Anschlagsverhinderung) sowie bei Geiselnahmen und Entführungen eingesetzt. Gleichzeitig sind die TEG für die Führungs- und Einsatzmittel, beispielsweise Kraftfahrzeuge und Waffen, zuständig. Zu ihren Aufgaben gehören u. a. die akustische Aufklärung (Lauschangriff), die Ortung, und die optische Aufklärung (Videoüberwachung).

Ein herrenloser Koffer auf einem Flughafen könnte ein Fall für „Theo“ sein. Aus sicherer Entfernung wird der Entschärfungsroboter von einem Spezialisten gesteuert.

Wie arbeiten Bombenentschärfer?

Bombenentschärfer sind Freiwillige. Im Ernstfall arbeiten sie in perfekt eingespielten Zweierteams in weiträumig abgesperrten Arealen, menschenleeren Bahnhofshallen oder Flugsteigen. Ihre Ausbildung ist sehr aufwendig: Die künftigen Sprengstoffexperten büffeln Physik, Kinetik und Chemie. Auf einem abgelegenen Übungsplatz zünden sie ihre zu Übungszwecken selbst gebauten Bomben. Wichtigste Voraussetzung für einen guten Bombenentschärfer ist Besonnenheit. Aber auch Angst gehört zu diesem Beruf – ohne sie wird man unvorsichtig.

Geht eine Bombendrohung bei der Polizei ein, werden die USBV-Spezialisten alarmiert. USBV ist die Abkürzung für „Unkonventionelle Spreng- und Brandvorrichtungen“. Das sind oft herrenlose oder verdächtige Gepäckstücke. Die Bombenentschärfer rücken fast immer mit ihrer rollenden Werkstatt und 35 Kilogramm schweren Schutzanzügen an. Vor allem aber haben sie „Theo“ bei sich, den 1,50 Meter großen, 360 Kilogramm schweren Sprengroboter. Sein Name geht auf die Bezeichnung tEODor („telerob Explosive Ordnance Disposal and observation robot“) zurück. Dem wachsamen Auge des Entschärfungsroboters entgeht nichts, denn „Theo“ röntgt das verdächtige Gepäckstück zunächst einmal gründlich. Das aus sicherer Entfernung gesteuerte Gerät verfügt über einen Multifunktionsarm. Es hat eine Reichweite von nahezu drei Metern und kann sich um die eigene Achse drehen. Vollautomatisch greift es per Knopfdruck benötigte Werkzeuge wie Reißhaken, Fensterbrecher oder Akkubohrmaschine aus dem mitgeführten Magazin. „Theo“ kann schneiden, bohren, schweißen, heben und tragen. Er stülpt Plastiktüten um und stellt Behältnisse millimetergenau ab. Hat er einen Sprengsatz entdeckt, zerstört er ihn je nach Material mit Holz- oder Stahlprojektilen oder auch mit einem starken Wasserstrahl.

Beruf: Polizist

Wer kann Polizist werden?

Nicht viele Berufe sind so interessant und abwechslungsreich wie der des Polizisten. Ob er Streife fährt, den Verkehr regelt, Postendienst leistet, Straftäter ermittelt, einen Hubschrauber fliegt oder ein Patrouillenboot führt – Polizisten erleben immer wieder neue, so noch nicht da gewesene Situationen. Dieser Berufsinhalt verlangt von jedem Polizisten besondere Eigenschaften; dazu gehören vor allem Menschenkenntnis, Entscheidungsfreudigkeit, Kontaktfreudigkeit, nervliche Belastbarkeit, mündliches und schriftliches Ausdrucksvermögen, Reaktionsschnelligkeit und ein Gedächtnis für sprachliche Inhalte, Personen und Sachen. Unabhängig von diesen persönlichen Eigenschaften gelten für die Einstellung bei der Polizei noch weitere Grundbedingungen. Eine der wichtigsten ist, dass der Bewerber keine Vorstrafen und einen guten Leumund hat. Auch der Schulabschluss und das Bestehen einer schriftlichen, mündlichen und sportlichen Aufnahmeprüfung sind Voraussetzungen für den Polizeiberuf.

Auch Polizisten müssen regelmäßig die Schulbank drücken.

Die sichere Handhabung von Schusswaffen will gelernt sein.

Was lernt man an der Polizeischule?

Die jungen Polizeianwärter werden in rund 20 Fächern ausgebildet. Besonders wichtig für ihren späteren Beruf sind polizeispezifische Rechtskenntnisse, Polizeitaktik, Selbstverteidigung sowie die sichere Handhabung von Schusswaffen. Beim Schießtraining können auch reale Gefahrensituationen per Videofilm simuliert werden. Daneben gibt es eine Fahrschulausbildung oder ein praxisorientiertes Fahr- und Sicherheitstraining. Auch Fremdsprachen, Gesellschaftslehre, die Vermittlung von Schreibmaschinen- und Computerkenntnissen sowie eine gründliche Erste Hilfe- und Sprechfunkausbildung stehen auf dem Stundenplan eines Polizeianwärters. Nach beendeter Ausbildung und bestandener Prüfung für den mittleren Polizeivollzugsdienst werden die Nachwuchspolizisten zur Polizeimeisterin bzw. zum Polizeimeister befördert. Anschließend führt sie ihr Weg zunächst in eine Einsatzhundertschaft der Bereitschaftspolizei, wo die Nachwuchspolizisten weiter ausgebildet werden.

Die Einstiegslaufbahn bei der Polizei beginnt mit dem mittleren Polizeivollzugsdienst. Die Dienstränge reichen vom Polizeimeister bis zum Polizeihauptmeister. Besonders geeignete Polizistinnen und Polizisten können drei Jahre an einer Polizeihochschule studieren und sich auf die Kommissarslaufbahn vorbereiten. Zeigen sie im sogenannten gehobenen Dienst überdurchschnittliche Leistungen, steht ihnen der höhere Dienst offen – und damit die Möglichkeit, sogar einmal Landespolizeipräsident zu werden.

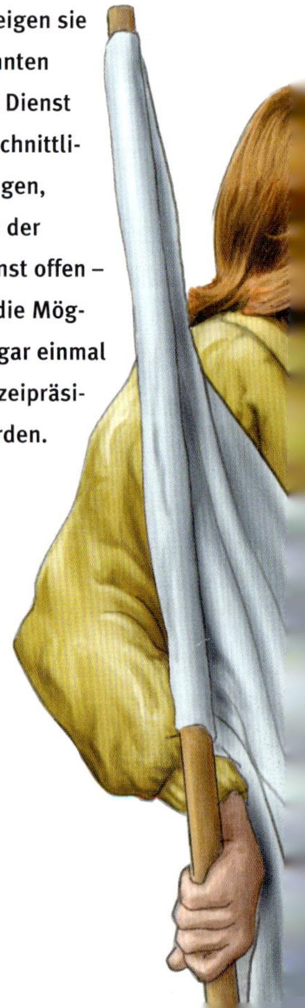

Ist der Polizeiberuf gefährlich?

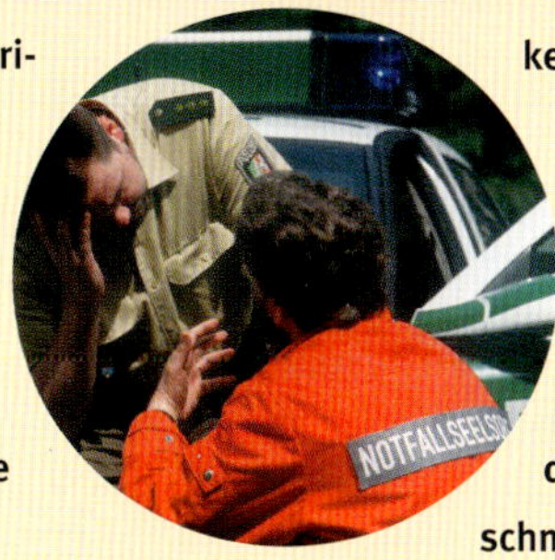

Weil sie in besonders schwierigen Situationen eingesetzt werden, leben die Beamten des Spezialeinsatzkommandos am gefährlichsten. Langjährige Beobachtungen haben aber ergeben, dass die normale Streifentätigkeit die größten Risiken für die Polizisten birgt. Meist sind es Streifenwagenbesatzungen, die nachts auf öffentlichen Plätzen und in Wohngebieten angegriffen werden. Der Besonnenheit und Professionalität der Beamten ist es zu verdanken, dass die Angriffe nur selten böse enden. Die Polizisten legen keinen Wert darauf, bei ihren Einsätzen den Helden zu spielen und sich und andere in Gefahr zu bringen. Sie wägen ihr Einschreiten genau ab. Manchmal allerdings müssen sie sich blitzschnell entscheiden: Wehre ich mich? Wie wehre ich mich? Schieße ich? Darüber hinaus bringt der Beruf erhebliche emotionale Belastungen mit sich. Man kann das Erlebte bei Dienstschluss nicht einfach wegschließen: Das Überbringen trauriger Nachrichten gehört ebenso dazu wie Einblicke in erschütternde Verhältnisse.

Wozu gibt es die Bereitschaftspolizei?

Noch vor wenigen Jahren war die Bereitschaftspolizei eine ständig in „Bereitschaft“ liegende und auf Großeinsätze wartende Polizeitruppe. Sie war kaserniert, also in Kasernen untergebracht. Heute hat die Bereitschaftspolizei mehrere Aufgaben. Sie bildet den polizeilichen Nachwuchs aus und sie ist in den täglichen Dienst der örtlichen Polizeien eingegliedert. Darüber hinaus hat sich ihre typische Verwendungsform unverändert erhalten: Sie unterstützt bei besonderen Anlässen die Landespolizei immer dann, wenn „geschlossene“ Einheiten benötigt werden. Solche Anlässe können Demonstrationen, Fußballspiele, Volksfeste, Razzien und besondere Fahndungen, zum Beispiel nach vermissten Personen, sein.

Weil es diese und andere „Großlagen“ aber nicht jeden Tag gibt, unterstützen die Bereitschaftspolizisten ihre Kollegen in den Polizeirevieren. Dann gehen sie vor allem an den Brennpunkten von Straftaten Streife. Auch helfen sie, die sichtbare polizeiliche Anwesenheit in den Innenstädten zu verbessern. Mitunter wird auch der Funkstreifendienst der Polizei durch Streifenwagen der Bereitschaftspolizei verstärkt.

Nur nicht provozieren lassen. Besonders gründlich werden die Bereitschaftspolizisten auf den Umgang mit Demonstranten vorbereitet.

Polizei international

Gendarmerie

In einigen europäischen Staaten gibt es nicht nur Polizisten, sondern auch Gendarmen. Diese sind ebenfalls Sicherheitsbeamte. Das Wort Gendarmerie leitet sich vom französischen „Gens d'armes" ab und bedeutet „Männer in Waffen". Am bekanntesten ist die französische Gendarmerie Nationale. Sie untersteht dem Verteidigungsministerium, übernimmt aber polizeiliche Aufgaben im ländlichen Raum. Für die Städte dagegen ist die Police Nationale zuständig. Beide sind voneinander unabhängig. Auch Österreich hatte bis vor Kurzem eine Gendarmerie. Sie ist – wie schon in Belgien und Luxemburg – mit der Polizei zusammengelegt worden.

Eine polizeiliche Gendarmerie gibt es auch in Italien. Sie heißt Carabinieri und ist eine eigenständige militärische Einheit, die vollzugspolizeiliche Aufgaben hat und dem Innenministerium untersteht. Die Carabinieri verfügen über eine der weltweit modernsten

Französische Polizeitaucher auf der Seine

Notrufanlagen. Das System ermöglicht den Kommandanturen der Provinzen über das Satellitenortungssystem GPS unmittelbaren Zugriff auf etwa 8000 Einsatzfahrzeuge. Eine Spezialeinheit der Carabinieri ist die „Gruppo Intervento Speziale" (GIS). Die Antiterroreinheit für ausschließlich polizeiliche Einsätze wird heute vor allem im Kampf gegen die Mafia eingesetzt. Zu den 110 000 Carabinieri gehört der „Carabiniere di quartiere", eine Art Schutzmann, der stets im selben Stadtviertel Streife geht.

Ganz in Blau: französischer Motorradpolizist der Gendarmerie auf einer BMW

Italienische Polizisten

Scotland Yard

Benannt ist die 1829 gegründete Metropolitan Police Force (Met) nach ihrem ersten Quartier, das in der kleinen Straße „Scotland Yard" lag. Die 32 000 Beamten und 14 000 Zivilkräfte der legendären Polizei sind für den Großraum London, nicht aber für die Innenstadt zuständig. Die „City of London" hat eine eigene Polizei mit etwa 1000 Kräften. Die Bobbys, wie sie nach ihrem Gründer, dem späteren Premierminister Robert („Bobby") Peel, genannt werden, tragen nur äußerst selten Waffen. Bei der Met gab es übrigens das weltweit erste gerichtsmedizinische Labor, und als erste Ordnungshüter nutzten die Mitarbeiter von Scotland Yard Computer.

Bobbys mit ihren traditionellen Helmen auf Streife im Londoner Hyde Park

Martina Meuth · Bernd Neuner-Duttenhofer

ÖSTERREICH

Küche, Land und Leute

Photos von Martina Meuth

Kulinarische Landschaften

Photos von Martina Meuth

ISBN 3 8094 1703 3

Gestaltung und Herstellung: Horst Schöck, Schramberg
Reproduktionen und digitaler Gesamtaufbau: Straub Druck, Schramberg
Umschlaggestaltung: Atelier Höpfner-Thoma, München
Umschlagphotos: Martina Meuth

Karte: Computergraphik Jörg Mair, Eching a.A.
Druck: Těšínská tiskárna, Český Těšín
Printed in the Czech Republic

817 2635 4453 6271

Inhalt

Martina Meuth & Bernd Neuner-Duttenhofer: begeistert von Österreichs Küche, Land und Leuten!

Die besten aller Kärntner Nudeln! Großes Bild: gefüllte Hausrucker Knödel, siehe Seite 90/91

VORWORT

Wie findet ihr bloß die Adressen, die Menschen, die Wirtshäuser?« werden wir immer wieder gefragt. Im Prinzip ganz einfach: lesen, suchen, fragen, herum- und heraushören, ausprobieren! Im Detail aufwendig: Für dieses Buch haben wir über tausend Adressen gesammelt und überprüft, sind hingefahren, haben angeschaut, zur Probe gegessen und getrunken, nachgefragt, aufgeschrieben, photographiert... Und uns nach eineinhalb Jahren Recherchen für einen Bruchteil entschieden: mit dem Mut zur Lücke und – eingedenk des Platzes, der uns in dieser Buchreihe (es ist der zehnte Band!) zur Verfügung steht, – nach persönlichem Geschmack und Sympathie. Wir erheben keinen Anspruch auf Vollständigkeit, wollen nur die wichtigsten Charakterzüge von Küche, Land und Leuten aufzeigen. Objektivität ist nicht unser Ziel, subjektiv freuen wir uns am Kleinen, Individuellen, Originalen und Originellen, ziehen das Handwerkliche dem Industriellen vor, suchen Passion und nicht Routine! Wie sonst hätten wir es wagen können, ganz Österreich in einem Buch vorstellen zu wollen? Freilich waren wir manchmal nahe daran, den Mut zu verlieren. Zum Beispiel bei den Kärntner Nudeln: Hier und dort haben wir sie probiert, die mit Kartoffeln und Topfen, mit Fleisch oder mit Kletzen gefüllten Teigtaschen mit ihrem hübsch »gekrendelten« Rand. Mal war der Teig zu dick, mal die Füllung fad. Aber dann durften wir sie in absoluter Perfektion genießen, hoch oben in den Bergen, in einem unscheinbaren Dorfgasthaus, zubereitet von einer fast neunzigjährigen Frau: Der Teig so durchscheinend dünn, daß man die Gewürze der Füllung sehen konnte, nämlich Kerbel und Minze, schmelzend auf der Zunge – schlichtweg himmlisch! Aber Frau Rainer wollte sich weder photographieren lassen, noch ihr Rezept verraten. Und wir bekamen Bedenken, ob nicht die Preisgabe der Adresse für die alte Frau zu viel werden könnte, und behalten diese Entdeckung für uns.

Ansonsten stellte sich gerade in Österreich niemals die Frage, ob wir einen »Geheimtip« verraten und damit etwa den Charakter einer Dorfwirtschaft oder einer Buschenschank verderben könnten. Nein, die Aktricen und Akteure auf

Österreichs kulinarischer Bühne haben ein gesundes Selbstbewußtsein und wären auch durch größeren Andrang nicht zu gefährden!
Nichts trenne Deutschland und Österreich mehr als die gemeinsame Sprache, hat schon Karl Kraus gefunden. In der Küche auf jeden Fall: Obers ist das, was sich zuoberst auf der Milch absetzt. Aber nur in Wien, weiter westlich sagt man Rahm, nur bei uns Sahne. Daß Kren Meerrettich und Karfiol Blumenkohl ist, Tomaten Paradeiser und grüne Bohnen Fisolen heißen, haben wir in den Rezepten teils erklärt, teils ersetzt, teils belassen. Die zarte Kernöleierspeis' wurde nicht zum robusten Rührei mit Kürbiskernöl! Doch manche *Austriaca* irritieren beharrlich: So ist eine Tasse kein Trinkgefäß, sondern ein Tablett, und der Sessel im Gasthaus kein bequemer Fauteuil, sondern ein harter Stuhl.
Natürlich stellte sich gleich zu Anfang die Frage: Was ist österreichische Küche? Und: Was ist eigentlich Österreich selbst? Dieses zu erforschen wollen wir uns nicht tiefschürfend unterfangen – hat doch schon Hans Weigel sich gefragt, ob nicht möglicherweise die Definition Österreichs im Bekenntnis seiner Undefinierbarkeit bestehe. Feststellen konnten wir aber – dies zu betonen ist uns wichtig, weil unsere Erfahrungen mit vielen der in und über Österreich sich so hartnäckig haltenden Klischees nicht übereinstimmen –, daß in den letzten Jahrzehnten ein Selbstbewußtsein entstanden ist, das sich nicht mehr aus nostalgischen Reflexionen der Donaumonarchie speist, sondern der Gegenwart entspringt – Österreich empfindet sich nicht mehr als Torso, sondern als eigenständige, zwar der EU zugehörige, aber politisch, gesellschaftlich und geographisch bestimmte Einheit. Daß eine gewisse Koppelung an Deutschland weiterhin eine Rolle spielt, führt weniger zu Minderwertigkeitskomplexen als zu dem durchaus berechtigten Stolz, vieles besser gelöst zu haben, als der Nachbar. Das trotz – oder wegen! – geringeren Reichtums rücksichtsvollere Sozialverhalten der Bürger, der offene, nur selten verdruckste Umgang miteinander und der Respekt vor der Meinung des anderen fielen uns auf; auch die ausgeprägte Liebe zur Selbstdarstellung, der Spaß am witzigen Wortgefecht, an spitzen Pointen, eine hohe Streitkultur und ein schärferer Sinn für das Machbare, für direktere Problemlösungen. Gegensätze werden gelebt – im Proporz (der Besetzung von Posten nach Parteizugehörigkeit) wie in der großen Koalition. Bunte Vögel und genialische Bluffer – etwa André Heller und Friedensreich Hundertwasser – haben hier ihr Zuhause. Notorisch Hassende wie Thomas Bernhard und Elfriede Jelinek werden ihres

Hasses wegen gehätschelt. Der Österreicher im allgemeinen scheint – hier stimmt das Klischee! – mit einer gewissen Lust an sich und den Zuständen zu leiden. Zerrissenheit ist, so Weigel, seine Natur. In der Küche ist dies übrigens genauso: Der Schmarrn, Symbol österreichischer Speisen und Lieblingsessen des Kaisers Franz Joseph, ist ein mit der Gabel zerrissener Eierkuchen... Freilich, es gesellt sich zu der in der Donaumonarchie geübten Liberalität eine engstirnige Intoleranz, die keineswegs immer die liebenswerten Züge eines Hans Moser trägt. Nationales und sozialistisches Spießertum haben in der Vergangenheit zueinandergefunden und gehen auch heute populistische Verbindungen ein. Der Schmäh, diese Wiener Erfindung des Umgangs miteinander, oszillierend zwischen witziger Geschwätzigkeit und floskelhafter Höflichkeit, schmiert jedoch alles, beseitigt das Knirschen beim Aufeinandertreffen unterschiedlicher Meinungen und Interessen. Österreich breitet nicht einen germanischen Teppich des Schweigens, sondern des Redens über ungelöste Probleme. Die Teighüllen von Strudeln, Rollen, Tascherln und Knödeln haben die durchaus ähnliche Funktion, weniger einladend aussehende Dinge präsentabel zu machen!

Die Industrie – zum Beispiel Bergbau, Verhüttung und Metallverarbeitung in den Alpen zwischen Linz und Graz – hat ländliche Lebensformen nicht verdrängt. Trachten und Brauchtum haben sich in vielen Gegenden ohne Abgleiten ins Kitschige erhalten – natürlich nicht in den Touristenhochburgen. Die Kommunikation zwischen Stadt und Land ist eng; man fährt gerne hinaus ins Grüne, ißt dort, wo die guten Sachen produziert werden: Das entspricht eher italienischer oder französischer Lebensart und Einfühlungsgabe in qualitätsvolle Produktionsweisen als deutschem Ausflugsverhalten. Es gibt andererseits – Wien ausgenommen – wenig wirklich gute Restaurants in den Städten.

Die verwandtschaftlichen und Freundesbeziehungen pflegt man intensiv außer Haus, geht oft gemeinsam essen. Nicht nur als »Insasse eines Kaffeehauses« (Friedrich Torberg) prägt man das kulturelle Erbe, sondern auch als sich ernährendes Individuum, das sich seine Genußfähigkeit erst durch die am Tisch formulierte Kritik ausbildet, dabei den Geschmack der Speisen zu erkennen lernt und an der Entwicklung der Kunst von Küche und Keller regen, am liebsten mitgestaltenden Anteil nimmt.

Als Katharina Prato im letzten Jahrhundert ihr berühmtes Kochbuch schrieb, nannte sie es noch »Süddeutsche Küche«. Wir erkennen sie heute als die österreichische, die bekanntlich von al-

len Seiten beeinflußt wurde: In Kärnten, Tirol und Salzburg von Italien, in den beiden letzteren auch von Bayern. In Westtirol und Vorarlberg herrscht Alemannisches vor, im Südosten gibt es slowenische, kroatische und serbische, im Osten ukrainische, russische und ungarische Elemente, im Norden polnische, slowakische, mährische, vor allem böhmische und jüdische Rezepte und Einwirkungen. In Wien fand und findet alles gleichzeitig statt, treffen zudem die Landesküchen Österreichs aufeinander: Manchmal lassen nur Kleinigkeiten erkennen, woher Koch oder Köchin stammen.

Österreichs Küche ist – trotz des berühmten Küchenmeisters Franz Ruhm, dessen Buch in wohl nur wenigen Haushalten fehlen dürfte – von Frauen geprägt. Eine Hausfrauenküche, die weniger von der Kreativität als von der Erfahrung lebt. Was denn auch ein Grundproblem der Nachkochbarkeit österreichischer Rezepte ist: Weder schriftlich noch bildlich lassen sich die Qualitätsunterschiede festhalten, die ein und dasselbe Gericht kennzeichnen, je nachdem, ob es von einer erfahrenen Hausfrau oder einer Anfängerin zubereitet wurde! Die genaue Beschaffenheit eines Gerichts hängt nicht nur von der Menge der Zutaten und deren Qualität ab, sondern noch mehr von dem Fingerspitzengefühl und dem Geschick, mit dem es ausgeführt wird. Ob Nocken, Nudeln oder Knödel, eine leichte Mehlschwitze oder eine intensive Gulaschsauce: Was in den Familien in Generationen erlernt wurde, kann man nicht einfach nachkochen. Wie oft haben wir sogar gehört: »So wie bei der Mutter schmeckt es einfach nicht, auch wenn ich alles genauso mache!«

Köchinnen stehen in den Gasthäusern der vom Tourismus noch nicht so heimgesuchten Regionen am Herd, die Berufsköche mehr in dessen Hochburgen, wo dann eher langweilige Lehrmeinung, geplante Routine, berechnende Sparsamkeit herrscht. An den Seen des Salzkammerguts und Kärntens, in den Wintersportgebieten und in den überlaufenen Tälern Tirols ißt man daher weitaus weniger gut und authentisch als in den abseits gelegenen Regionen des Wald- und Innviertels, im Rebland der Steiermark oder im südlichen Burgenland.

Man mag bestimmte Haubenköchinnen und -köche – in Österreich gibt es nicht die Sterne des Michelin, sondern die Hauben = Kochmützen des Gault Millau – in unserem Buch vermissen. Wir konnten uns aber des Eindrucks nicht erwehren, daß einige der Hochgelobten der ihnen nicht persönlich bekannten Kundschaft weniger Aufmerksamkeit zukommen lassen.

Viele Österreicher sind kritische Ge-

nießer und stellen höchste Ansprüche an die Qualität der Zutaten und gute handwerkliche Verarbeitung. Die Bauern liefern reichlich Material dafür: 18 Prozent der landwirtschaftlichen Fläche wird nach Bio-Methoden bewirtschaftet – bei uns in Deutschland sind es gerade mal eben zwei Prozent! Und der Einkauf auf dem Bauernhof oder im Naturkostladen ist selbstverständlich – in keinem Dorf fehlen Hinweisschilder auf Direktverkauf. Auch die guten Kaufhäuser und Läden in den Städten führen Produkte aus bäuerlicher Produktion, die Namen der Hersteller werden ausgewiesen! Die Qualität individueller, artgerechter und überlieferter Produktion wird hoch geschätzt, und man ist gerne bereit, sie teurer zu bezahlen als Massenware.

Wer kundig einkauft, ißt auch kritisch: In der steirischen Buschenschank genießt man das hausgemachte Verhackerte zum frischen Schilcher mit derselben Hingabe und Aufmerksamkeit wie die kunstvollen Kreationen in einem Luxusrestaurant. Dabei sinkt aber niemand vor dem Namen des Kochs und der Benennung eines Gerichtes in die Knie, sondern geht der Wahrheit des Geschmacks auf den Grund. Daß dabei geschmacklich erprobte Speisen neuen, noch unbekannten Kombinationen vorgezogen werden, erklärt das Beharren der meisten österreichischen Gourmets auf traditionellen Zubereitungsweisen.

Manchmal fiel uns die Entscheidung, wen und was wir in unser Buch aufnehmen, nicht leicht. Wir entschuldigen uns bei allen, die nicht im Buch vertreten sein konnten. Und wir danken jenen, die mitgemacht, die wir manchmal mit unseren Wünschen geradezu überfallen haben und uns Freunde wurden. Wir danken den vielen unermüdlichen Informanten, die uns die Wege wiesen und Türen öffneten, der Dr.-Helmut-Zilk-Stiftung und dem Bürgermeister von Wien, Dr. Michael Häupl, für ihre Unterstützung. Und schließlich herzlicher Dank an Ilse Schneyder, die sich der Mühe unterzog, unser Manuskript von Fehlern zu befreien, die uns als Piefkes ausgewiesen hätten.

FRÜHLING

Duftende Blüten, Spargel und das erste Grün.
Junge und gereifte Weine.
Handwerk, Landwirtschaft und Familiensinn

Spargel: Beste Qualität und gutes Marketing

Weinberg mit Marterl

Viktoria mit Kätzchen

Frühlingsgenuß: Spargel mit Schinken

Das Mausoleum von Ehrenhausen/Steiermark

Kirchmayr-Weine mit pfiffigen Etiketten

Bauernläden gibt's im ganzen Land

Frühlingsdessert: Rhabarberkompott zum Kuchen

Im Mostviertel – bei Familie Kirchmayr

Zwischen Linz und Wien, genauer: Stadt Haag und St. Pölten, Donau und Alpen liegt das Mostviertel. »Ostarrichi«, wie seit 996 die Ostmark zwischen den Flüssen Enns und Traisen genannt wurde, ist in Wahrheit »Mostarichi«: Nicht Wein und Bier herrschen hier, sondern der herzhafte Most von Äpfeln und Birnen. Ein bäuerliches Getränk, rauh und unverfeinert, ursprünglich und naturnah.

Stattlich: typischer Mostviertler Vierkanthof

Auf den sanften Wellen des fruchtbaren Getreidelandes in den Niederungen wie auf den immer steiler zu den Eisenwurzen ansteigenden Bergrücken des sattgrünen Voralpenlandes stehen noch immer fast eine Million Birn- und Apfelbäume, die meisten von ihnen stattliche Solitäre, die sich Ende April, Anfang Mai mit einem üppigen Blütenkleid schmücken – strahlend weiß die Birnen,

Harmonisch: Baumreihen begrenzen die Felder

in kraftvollem Rosa die Äpfel. Und während in den Höhen noch Löwenzahn die Wiesen vergoldet, blendet im Tal schon gelb der Raps. Dazwischen breiten sich selbstbewußt die Vierkanter, mächtige, auf allen vier Seiten geschlossene Höfe: im wohlhabenden Kornland aus Ziegeln gebaut und oft unverputzt gelassen, um den Reichtum auch zu zeigen; in höheren Regionen aus Bruchsteinen, mehr

Bauernjause: geschmackvoller, kerniger Speck

oder weniger charmant verkleidet. Die Höfe wirken wehrhaft und sind so groß, weil die Bauern zwar je nach Höhenlage auf Getreideanbau oder auf Milchwirtschaft spezialisiert sind, daneben aber traditionell auch Schweine und Geflügel halten. Hinzu kamen früher die für die Feld- und Waldarbeit nötigen Pferde, Mägde und Knechte – heute füllen Maschinen deren Raum.
Auch Kartoffeln – nein, Erdäpfel! – werden angebaut. Im Benediktinerkloster Seitenstetten, dem geistlichen und geistigen Zentrum der Region, kennt man sie bereits seit 1621 – die praktischen Mönche betrieben den mit 130 Metern Seitenlänge größten aller Vierkanthöfe als Meierei. Aus der Milch bereitet man hier übrigens keinen Käse, sondern beschränkt sich auf Topfen, also Quark.
Vor dreißig Jahren begann das Bier den traditionellen Most zu verdrängen. Viele Obstbäume fielen der Säge zum Opfer. Erst in den letzten Jahren erkannte man den ökologischen, landschaftlichen und landwirtschaftlichen Wert der urigen Baumriesen, besann sich und machte Werbung für das Bio-Produkt Most. Und siehe da, die Menschen entdeckten das Getränk der Obstbauern wieder und verhalfen der Mostkultur zu neuer Blüte. Die eigenwilligen Aromen der alten Obstsorten und ihre ortsübliche Mischung sorgen für Vielfalt.
Die »Kellerei Kirchmayr« in Weistrach mitten im Herzen des Mostviertels hatte eine ganz neue Idee: Einen erfrischenden Schaumwein aus Äpfeln und Birnen, den man – ebenso wie den klassischen Most – an einem sonnigen Frühlingstag vergnüglich auf der Gartenterrasse des behäbigen »Gasthaus Kirchmayr« genießen kann. Denn, wenn die Obstbäume blühen und man draußen sitzen kann, beginnt die Zeit des Mostes: Als Durstlöscher ist er unübertroffen! Mit seinen sechs bis acht Prozent Alkohol muß man sich nicht mit Nippen begnügen, sondern kann ihn zügig *piperln*, sogar *dudeln*, wie man hier sagt.
Die Kirchmayrs sind eine wahrhaft große Familie! Seit Generationen sind es

1

nie weniger als fünf, sechs, manchmal sogar acht Geschwister. Einige leben in der Nachbarschaft, andere sind hinausgezogen in die weite Welt. Doch alle haben sie ein Herz füreinander – der Professor in Wien, der Gastwirt, der Regionalpolitiker und Kellereibesitzer.
Der Gasthof wird inzwischen von Kurt junior geführt, dem sein Vater, Kurt senior, den Betrieb schon übergeben hat, bevor er fünfzig wurde: »Mein Vater starb früh, und ich wurde mit zweiundzwanzig der jüngste Wirt Niederösterreichs. Es war schwer, aber auch eine Chance: Ich konnte als junger Mann Pläne machen und mit voller Kraft verwirklichen. So soll es auch bei meinem Sohn sein! Ich bin nur noch als Kellner angestellt!« Er lacht dazu.
Kurt junior also ist für alles verantwortlich, muß die Abrechnungen machen, das Personal führen, die Investitionen abwägen, die Richtung bestimmen.
In der Küche aber regiert seine Mutter Johanna, genannt Hannerl. »Sie kocht besser als ich«, sagt ihr Mann, selbst gelernter Koch. »Außerdem kochen Frauen wirtschaftlicher – die Häuser, wo eine Frau am Herd regiert, laufen bestens, doch wo ein Mann kocht, ist die Pleite nah. Männer brauchen immer Obers (Sahne), ohne die bringen sie nichts zustand! Ich aber«, holt er doch noch sein Licht unter dem Scheffel hervor, »bin fürs Fleisch verantwortlich.« Er gerät ins Schwärmen über die Produkte der Nachbarschaft, wo er vom einen Bauern wohlgenährte Hühner, vom anderen fette Gänse, vom dritten sorgfältig gemästete Schweine bekommt. »Alles mit Liebe aufgezogen, alles gesund!«
Es wird jede Woche geschlachtet. Kurt grinst: »Das Morden überlasse ich dem Metzger, aber – das Fleisch zerlegen und zurichten, das Wursten und Selchen… das ist meine Leidenschaft!« Donnerstag werden die Blunzen, die Blutwürste, gemacht – »meistens sind sie bereits am Samstag aus, weil so viele Hausfrauen aus der Umgebung mit ihren Töpfen kommen, um sich eine Portion zu holen.« Daß dies höchste Anerkennung be-

Fortsetzung auf Seite 20

1

ZWIEBELKOMPOTT

Man ißt es kalt, als eine fabelhafte Beilage z.B. zur hausgemachten Blutwurst: herzhaft, aber erfrischend leicht! Hält sich im Kühlschrank tagelang.

Für sechs Personen:
1 kg Zwiebeln, 2 EL Butter, 1 Apfel, 1 EL Zucker, Salz, 6 Pfefferkörner, 1 Lorbeerblatt, ca. ¼ l Weißwein

Die Zwiebeln in feine Ringe hobeln. In Butter andünsten, dabei auch den geschälten und in dünne Scheibchen gehobelten Apfel mitdünsten. Mit Zucker bestäuben und karamelisieren. Schließlich salzen, Pfefferkörner und Lorbeerblatt zufügen. Mit Weißwein knapp bedecken. So lange köcheln, bis nahezu alle Flüssigkeit verdampft ist.

2

GEFÜLLTE KALBSBRUST

Für sechs bis acht Personen:
1 Kalbsbrust von ca. 2 kg (vom Metzger eine Tasche hineinschneiden lassen), Butterflöckchen
Semmelfüllung:
5 Semmeln vom Vortag, ca. 1/16 l lauwarme Milch, 1 Zwiebel, 2 Knoblauchzehen, 2 EL Butter, glatte Petersilie, 3 Eier, Salz, Pfeffer, Muskat, Cayenne- oder Paprikapulver

Die Semmeln in dünne Scheiben schneiden, in einer Schüssel mit der Milch beträufeln und einweichen. Inzwischen Zwiebel und Knoblauch fein würfeln, in der heißen Butter sanft weich dünsten, zum Schluß die feingehackte Petersilie untermischen. Mit den Eiern zu den Semmeln geben, alles gründlich mischen, kräftig würzen und eine Viertelstunde ziehen lassen. In die vorbereitete Kalbsbrust füllen, sie mit Küchenzwirn zunähen und in eine Bratenreine betten. Mit Butterflöckchen besetzen. Bei 250 Grad zunächst 20 Minuten kräftig anbraten, dann mit einem halben Liter Wasser übergießen. Die Hitze nunmehr auf 150 Grad drosseln, die Kalbsbrust eine weitere Stunde braten, dabei immer wieder mit ihrem Bratensaft beschöpfen. Falls zuviel davon verdampft, immer wieder einen Schuß frisches Wasser zufügen. Es ist wichtig, daß die Kalbsbrust in einer feuchten Atmosphäre brät, damit sich die feste Hautschicht sowie die darunter liegenden Sehnen auflösen können. Die Kalbsbrust vor dem Anschneiden unbedingt eine halbe Stunde mit Alufolie zugedeckt ruhen und sich festigen lassen. Den Bratensaft unterdessen bis zur gewünschten Konsistenz einkochen.

3

GEFÜLLTES TÄUBCHEN

Für vier Personen:
4 fleischige, junge Täubchen, ½ Rezept Semmelfüllung (siehe oben), Salz, Pfeffer, 3 EL Öl, 4 Thymianzweige, 2–3 Knoblauchzehen, ¼ l Kalbsfond, 2–3 EL Butter

Die Täubchen mit der vorbereiteten Farce füllen, mit Küchenzwirn zusammenbinden, damit sie schön kompakt bleiben. Mit Salz und Pfeffer einreiben, nebeneinander in einen passenden Bräter setzen und mit Öl beträufeln. Bei 250 Grad zunächst 20 Minuten sehr kräftig anbraten. Dabei die Thymianzweige und Knoblauchzehen daneben legen. Die Hitze schließlich auf 160 Grad reduzieren, die Täubchen jetzt eine weitere dreiviertel Stunde braten, dabei alle zehn Minuten drehen, damit die Hitze sie gleichmäßig erreicht und auch ins Innere der Füllung dringen kann.
Die Täubchen warm stellen. Den Bratensatz mit Kalbsfond loskochen und um ein Drittel reduzieren. Mit Butter aufmixen, abschmekken und als Sauce getrennt zu den Täubchen reichen.
Tip: Aus der restlichen Semmelmasse kleine Knödel formen, über Dampf garen und als Beilage servieren.

1

Der Wirt, Kurt Kirchmayr junior, schenkt munter ein – der herbe Bauernmost kommt aus der großen Flasche

3

Pfefferfleisch mit frischem Meerrettich (Kren)

2

1

PRASSELFLEISCH

Die dünnen Fleischscheiben werden so rasch und so heiß gebraten, daß ein geradezu prasselndes Geräusch entsteht. Man nimmt dafür die spitz zulaufenden Endstücke vom Filet. Am liebsten eine Mischung von allem, was gerade beim Metzger zur Verfügung steht: vom Rind, Kalb, Schwein und Lamm.

Für vier Personen:
insgesamt 400 g Filetfleisch in dünnen Scheiben, 1 EL Speisestärke, 2 EL Butter, 2 EL Öl, Salz, Pfeffer, einige Thymianzweige, ⅛ l Sahne, ⅛ l Brühe, Petersilie

Die Fleischscheiben mit der Stärke überpudern und gut einreiben – sie umschließt das zarte Fleisch dann wie ein Film, der vor zuviel Hitze schützt und das Fleisch zart und saftig hält! In einer großen Pfanne Butter und Öl erhitzen, sobald es fast raucht, die Fleischscheiben zufügen und rasch, unter stetem Wenden ein bis höchstens zwei Minuten braten, dabei salzen, pfeffern, den Thymian zufügen. Sahne und Brühe angießen und kurz einkochen. Abschmecken und mit gehackter Petersilie bestreuen. Dazu schmecken Bandnudeln.

2

GEDECKTER APFELKUCHEN

Für eine Springform von 26 cm:
Mürbteig:
250 g Butter, 250 g Mehl, 2 Eigelb, 1 EL Sauerrahm, 2 EL Weißwein, 1 Prise Salz
Belag:
1 kg säuerliche Äpfel, 3 EL Zucker, 50 g Rosinen, ½ TL Zimt, 1 Eigelb

Aus den angegebenen Zutaten rasch einen geschmeidigen Teig kneten, in Folie gehüllt eine halbe Stunde ruhen lassen.
Die Äpfel schälen, vierteln, das Kerngehäuse entfernen, die Viertel in dünne Scheibchen hobeln, mit den übrigen Zutaten in einen Topf füllen. Zugedeckt etwa zehn Minuten im eigenen Saft dünsten und eine halbe Stunde quellen lassen. Schließlich den Teig messerrückendünn ausrollen, mit zwei Dritteln eine gefettete Form auskleiden. Die Äpfel darauf verteilen. Aus dem restlichen Teig Streifen schneiden und gitterförmig auf der Oberfläche anordnen. Das Gitter mit verquirltem Eigelb einpinseln. Den Kuchen bei 200 Grad 50 bis 55 Minuten backen.
Der Apfelkuchen schmeckt am besten noch lauwarm, zusammen mit Rhabarberkompott (Rezept Seite 28) und Schlagsahne.

3

MOSTSCHOBER

Der Nußkuchen wird erst dann so genannt, wenn er trocken genug geworden ist, daß man ihn vor dem Verzehr mit einem würzigen Sirup aus Most tränkt.

Für eine Kranzform von 22 cm:
5 Eier, 50 g Puderzucker, 100 g geriebene Nüsse (Wal- oder Haselnüsse), 25 g frische Kuchenbrösel, 75 g Mehl, 1 EL Kakaopulver, ½ TL Zimt, abgeriebene Zitronenschale, 75 g Kristallzucker, 1 Salzprise, Butter und Brösel für die Form
Mostsirup:
¼ l Apfelmost, 3 EL Zucker, 1 Zimtstange, je 1 Stück Orangen- und Zitronenschale

Die Eigelb mit dem Handrührer zu einer dicken, hellen Creme schlagen, dabei den Puderzucker zufügen. Die Nüsse, Brösel, Mehl, Kakao und Gewürze zufügen sowie die mit der Salzprise und dem Kristallzucker steifgeschlagenen Eiweiß. In eine gefettete, mit Bröseln ausgestreute Form geben und bei 180 Grad im vorgeheizten Ofen eine Stunde backen. Den Kuchen eine halbe Stunde in der Form auskühlen lassen, erst dann auf ein Gitter stürzen und endgültig abkühlen lassen.
Für den Sirup die Zutaten fünf Minuten kochen, die Gewürze noch länger darin ziehen lassen. Die Kuchenscheiben auf Tellern anrichten und damit beträufeln.

Kurt Kirchmayr senior schenkt seinem Bruder Hans ein: dessen eigenen Wein, einen »Juventus«. Unten: Die drei Weintypen mit den von der Malerin Lisa Niedermayr gestalteten Etiketten. Links »Juventus«, ein leichter, erfrischender und trockener Kabinettwein; in der Mitte ein »Prinz«, guter Kabinett bis Spätlese, von trocken bis edelsüß, je nach Herkunft und Lage; rechts »Solist«, ein Wein aus bester Lage mit mindestens fünf Jahren Flaschenreife, absolute Spitze seiner Art

Fortsetzung von Seite 16

deutet, läßt er deutlich spüren. »Die Sauen, die wir fürs Fleisch schlachten, wiegen nur um die 100 Kilo – normale Fleischsauen. Aber fürs Geselchte sind sie ungeeignet – das Fleisch ist zu jung, das Fett zu weich, der Geschmack nicht ausgeprägt. Für ein gutes Selchfleisch braucht man schwere Sauen, die mindestens 160 Kilo wiegen! Muttersauen, die ordentlich gefüttert wurden ...«

In der Selch, der Räucherkammer, hängen Speckseiten, Schinkenstücke und Würste: »Wir schlachten vier Sauen – das reicht dann gerade bis zum nächsten Jahr ...« So lange hält das Geräucherte? »Ja freilich, hier haben wir ein erstklassiges Klima dafür – der Raum ist einfach ideal!« Unter dem Kreuzgewölbe hängen an einer Stange die herrlichsten Stücke. »Wichtig ist die richtige Luftfeuchtigkeit und ein permanenter, leichter Zug – ist es zu feucht und stickig, wird das Geselchte von Schimmel überzogen und geht kaputt; ist es zu

trocken, wird die Oberfläche hart; bei zu viel Zug wird das Stück hart wie Bündner Fleisch.«

Das Geselchte und der Most – ein ideales Paar! Zum Beispiel Pfefferfleisch: saftige, mutig gepfefferte, gepökelte und geräuchte Schweinebacken (Bild Seite 18 unten). Aber auch Hirschschinken, Lammnuß, Gänsebrust, Bauch- oder Rückenspeck, Würste aus Lamm-, Gams- oder Schweinefleisch: »Durstwurst«, weil deren Aroma nicht nur durch Pfefferschärfe, Kümmelwürze und Knoblauchduft geprägt, sondern auch durch Salz gehoben wird.

Zur Küche von Hannerl kommt dann der Wein zu seinem Recht: Gegenüber dem Gasthaus und in einem Flügel des Klosters Seitenstetten hat der älteste Bruder, Hans, seine »Kellerei Kirchmayr«, welche wahrlich eine Besonderheit ist: Eine Kellerei ohne eigene Weinberge, weitab der Weinbaugebiete. Schon der Vater hatte mit Wein gehandelt, hatte seine Ware faßweise bei Winzergenossenschaften des Kamp- und Strassertals und im Benediktinerkloster Seitenstetten eingekauft. Als das Kloster die Kellerwirtschaft aufgab, beschlossen Vater und Sohn, nicht länger fertigen Wein, sondern Trauben einzukaufen, die in speziellen Kisten herangeschafft und in Weistrach gekeltert wurden. Hans, der die Weinbauschule von Klosterneuburg besucht hat, bespricht heute mit seinen Winzern den Anbau, um mit modernen Methoden und Ertragsbegrenzung gesundes und hochwertiges Lesegut zu bekommen. Mit den Produzenten verbindet ihn eine lange, verläßliche Freundschaft – man liefert ihm nur erstklassiges Material. Seine Liebe gilt dem Grünen Veltliner, vor allem ausgereiften Weinen. Während heute Österreichs Winzerstars nur junge Weine bieten können, ruhen in seinen Kellern noch mehrere tausend Flaschen edler Kreszenzen aus den siebziger und achtziger Jahren, um sich zu erstaunlicher Vollendung zu entwickeln…

Hannerl Kirchmayr präsentiert einen perfekten Schweinsbraten, dessen Kruste unter den Zähnen herrlich krachen wird! Unten: Speckseiten und Würste können im von der Natur klimatisierten Keller langsam reifen

Ein Handwerk mit Zukunft!

Das ist für Florian Hagmüller sein Beruf. Dabei sah es zu seiner Lehrzeit vor dreißig Jahren durchaus nicht danach aus: Man konnte sich Waschmaschinen leisten, Gefriertruhen machten Einsalzen oder Pökeln in Holzbottichen für die Vorratshaltung überflüssig, und auch die Winzer oder Mostbauern griffen lieber zum pflegeleichten Plastikmaterial. Hölzerne Waschzuber, Bottiche oder Fässer waren unmodern, galten als unpraktisch. Die meisten Faßbinderbetriebe mußten damals schließen. Von 800, die man in Oberösterreich zählte, gibt es heute noch vier. Auch die Hagmüllers in Weissenkirchen bei St. Marien hatten es damals schwer, sich über Wasser zu halten. Trotzdem fühlte der jetzige Chef, der wie alle seine Vorfahren, die seit 1859 über vier Generationen hinweg den Betrieb innehatten, Florian heißt, sich mit Leib und Seele dem Beruf seiner Väter verpflichtet. »I bin a Binda«, grinst er, »i bleib' a Binda, und wann i nu amoi auf d' Welt kim, dan wia i wieda a Binda.«
Binder – Küfer oder Böttcher sagt man andernorts – stellen Fässer her, Bottiche, Tröge, Schaffe oder Kübel. Sie sind wieder in Mode gekommen. Die Winzer haben gelernt, daß ihren Weinen der Holzkontakt nicht nur Kraft, Rückgrat und Geschmack verleiht, sie durch das Tannin, das sie während der Lagerzeit aufnehmen, auch haltbarer werden. Die Schnapsbrenner entdecken, daß das Lagern im Holzfaß ihr Destillat abrunden kann und eine schöne Färbung gibt. Auch die Mostbauern sind wieder auf den Holzgeschmack gekommen; und sogar die häßlichen Plastikkästen für den Geranienschmuck am Haus werden ausrangiert, eintönige Eternitbottiche gegen schöne Holzkübel ausgetauscht. So laufen die Geschäfte mittlerweile gut. Die stattlichen Daubentürme hinterm Haus – »wir nennen's Binderstolz«, lacht Ehefrau Maria – zeugen davon: Bis zu zwanzig Meter hoch sind daubendicke Bretter gestapelt, kunstvoll geschichtete, beängstigend windschiefe, aber auch erstaunlich stabile Türme. Das Holz muß trocknen, bevor der Binder damit arbeiten kann. Pro Zentimeter rechnet er ein Jahr – und vier Zentimeter starke Dauben muß ein anständiges Faß schon haben. Das kostet Geduld und bindet Kapital!

Florian Hagmüller ist Faßbinder aus Leidenschaft. Wenn er dicke Baumstämme in schlanke Dauben spaltet und zeigt, wie daraus ein Faß entsteht, ist das schwere Arbeit, aber auch große Kunst

Ehefrau Maria sorgt für Haus und Hof. Auf Sohn Christian Florian (auf dem großen Bild im Führerhaus des Traktors zu sehen) hat die Begeisterung des Vaters für den Beruf des Faßbinders abgefärbt

Haushohe Türme sind des Binders Stolz

Blick von innen: wie kunstvoll geschichtet!

Des Faßbinders Handwerkszeug

Die Daubenbreite wird eingezeichnet

Danach wird der Stamm gespalten

Dafür braucht man Augenmaß!

Die Daubenqualität hängt davon ab…

…ob der Holzfaserverlauf beachtet wurde

Ein Kimmenhobel mit drei Messern

Die Dauben werden zusammengesetzt

Sie sind in der Mitte um 1/6 breiter

Dadurch bekommt das Faß die Wölbung

Metallreifen halten die Dauben fest

Ein Metallseil zieht sie zusammen

Feuer macht das Holz innen biegsam

Das Faß wird schließlich umgedreht und

an dieser Seite mit Faßreifen beschlagen

Familie Huett, von links: Vater Leopold, Mutter Ernestine, Tochter Maria. Und ganz rechts Onkel Hans, der an den Wochenenden aushilft

Kaisergelb und urgemütlich: Gasthof »Huett«

Früher lag Mitterndorf, ein eher blasser Ort am Westrand des Wiener Walds, tatsächlich mittig, nämlich im Schnittpunkt der wichtigsten Nord-Süd- wie Ost-Westverbindungen. Dann wurde die Bahn gebaut, nur wenige, aber entscheidende Kilometer entfernt. Und so war der stattliche Gasthof der Familie Huett auf einmal nicht mehr wichtige Etappe und Poststation, an der die Reisenden ihre Pferde wechselten, sondern ein bißchen ins Abseits geraten. »Mein Vater hat noch mit Rössern gehandelt«, erzählt Leopold Huett, der Wirt, und lacht, »ich habe jetzt nur noch ein paar zum Vergnügen auf der Koppel stehen.«
Heute also liegt der prächtige, sorgfältig renovierte Landgasthof mit seiner schönen, kaisergelben Arkadenfassade nicht mehr am Weg, sondern ist Ziel geworden. Grund dafür ist nicht nur Leopolds achtunggebietender Weinkeller, in dem auch ältere Jahrgänge gehaltvoller Wachauer Rieslinge zu finden sind – der Gast bekommt sie glasweise als Aperitif kredenzt –, sondern vor allem die gradlinige, schnörkellose Küche von Ehefrau Ernestine. Seit einiger Zeit hat auch Tochter Maria Anteil daran, die seit ihrer Rückkehr von der Kremser Hotelfachschule im elterlichen Betrieb für Vorspeisen und Desserts verantwortlich ist. Ernestine war Sekretärin, als sie sich in Leopold verliebte, und hätte es sich damals nicht träumen lassen, daß sie einmal Wirtin sein würde. Das Kochen hat sie sich selbst beigebracht. »Aber so, wie die großen Haubenköche«, wehrt sie Komplimente ab, »könnt' ich's nie. Ich koche, wie mir zumute ist, aus dem Bauch, einfach so, daß es schmeckt!« Sie hat ihre ganz eigenen Mittel ausgetüftelt. Zum Beispiel ihre Grundsauce: ein eingekochtes, hocharomatisches Konzentrat aus Gemüse (viel Tomaten, Paprika, Schalotten, Champignons) und Gewürzen, wie Rosmarin und Thymian. Das hat sie immer in einem Töpfchen parat: schon ein Löffel davon gibt Bratensaucen Fülle, verleiht Faschiertem (Hackfleisch) Ausdruckskraft, stärkt in Schmorsaucen die Farbe und schenkt blanchierten Gemüsen, damit sie nicht nur Zierde auf dem Teller sind, Aroma.

1

BUNTER SALAT MIT ERDÄPFELDRESSING

Für vier bis sechs Personen:
3 Handvoll bunt gemischte Salatblätter vom Chicorée über Feldsalat bis zu verschiedenen Blattsalaten, 1 mittelgroße frisch gekochte, noch heiße Kartoffel, Salz, Pfeffer, 3 EL aromatischer Essig (z.B. Apfelessig), 2 EL Brühe, 1 TL Senf, 3 EL Olivenöl

Die Salatblätter mit einer Marinade anmachen, die ganz frisch angerührt werden sollte: die heiße Kartoffel mit einer Gabel zerdrücken, die übrigen Zutaten zufügen und mit einem Schneebesen aufschlagen.

2

BRIOCHEKNÖDEL IN HENDL-EINMACHSUPPE

In einer wunderbaren, kraftvollen Hühnerbrühe, die mit einer Mehlschwitze, österreichisch *Einmach* oder *Einbrenn*, gebunden ist, schwimmen Fleischstücke, Möhrenscheiben und Kartoffelwürfel sowie ein traumhaft lockerer, duftiger Knödel aus hausgemachtem Brioche. Solche Knödel, die man auch als Beilage servieren kann, fertigt Maria stets auf Vorrat und friert sie ein.

Für sechs Personen:
Briocheteig:
1 Würfel Hefe, 1 Prise Zucker, ¼ l Milch, 500 g Mehl, ½ TL Salz, 2 Eigelb, 75 g weiche Butter, Milch zum Pinseln
Knödel:
300 g Brioche, ca. 3–4 EL Milch, 1 Zwiebel, 2 EL Butter, glatte Petersilie, 1 Eigelb, Salz, Pfeffer, Muskatblüte (Macis), Cayenne, Zitronenschale

Für den Teig Hefe mit Zucker in etwas lauwarmer Milch auflösen, einen Löffel Mehl zufügen und zugedeckt 15 Minuten gehen lassen. Mit den übrigen Zutaten zu einem weichen Teig verarbeiten. Eine Stunde gehen lassen, durchwalken und zu drei Laiben formen; vor dem Backen eine weitere halbe Stunde gehen lassen. Mit Milch einpinseln und bei 200 Grad etwa 50 Minuten backen.
Für die Knödel die Brioche in Würfel schneiden, in einer Schüssel sehr vorsichtig mit der warmen Milch benetzen.
Die Zwiebel sehr fein würfeln, in der Butter weich dünsten, die gehackte Petersilie untermischen. Zusammen mit dem Eigelb unter die Briochewürfel mischen. Mit Salz, Pfeffer, Macis und Cayenne, eventuell auch Zitronenschale kräftig würzen. Knödel formen und in Salzwasser etwa 15 Minuten leise ziehen lassen, bis sie oben schwimmen.

3

RAHMKARTOFFELN ZUM KALBSRÜCKENSTEAK

Das Fleisch ist erstklassig und perfekt gebraten, so daß es durch und durch saftig ist. Dazu gibt es grünen Spargel, frischen Blattspinat, der lediglich blanchiert und dann in Butter geschwenkt wurde, und Kartoffeln, die einfach umwerfend schmecken.

Für vier Personen:
1 kg junge, festkochende Kartoffeln, ca. 200 g Sauerrahm (30% Fett) oder Crème fraîche, Salz, Pfeffer, Muskat, Schnittlauch

Die Kartoffeln in der Schale garkochen, heiß pellen und so weit auskühlen lassen, daß man sie anfassen kann. In knapp zweizentimeter große Würfel schneiden. Mit soviel Rahm vermischen, wie nötig ist, um die Kartoffeln zu umhüllen – wieviel man genau braucht, hängt von ihrer Beschaffenheit ab. Mit Pfeffer und Muskat würzen. Großzügig mit Schnittlauchröllchen bestreuen.

4

GRIESS-STRUDEL ZUR BEIRIEDSCHNITTE

Grießstrudel muß beileibe nicht immer süß sein – herzhaft gewürzt ist er eine wunderbare Beilage zum Fleisch.

Für sechs Personen:
1 Portion Strudelteig (Rezept Seite 42), ½ l Milch, 90 g Weichweizengrieß, Salz, Muskat, Zitronenschale, 1 EL Butter, 2 Eier, Butter zum Bestreichen, Milch zum Einpinseln

Den Teig wie beschrieben herstellen und ruhen lassen. Auf einem Tuch ausrollen, dann mit den Händen hauchdünn ausziehen. Für die Füllung die Milch aufkochen, den Grieß mit Schwung hineinschütten, dabei kräftig rühren. Leise unter Rühren köcheln, bis die Masse dick wird, mit Salz, Muskat, abgeriebener Zitronenschale und Butter würzen. Etwas auskühlen lassen, dann erst die Eier unterrühren.
Diese Masse auf zwei Dritteln der mit flüssiger Butter eingepinselten Teigfläche glattstreichen, den Strudel mit Hilfe des Tuchs, auf dem er liegt, aufrollen und mit der Nahtstelle nach unten auf ein mit Backpapier belegtes oder gut eingefettetes Blech setzen. Mit warmer Milch einpinseln. Bei 170 Grad etwa 40 bis 45 Minuten golden backen.
Der Strudel läßt sich besser in Stücke schneiden, wenn man ihn eine Viertelstunde neben dem Herd ruhen läßt.

5

TOPFENTERRINE MIT RHABARBERKOMPOTT

Für sechs bis acht Personen:
500 g Topfen (Quark, 20% Fett), 2 EL Crème fraîche, 3 Eier, 3–4 EL Zucker, 1 Tütchen Vanillezucker, abgeriebene Schale von ½ Zitrone, 1 Prise Salz, ⅛ l Milch, 2–3 Scheiben Brioche oder frisches, entrindetes Weißbrot, Butter für die Form
Rhabarberkompott:
1,5 kg Rhabarber, Schale und Saft einer Zitrone, 1 Zimtstange, 1 Vanillestange, 100 g Zucker

Den Topfen durch ein Sieb streichen, mit Crème fraîche, Eigelb, Zucker, Vanillezucker, Salzprise, abgeriebener Zitronenschale und Milch glattrühren. Die Briochescheiben zerkrümeln und untermischen. In einer gebutterten Kastenform im Wasserbad bei 180 Grad sanft garziehen lassen.
Den Rhabarber putzen, in Stücke schneiden, mit Zitronensaft, Zitronenschale, Zimt, Vanille und Zucker zugedeckt nur knapp zehn Minuten im eigenen Saft köcheln. Abkühlen lassen, erst dann die Gewürze herausfischen. Das Vanillemark auskratzen und ins Kompott rühren. Zur warmen Topfenterrine schmeckt es am besten gut gekühlt! Nach Belieben den Teller mit Himbeersauce verzieren.

6

GEFÜLLTES MANDELBÄLLCHEN

Für vier bis sechs Personen:
Biskuitteig:
3 Eier, 2 EL Puderzucker, Zitronenschale, 1 TL Vanillezucker, 1 Prise Salz, 3 EL Kristallzucker, 75 g Mehl
Außerdem:
6 Kugeln Vanilleeis, 1 Eiweiß, 1 Salzprise, 100 g Mandelblättchen, Kokosfett oder Butterschmalz zum Ausbacken

Die Eigelb mit Puderzucker zur hellen Creme schlagen, dabei Zitronenschale und Vanillezucker einarbeiten. Die Eiweiß mit der Salzprise steif schlagen, dabei den Zukker zufügen. Unter die Eiercreme ziehen, das Mehl darübersieben und unterziehen. Diese Teigmasse auf einem mit Backpapier belegten Blech gut zentimeterdick verstreichen. Bei 200 Grad 15 Minuten hellblond backen. Etwas auskühlen lassen, dann in 6 Rechtecke schneiden. Jeweils eine Eiskugel darin einwickeln. Im Gefrierschrank fest werden lassen.
Die Kugeln in Eischnee drehen, in Mandelblättchen wälzen, schließlich in siedendem Fett goldbraun ausbacken. Mit Kompott oder einer Fruchtsauce der Saison servieren.

1
2
3
4
5
6

Schlösser, Felder und Ruinen

Östlich von Wien erstreckt sich nördlich der Donau ein flaches, weites, fruchtbares Gebiet – das Marchfeld, der Gemüsegarten Wiens. Die Voraussetzungen für Gemüseanbau sind hier ideal: leichte, nährstoffreiche Böden, viel Sonne, regelmäßige Niederschläge und eine gleichmäßig ebene Fläche, die sich mühelos beackern läßt. Sie wird selbst für die ungewöhnlichsten Erzeugnisse genutzt: Bei Probstdorf erstrecken sich entlang der Straße endlose, wie mit der Nagelschere manikürte Rasenflächen, die darauf warten, in säuberliche Karrees gestochen, für gutes Geld verkauft und anderswo als Bilderbuchrasen ausgerollt zu werden…

Im Marchfeld mit seinem angenehmen Klima hatte sich zu Feudalzeiten der Adel seine Sommer- und Jagdschlösser errichtet, offenbar unbeeindruckt von den Gelsen, den Schnaken, die sich da-

mals sicherlich genauso wie heute in den Donauauen tummelten. Eine nicht immer sorgfältig ausgeschilderte Schlösserstraße führt an zum Teil eindrucksvollen Gebäuden vorbei. Das Schloß mit dem sinnigen Namen Schloßhof (großes Bild), nicht weit von Marchegg mit seinem sehr ähnlich angelegten Jagdschloß und angrenzenden Naturreservat, erhebt sich über dem Ufer der March oder Morava, dem Grenzfluß zur Slowakei, dem das ganze Gebiet seinen Namen verdankt. Prinz Eugen hatte Schloßhof 1725 von Johann Lukas von Hildebrandt erbauen und einen kunstvollen, französischen Barockgarten mit Skulpturen, Fontainen und Terrassen anlegen lassen. Vier Jahre dauerte der Bau, 800 Arbeiter waren damit beschäftigt, davon alleine 300 Gärtner! Maria Theresia ließ das Sommerschloß nur dreißig Jahre später nach ihren Vorstellungen umbauen. Heute wird das Schloß für Ausstellungen genutzt, an den Gartenanlagen darf sich die Allgemeinheit erfreuen.

Jenseits der Donau, bei Petronell, betritt man antiken Boden: Zu Beginn des 1. Jahrhunderts n. Chr. war Carnuntum unter Tiberius römisches Lager, wurde dann Hauptstadt der römischen Provinz Pannonien. Es war die größte Garnison auf österreichischem Gebiet. Vespasian und Trajan vergrößerten die Stadtanlage, die um 75 n. Chr., als sie ihre volle Ausdehnung hatte, 70000 Einwohner zählte. Marc Aurel, weitere hundert Jahre später, fand Carnuntum immer noch als blühende Stadt. Endgültig zerstört wurde sie wohl erst im Mittelalter. Ausgrabungen, die heute im »Archäologischen Park Carnuntum« zu besichtigen sind, zeugen von urbanem Leben: Reste eines Amphitheaters, von Thermen und anderen Ruinen (Bild unten rechts). Das eindrucksvolle Heidentor (Bild links) stammt aus der Zeit um 300 n. Chr.

Seit 1993 ist Carnuntum eigenständiges Weinbaugebiet. Die knapp 1000 Hektar Rebfläche, hauptsächlich in den Hügeln um Höflein und Göttlesbrunn, spielten bis dahin als Bindestrich-Anhängsel an das in jeder Hinsicht um Welten entfernte Donauland im Bewußtsein der Weinliebhaber kaum eine Rolle (Donauland-Carnuntum). Zu groß waren die Unterschiede der Weine aus der Gegend um Kirchberg am Wagram oder Oberstockstall. Zumal sich der Ehrgeiz der Carnuntumwinzer zunehmend auf Rotweine verlegt. Aus Zweigelt und Blaufränkisch, Cabernet Sauvignon, Blauer Portugieser und Blauburgunder keltern Winzer hier extraktreiche, intensive Weine. Nicht nur wegen der sonnenbegünstigten Lage, auch dank ehrgeiziger Mengenbegrenzung und sorgfältiger Arbeit im Weinberg erzielen sie Weine von ausgeprägter Dichtheit, Kraft und Fülle.

Tennis

Spargel in Perfektion. Oder: Wie man die Natur überlisten kann

Das bedeutendste Spargelanbaugebiet Österreichs liegt im Marchfeld, dessen sandige, lockere Böden bestens dafür geeignet sind. Stets war Spargel jedoch nur eines unter vielen Gemüsen, die man dort anpflanzte. Auch die Familien Haindl in Markgrafneusiedl und Theuringer im Nachbarort Rasdorf leben seit Generationen vom Anbau der unterschiedlichsten Produkte: Zwiebeln, Möhren, aber auch Getreide, Mais und Rüben. Das ist anders, seit Johannes Theuringer vor gut zehn Jahren die Schwester von Leopold Haindl geheiratet hat: Sie haben sich auf Spargel spezialisiert.

Jedes Kind weiß, daß der brave Landmann sich dem Willen der Natur zu unterwerfen hat, daß er hinnehmen muß, was Boden, Witterung und Schicksal ihm bringen. Die ehrgeizigen Gevatter allerdings wollten sich nicht länger diesem Diktat fügen, sondern heckten ein Konzept aus, mit dem sie die Geschicke lenken oder zumindest beeinflussen konnten. Spargel bringt in guten Jahren beste Rendite, auch das eine Binsenweisheit. Aber: Bei günstigem Wetter schießt der Spargel derart schnell, daß man kaum mit dem Stechen nachkommt, und dann fallen auch noch wegen Überangebots die Preise. Es muß doch, so überlegten sich die beiden, möglich sein, beste Qualität, die stets auch beste Preise bringt, gezielt zu produzieren. Dann braucht man nur noch ein Marketingkonzept, wie der perfekte Spargel in perfekter Form zum Konsumenten gelangt. Das kann so schwer nicht sein, sagten sich die beiden und reisten in die bedeutendsten Spargelanbaugebiete der Welt, um zu sehen, wie's die anderen machen, wie sich Fehler vermeiden lassen, welches die richtige Sorte ist, was beim Anlegen der Beete zu beachten ist – und worauf es überhaupt ankommt. Dabei lernten sie, daß der Anbau die eine Sache ist, die Vermarktung aber mindestens ebenso wichtig. Beides haben sie inzwischen im Griff: Heute ist ihr Spargel mit Namen »Solofino« im ganzen Land als höchste Qualität bekannt.

Leopold Haindl (1. Bild oben) und Johannes Theuringer (rechts) haben ihr Spargelgeschäft generalstabsmäßig geplant. Damit sie so früh wie möglich im Jahr mit der Ernte beginnen können, ist ein Teil der Beete von unterirdischen Heizröhren erwärmt. Denn erst ab 11 Grad beginnt der Spargel überhaupt zu wachsen. Ideal sind Temperaturen um 20 Grad, dann wächst der Spargel 5 Zentimeter am Tag. Eine schwarze Folie, mit der die Beete abgedeckt sind (2. Bild), hält die Wärme, sie schützt zugleich Stangen, die mit ihren Spitzen bereits durch die Erdoberfläche blicken, vor Licht und bewahrt sie so vor Verfärbungen. Das erspart selbst an warmen Tagen einen zweiten Durchgang. Grün wird Spargel (3. Bild), wenn er über die Oberfläche hinausgewachsen ist und sich im Sonnenlicht Chlorophyll hat bilden können. Er schmeckt dann kräftiger, gemüsiger als der Weiße. Als Erntehelfer (großes Bild und 4. Bild) sind Slowaken, Slowenen und Polen beschäftigt. Sie bekommen per Video gezeigt, wie man richtig mit den empfindlichen Stangen umgeht. Es ist Knochenarbeit: Zuerst wird die Folie zurückgeschlagen, dann mit der Hand vorsichtig rund um den Spargelkopf, der womöglich bereits aus der Erde schaut, die Erde weggegraben. Der Schnitt mit dem Stechmesser muß sitzen, wehe, wenn der Spargel zu kurz ist! Behutsam muß die Stange in den Korb gelegt werden, sie bricht leicht. Im Erntekorb aus Metall – auch er ist nach den präzisen Vorstellungen der Gevatter Haindl und Theuringer angefertigt – muß der Spargel sofort mit schwarzer Folie zugedeckt werden, damit er auf keinen Fall zu lange mit Licht in Berührung kommt, was seiner weißen Farbe schaden könnte. Im Hof wird der Spargel sofort gewaschen und in Eiswasser abgekühlt. Kälte ist ab sofort entscheidend für die Qualität: Bei 1–2 Grad ist Spargel nach einer Woche frischer als bei 25 Grad nach einem Tag. Deshalb wird der sortierte Spargel in Kühlboxen verpackt, bevor er zum Empfänger, meist einem Gastronomen irgendwo in Österreich, auf den Weg gebracht wird

1

3

2

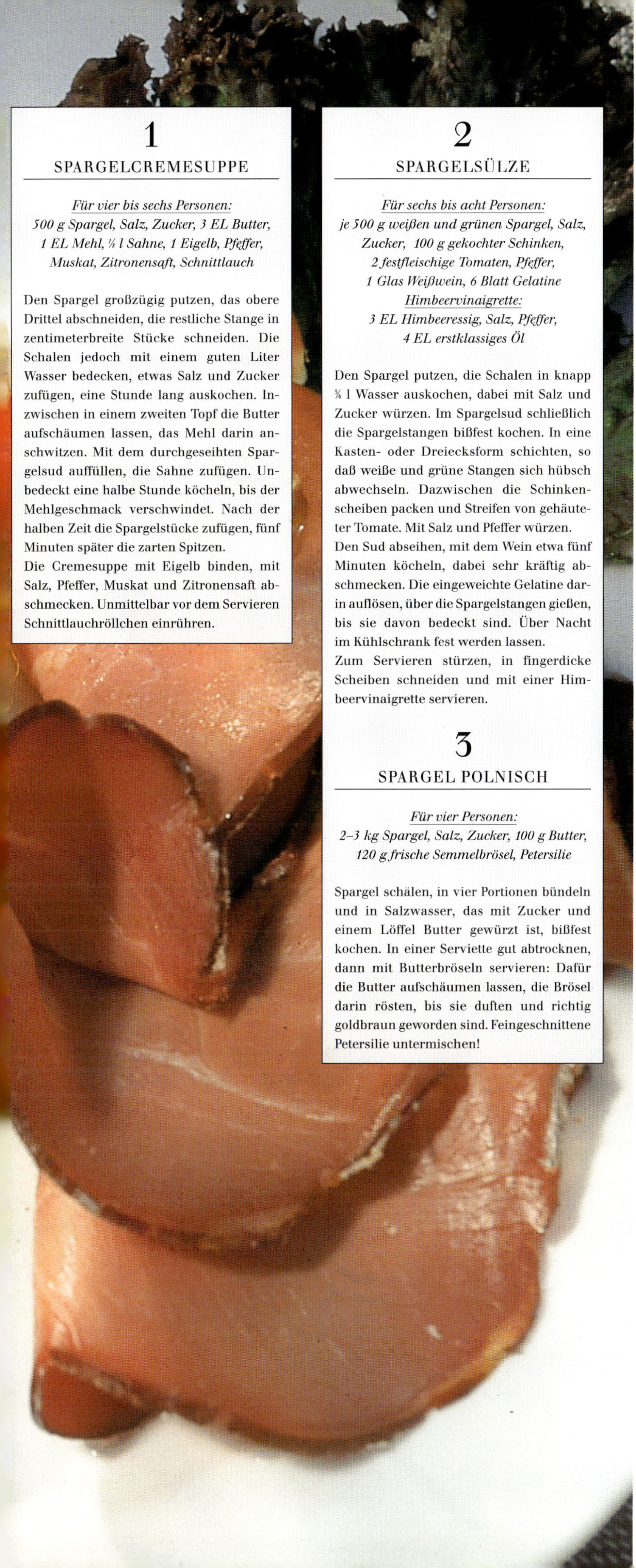

Spargel – satt!

1

SPARGELCREMESUPPE

Für vier bis sechs Personen:
500 g Spargel, Salz, Zucker, 3 EL Butter, 1 EL Mehl, ⅛ l Sahne, 1 Eigelb, Pfeffer, Muskat, Zitronensaft, Schnittlauch

Den Spargel großzügig putzen, das obere Drittel abschneiden, die restliche Stange in zentimeterbreite Stücke schneiden. Die Schalen jedoch mit einem guten Liter Wasser bedecken, etwas Salz und Zucker zufügen, eine Stunde lang auskochen. Inzwischen in einem zweiten Topf die Butter aufschäumen lassen, das Mehl darin anschwitzen. Mit dem durchgeseihten Spargelsud auffüllen, die Sahne zufügen. Unbedeckt eine halbe Stunde köcheln, bis der Mehlgeschmack verschwindet. Nach der halben Zeit die Spargelstücke zufügen, fünf Minuten später die zarten Spitzen.
Die Cremesuppe mit Eigelb binden, mit Salz, Pfeffer, Muskat und Zitronensaft abschmecken. Unmittelbar vor dem Servieren Schnittlauchröllchen einrühren.

2

SPARGELSÜLZE

Für sechs bis acht Personen:
je 500 g weißen und grünen Spargel, Salz, Zucker, 100 g gekochter Schinken, 2 festfleischige Tomaten, Pfeffer, 1 Glas Weißwein, 6 Blatt Gelatine
Himbeervinaigrette:
3 EL Himbeeressig, Salz, Pfeffer, 4 EL erstklassiges Öl

Den Spargel putzen, die Schalen in knapp ¾ l Wasser auskochen, dabei mit Salz und Zucker würzen. Im Spargelsud schließlich die Spargelstangen bißfest kochen. In eine Kasten- oder Dreiecksform schichten, so daß weiße und grüne Stangen sich hübsch abwechseln. Dazwischen die Schinkenscheiben packen und Streifen von gehäuteter Tomate. Mit Salz und Pfeffer würzen.
Den Sud abseihen, mit dem Wein etwa fünf Minuten köcheln, dabei sehr kräftig abschmecken. Die eingeweichte Gelatine darin auflösen, über die Spargelstangen gießen, bis sie davon bedeckt sind. Über Nacht im Kühlschrank fest werden lassen.
Zum Servieren stürzen, in fingerdicke Scheiben schneiden und mit einer Himbeervinaigrette servieren.

3

SPARGEL POLNISCH

Für vier Personen:
2–3 kg Spargel, Salz, Zucker, 100 g Butter, 120 g frische Semmelbrösel, Petersilie

Spargel schälen, in vier Portionen bündeln und in Salzwasser, das mit Zucker und einem Löffel Butter gewürzt ist, bißfest kochen. In einer Serviette gut abtrocknen, dann mit Butterbröseln servieren: Dafür die Butter aufschäumen lassen, die Brösel darin rösten, bis sie duften und richtig goldbraun geworden sind. Feingeschnittene Petersilie untermischen!

»Wo können wir jetzt Ihren Spargel kosten?« hatten wir beim Abschied den Produzenten gefragt. Es war Mittagszeit. Der »Gasthof Abraham« im Nachbarort Mühlleiten, in den er uns schickte, war ein Glücksfall: ein einfaches Gasthaus, gleich neben der Feuerwehr, das wir sonst sicher nie entdeckt hätten.Vorn, in der Schank, sitzen Männer beim Kartenspiel, die anderen Gäste genießen die hübsche Terrasse hinterm Haus. In ein paar Jahren werden die Glyzinien, die noch jung und zaghaft die neu errichtete Pergola emporranken, sie sicher dekorativ beschatten. Die Speisekarte bietet für ein Dorfgasthaus erstaunliche Leckerbissen: Spargel auf alle Arten, auch nach Extrawünschen. Und jede Menge Fisch, selbstverständlich frisch, nicht tiefgekühlt: Hecht, Zander, Wels, Saibling!
Wirt und Küchenchef Johannes Abraham hat, bevor er mit Ehefrau Ilse das elterliche Gasthaus übernahm, in der

Die Wirtsleute Johannes und Ilse Abraham

Noch müssen Schirme Schatten spenden

Wiener Gastronomie gearbeitet. Jetzt will er hier mit Qualität anspruchsvolle Gäste anziehen. Die Lage ist dafür durchaus günstig: Die Lobau, der verträumte Naturschutzpark entlang der Donau, lockt vor allem an Wochenenden viele Besucher hierher.

Ausg'steckt ist: »Weingut Fischer« in Sooß

Nur 17 Tage, also zwei Wochen mit drei Wochenenden, darf die Buschenschank eines Weinguts ausgesteckt haben, nämlich einen Kiefernbuschen als Zeichen der Öffnung. Dann müssen mindestens 21 Tage Ruhe folgen! So ist das in der niederösterreichischen Thermenregion – anders als in Wien, wo viele Heurige das ganze Jahr betrieben werden.

Trotzdem wissen viele Wiener die Öffnungszeiten des Weingutes Engelbert (Vater) und Christian (Sohn) Fischer in Sooß auswendig, dem kleinen Weinort an der Südbahn, zwischen Baden und Bad Vöslau: Nirgendwo sonst gibt es einen saftigeren Beinschinken; und das sanft gebratene Roastbeef, serviert auf grünen Tellern aus Gmundener Keramik, zergeht auf der Zunge. Ein würziger Kümmelbraten, der herzhaft gezwiebelte Erdäpfelsalat, die knusprige Bauernente, ein goldenes Hendl (das, obwohl Sooß am Fuße desselben liegt, mit dem vom »Wienerwald« nichts zu tun hat!), knackig-frische Blatt- und Gemüsesalate, milde und rezente Käse... Ein Traum von einem Büfett! Und der ganze Stolz von Mutter Erika Fischer, unterstützt von Schwiegertochter Veronika.

Wie in jeder Buschenschank üblich, stellt man sich am Büfett an, wählt aus, bekommt seine Portionen abgewogen, nimmt die Teller und bezahlt sofort. Den Wein bestellt man sich am Tisch, es werden Achtel glasweise (Weißwein bleibt dann immer schön kalt!), Viertel oder auch eine der raren Flaschen serviert – wenn man Glück hat. Denn der Winzer Christian Fischer hat Karriere gemacht: Vor allem sein im gebrauchten Barrique ausgebauter Zweigelt mit ausgeprägtem Schwarzkirscharoma, der Cabernet Sauvignon mit expressivem Schokoladenton, ein wuchtig-eleganter Pinot Noir, die edelsten, rassigen Weißburgunder und Chardonnays sind meist ausverkauft. Doch auch die einfacheren Gewächse sind ein Vergnügen!

Vater Fischer, von den Stammgästen »Guck« genannt, auch Bürgermeister der Gemeinde, sorgt für einen reibungslosen Gastbetrieb. Natürlich gibt es Riedelgläser, der Garten ist gemütlich, die Gaststube unaufdringlich, das Publikum kultiviert. Ein kleines Paradies, mit seltsam geregelten Öffnungszeiten!

Ein seltenes Bild – Ruhe vor dem Sturm: Die ganze Familie Fischer in ihrem Gastgarten

Weingut Fischer
Pinot Blanc
Pinot Blanc
FISCHER
Zweigelt
1996
FISCHER

1

KÜMMELBRATEN

Natürlich gelingt ein solcher Braten nur, wenn man ein großes Fleischstück verwendet, also mindestens zwei, besser sogar noch drei Kilo schwer. Und wenn nicht alles aufgegessen wird, macht es gar nichts: denn was schmeckt besser als kalter Schweinsbraten? Und dazu: Kartoffelsalat!

Für acht Personen:
3 kg schön durchwachsener Schweinebauch mit Schwarte, 1½ EL Salz, 3 EL Kümmel, 1 EL grob gemahlener Pfeffer, 2 Zwiebeln, 3–4 Knoblauchzehen

Die Schwarte mit einem großen, gut geschärften Messer einschneiden, und zwar mit sehr eng nebeneinander zuerst parallel, dann im rechten Winkel dazu gesetzten Schnitten, so daß die Schwarte ein absolut akkurates Muster zeigt.
Die Gewürze in einem Mörser mischen, dabei etwas zerdrücken. Das Fleischstück damit rundum kräftig einreiben. Es schließlich mit der Schwarte nach unten in eine Bratenreine setzen, die es bequem aufnehmen kann, zweifingerhoch Wasser einfüllen und die gehackte Zwiebel mit dem Knoblauch rundherumstreuen. Zunächst eine halbe Stunde im 250 Grad vorgeheizten Backofen die Schwarte weich kochen, dann das Bratenstück umdrehen und bei nunmehr 160 Grad zwei weitere Stunden braten. Dabei wird das Wasser völlig verdampfen und das Fett herausbraten – damit sollte man das Fleischstück immer wieder begießen. Die letzte halbe Stunde jedoch die Schwarte noch einmal sehr gleichmäßig mit etwas Salz bestreuen und nun nicht mehr beschöpfen, sondern in aller Ruhe knusprig werden lassen.

2

ROASTBEEF MIT REMOULADE

Für ca. acht Personen:
1 EL Salz, 1 EL grob geschroteter Pfeffer, 2–3 EL gutes Olivenöl, 2 kg gut abgehangene Rinderlende (Beiried bzw. Entrecôte), 2 EL Öl zum Braten
Remouladensauce:
2 Eigelb, 1 TL Senf, ¼ l erstklassiges Öl (z. B. neutrales Sonnenblumenöl), Zitronensaft, Salz, Pfeffer, etwas Worcestershiresauce, je 2 gehäufte EL winzig fein gewürfelte Anchovis, Essiggürkchen, Kapern, Zwiebel und Petersilie

Salz, Pfeffer und Öl verrühren, das Fleisch damit einreiben, dabei gut einmassieren. Anschließend eine Stunde bei Zimmertemperatur einziehen lassen.
Das Öl rauchend heiß werden lassen (deshalb Olivenöl nehmen, das sich am allerbesten so stark erhitzen läßt), das Fleischstück darin rundum von allen Seiten, also nicht nur oben und unten, sondern auch von den Seiten, sehr kräftig anbraten – jeweils etwa eine Minute. Das Fleischstück dann im 120 Grad heißen Ofen etwa eine halbe Stunde nachziehen lassen und schließlich im ausgeschalteten Ofen auskühlen lassen. Es läßt sich am besten auf der Aufschnittmaschine in dünne Scheiben schneiden, wenn es einen Tag kalt gestanden hat.
Für die Sauce zuerst eine Mayonnaise rühren. Dafür sollten alle Zutaten Zimmertemperatur haben. Die Eigelb mit dem Handrührer oder Mixstab aufschlagen, dann die Zutaten nach und nach zufügen, das Öl tropfenweise, bis die Mayonnaise die richtige Konsistenz hat. Zum Schluß die feingehackten Würzzutaten unterrühren und die Remoulade vor allem säuerlich abschmecken.

3

SCHAFSKÄSEKÖPFCHEN

Für sechs Personen:
250 g Frischkäse vom Schaf, 250 g Joghurt, Salz, Pfeffer, Cayennepfeffer, 2 Blatt Gelatine, 2 EL Milch, Olivenöl zum Beträufeln, Schnittlauch

Den Frischkäse mit dem Joghurt im Mixer glatt pürieren, dabei mit Salz, Pfeffer und einer Prise Cayennepfeffer abschmecken. Die eingeweichte Gelatine in der heißen Milch auflösen und unter die Käsecreme rühren. In Portionsförmchen oder Tassen füllen und über Nacht fest werden lassen. Die Käseköpfchen aus der Form stürzen, mit etwas Olivenöl beträufelt und mit Schnittlauch bestreut servieren.

2
1
3
e 750 ml

Der Klosterhof bildet ein geschlossenes Geviert. Der Kirchenraum ist hell, elegant, mit filigranen Säulen. Die Hausfassade scheint von Hundertwasser – ist aber eine Kopie. Die hölzerne Kuh zeigt an: Hier gibt's frische Milch ab Hof!

Zwei Herzöge, ein Münster und ein Gasthof

Neuberg an der Mürz liegt ganz im Norden der Steiermark. Man kommt auf alle Fälle auf dem Weg von der Autobahn bei Mürzzuschlag zum Wallfahrtsort Mariazell dorthin. Und es lohnt sich, schon wegen des Münsters, das zu den bedeutendsten gotischen Bauwerken Österreichs zählt. Das ehemalige Zisterzienserkloster wurde 1327 von Herzog Otto dem Fröhlichen – wenn das kein Omen ist! – gestiftet, als Buße dafür, daß er ohne kirchliche Erlaubnis eine entfernte Cousine (3. Grades) geheiratet hatte. Eindrucksvoll der gewaltige Dachstuhl. Mehr als elftausend Kubikmeter Lärchenholz sind für ihn verarbeitet worden. Ein Modell davon ist im Seitenschiff zu besichtigen und gibt eine Vorstellung von der enormen Kunstfertigkeit der Konstruktion.
Nur wenige Schritte vom Münster entfernt der Gasthof »Holzer«. Dazwischen erhebt sich der Kalvarienberg, eine schroffe Felswand, die eine auffällige Gedenkplakette für Erzherzog Johann (1782–1859) schmückt. Die Bewunderung für diesen großmütigen und weitblickenden Mann ist überall im Land noch lebendig. Was hat er auch alles bewegt! Um sämtliche Lebensbereiche

Wirtsleute Hubert und Siegrun Holzer vor ihrem stattlichen Eingangsportal

hat er sich gekümmert: Erziehung, Bildung, Ausbildung auch für die einfachen Leute. Landwirtschaft lag ihm ebenso am Herzen wie Ansiedlung von Industrie, Verkehr, Eisenbahn, Bergbau, Handel, Wandel, aber auch soziale Gerechtigkeit, Kultur – in vielem war er seiner Zeit weit voraus, ein Universalgenie mit einem großen Herzen!

Daß der Gasthof »Holzer« eigentlich ein altes Haus ist, sieht man kaum mehr. Als die Eltern Holzer es Anfang der sechziger Jahre gekauft hatten, wurde es dem Zeitgeist entsprechend modernisiert. Nur langsam, nach und nach, kann die neue Generation es sich leisten, den eigenen Stempel aufzudrücken. Die Eltern, die zuvor auf der Schneealm eine Hütte bewirtschafteten, zogen ins Tal, als der ältere Sohn, Richard, eingeschult wurde. Richard ist dann Lehrer geworden. Der jüngere Sohn, Hubert, übernahm schließlich den Gasthof, den er heute mit seiner Frau Siegrun führt. Die Kindheit in den Bergen, wo man zu essen bekam, was dort oben wuchs und aufgezogen wurde, hat Huberts Qualitätssinn geprägt. Und so ist es ihm wichtig, mit den Produkten der Region zu arbeiten, nach alten Rezepten, die er erleichtert, modernisiert und mit eigenen Ideen variiert. Spezialität ist Wild, was sonst, hier im ehemals kaiserlichen Jagdgebiet? Für Gemüse allerdings ist es zu rauh, das bezieht Hubert aus dem milderen Süden der Steiermark.

1
LUNGENSTRUDEL

Die österreichische Küche ist voller Überraschungen: Ein Lungenbraten hat mit Innereien nichts zu tun, es handelt sich vielmehr um das edelste Stück vom Rind, das Filet. In einem Lungenstrudel jedoch ist durchaus Lunge drin! Übrigens: »glatt« nennt man in Österreich Mehl, das nicht »griffig« ist – so ist bei uns das Mehl immer.

Für ca. acht Personen:
Strudelteig:
200 g glattes Mehl, 1 EL Öl,
ca. ⅛ l lauwarmes Wasser, Salz,
Mehl für die Arbeitsfläche
Lungenfüllung:
300 g Kalbslunge, 1 Kalbsherz,
1 Bund Suppengrün, 2 Thymianzweige,
1 TL Pfefferkörner, 1 Lorbeerblatt, Salz,
2 EL Butter, 1 Zwiebel, Majoran,
Pfeffer aus der Mühle,
2 Eier, 2 EL Semmelbrösel, Petersilie

Mehl auf die Arbeitsfläche häufen, die übrigen Zutaten zufügen und zuerst mit einer Gabel, dann mit den Händen zu einem weichen Teig kneten. Unter einer mit heißem Wasser ausgespülten Schüssel eine halbe Stunde ruhen lassen.

Für die Füllung Lunge und Herz mit dem zerkleinerten Suppengrün, den Thymianzweigen, Pfefferkörnern und Lorbeerblatt mit Salzwasser bedeckt eineinhalb bis zwei Stunden zugedeckt weich kochen – eventuell die Lunge mit einer Untertasse beschweren, damit sie nicht immer aus dem Wasser herausschaut. Die abgekühlten Innereien sehr sorgfältig putzen und schließlich durch den Fleischwolf drehen. Mit einer feingewürfelten, in heißer Butter angedünsteten Zwiebel und feingehackter Petersilie mischen und kräftig würzen. Sobald alles abgekühlt ist, die Eier unterrühren und mit Semmelbröseln binden.

Den Strudelteig auf einem bemehlten Tuch vorsichtig ausziehen, mit flüssiger Butter einpinseln, dann die Füllung so darauf verteilen, daß ein Drittel der Fläche frei bleibt. Mit Hilfe des Tuchs den Strudel aufrollen, die freigehaltene Fläche soll der Abschluß sein und den Strudel zusammenhalten. Auf ein mit Backpapier ausgelegtes Blech setzen, Naht nach unten, mit Butter einpinseln, schließlich bei 170 Grad im Backofen etwa 45 bis 50 Minuten backen; nach der halben Zeit mit Eigelb einpinseln, das mit etwas Sahne verquirlt wurde, damit der Strudel hellbraun und knusprig wird.

TIP: Der Lungenstrudel ist natürlich frisch aus dem Ofen ein wunderbares Essen, mit einem Salat etwa. Was übrigbleibt, wird dann am nächsten Tag in der goldgelben Fleischbrühe als Suppeneinlage serviert.

2
ZIEGENKÄSKNÖDEL MIT BRENNESSELSPINAT

Für das Gemüse muß man sich in die freie Wildbahn bemühen. Natürlich sollte man nur junge Brennesseln pflücken, beziehungsweise schneiden, und möglichst abseits von vielbefahrenen Straßen. Ein dicker Handschuh schützt vor Brennblasen. Nach dem Blanchieren sind die Brennesseln garantiert ungefährlich.

Für vier Personen:
40 g Butter, 1 Ei, 1 Eigelb, 300 g Ziegenfrischkäse, 40 g Mehl, 60 g Brösel von frischem entrindeten Weißbrot, Salz, Pfeffer, 4 EL Butter,
1 Handvoll Bärlauchblätter
Brennesselspinat:
500 g junge Brennesselblätter, Salz,
1 Zwiebel, 2 EL Butter, 4 EL Sahne, Pfeffer, Muskat

Die zimmerwarme Butter mit dem Schneebesen schaumig rühren, nach und nach das ganze Ei und Eigelb zufügen. Schließlich den durch ein Sieb gestrichenen Frischkäse, Mehl und Brösel einarbeiten. Mit Salz und Pfeffer abschmecken. Eine halbe Stunde ruhen und quellen lassen. Dann kleine Knödel formen und 15 Minuten in sanft wallendem Salzwasser garziehen lassen.

Für den Spinat die Brennesseln in Salzwasser sekundenlang blanchieren, eiskalt abschrecken und gut ausdrücken. Eine feingewürfelte Zwiebel in Butter weich dünsten, die zerzupften Blätter zufügen und mischen. Den Rahm angießen und kräftig würzen.

Die Knödel auf Tellern anrichten, mit hellbrauner Butter übergießen, in der die in Streifen geschnittenen Bärlauchblätter geschwenkt wurden, und zusammen mit dem Brennesselspinat servieren.

3
SPINATNOCKEN

Für vier bis sechs Personen:
500 g Spinat, Salz, Pfeffer, 3 Eier,
400 g Mehl, ca. ¼ l Milch, 1 Zwiebel,
50 g Butter, ⅛ l Sahne, Pfeffer, frisch geriebener Käse

Den Spinat in Salzwasser blanchieren, gut ausdrücken, im Mixer fein pürieren, dabei salzen, pfeffern, die Eier zufügen, das Mehl und so viel Milch, daß eine Art Spätzleteig entsteht. Diesen mit Hilfe einer Spätzlepresse oder einem Spätzlesieb in kochendes Wasser geben. An der Oberfläche schwimmende Nocken sind gar. Eine feingewürfelte Zwiebel in heißer Butter dünsten, mit Sahne etwas einkochen, die Nocken darin schwenken und mit reichlich Pfeffer und geriebenem Käse würzen.

4
BEIRIEDSCHNITTE MIT MORCHELSAUCE

Wer frische Morcheln findet (auf dem Markt oder an den Rändern von Wiesen), kann sich glücklich schätzen. Meist wird man auf getrocknete Morcheln zurückgreifen müssen…

Für vier Personen:
50 g getrocknete oder ca. 500 g frische Morcheln, 1 Zwiebel, 2 EL Butter, ⅛ l Sahne,
¼ l kräftige Rinderbrühe, Salz
Außerdem:
4 schöne Scheiben aus der Rinderlende (Entrecôte oder Roastbeef), Salz, Pfeffer, Öl zum Braten

Die getrockneten Morcheln mit kochendem Wasser bedecken und eine Stunde einweichen; die frischen wie die eingeweichten Morcheln sorgfältig waschen, um allen Sand aus den Runzeln zu lösen, und je nach Größe ganz lassen oder in Streifen schneiden. Die feingewürfelte Zwiebel in heißer Butter andünsten, die Morcheln zufügen und kurz mitschmurgeln lassen. Sahne angießen, auch die Brühe (beziehungsweise das Einweichwasser – durch einen Papierfilter gießen, um Sand aufzufangen!). Die Sauce cremig einkochen und abschmecken. Die Fleischscheiben mit Salz und Pfeffer würzen, in sehr heißem Öl zunächst jeweils eineinhalb Minuten auf jeder Seite scharf anbraten, dann neben dem Feuer gut fünf bis zehn Minuten nachziehen lassen, dabei immer wieder wenden. Dazu passen Bandnudeln und grüner Spargel!

5
WALDMEISTERPUDDING

Für sechs Personen:
6 Waldmeisterzweige, ⅛ l Weißwein (Welschriesling), 250 g Joghurt,
160 g Puderzucker, Saft ½ Zitrone,
4 Blatt Gelatine, ⅛ l Sahne
Erdbeersauce:
300 g Erdbeeren, Saft ½ Zitrone,
Zucker nach Geschmack

Die Waldmeisterzweige in Weißwein zwei Stunden ziehen lassen – nicht länger, er wird bitter! Mit Joghurt, Zucker und Zitronensaft verrühren. Etwas davon erwärmen, um die eingeweichte Gelatine darin aufzulösen. Alles mischen und kalt stellen. Erst wenn beim Rühren mit einer Gabel Straßen sichtbar bleiben, die steifgeschlagene Sahne unterziehen. In Portionsförmchen über Nacht fest werden lassen. Mit Erdbeersalat (Seite 49) und einer Erdbeersauce hübsch anrichten: Dafür die geputzten Erdbeeren mit Zitronensaft und Zucker glattmixen.

6

SCHOKOLADENSPITZ MIT NOUGATFÜLLUNG

Für vier Personen:
100 g Kuvertüre, 2 Eigelb, 50 g Zucker, 50 g Nougat, 3 EL Kirschwasser, 20 g Schokoraspel

Die Kuvertüre behutsam schmelzen, bis sie richtig flüssig geworden ist. Aus Pergamentpapier 4 Tüten anfertigen, die flüssige Schokolade einfüllen, die Tüten schwenken, damit sie überall von Schokolade überzogen sind, mit der Öffnung nach unten über einem Blech abstellen und abtropfen sowie eine Stunde lang fest werden lassen.
Für die Nougatfüllung die Eigelb im heißen Wasserbad dick und hell schlagen, dabei den Zucker einarbeiten. Den Nougat stückchenweise sowie das Kirschwasser zufügen und so lange im Wasserbad schlagen, bis der Nougat geschmolzen ist und sich mit der Eiermasse verbunden hat. Abkühlen lassen, dann steifgeschlagene Sahne und Schokostreuseln unterziehen.
Diese Masse in die Schokotüten füllen, sie mit der Spitze nach unten über Nacht im Gefrierer fest werden lassen.
Zum Servieren das Papier ablösen, auf einer Fruchtsauce (zum Beispiel aus Himbeeren, Erdbeeren) und halbsteif geschlagener Sahne anrichten.

Traumlandschaft für Traumweine

Wenn nach einem schon heißen Frühlingstag an der südsteirischen Weinstraße – immerhin auf demselben Breitengrad wie Meran! – die Sonne untergeht, hüllt sie die sanften Hügel in ein warmes Licht und färbt selbst das hellste Grün der zarten Blätter rot. Den ganzen Tag konnte man im Hemd draußen in einer der vielen herrlichen Buschenschenken sitzen, jetzt kühlt es rasch ab, und man bekommt einen entscheidenden Faktor für die Eigenart des steirischen Weines zu spüren: Die starken Schwankungen zwischen Tag- und Nachttemperatur sind für seine Eleganz, frische Säure und Fruchtigkeit verantwortlich. Andererseits bringen überdurchschnittlich viele Sonnenstunden durchaus Wucht, die mergeligen Sedimentgesteinsböden mit sandigen, kalkigen oder lehmigen Einschlüssen sorgen für ein ausgeglichenes Geschmacksbild, reichlich Niederschlag für gutes Gedeihen der Rebstöcke.

Die Windischen Bühel, so heißt dieser Bergzug, werden von der slowenischen Grenze geteilt – immer wieder verläuft sie unmittelbar an der Straße. Schilder warnen vor unbefugtem Übertreten – Probleme gibt es aber kaum. Das war schon früher so, zu jugoslawischen Zeiten, als noch der Kommunismus herrschte. Viele Winzer haben Weinberge in Slowenien oder müssen, wie Manfred Tement für seine berühmte Lage *Ried Zieregg*, über slowenisches Gebiet, um sie zu bearbeiten und zu lesen.

Man vergleicht die Südsteiermark wegen der ähnlich abgestuften Berglinien oft mit der Toskana. Doch viele der besten Lagen sind erstaunlich steil, mußten bis vor kurzem händisch (in Handarbeit) gepflegt werden. Inzwischen haben Österreichs findige Konstrukteure auch für die steilsten Hänge Maschinen entwickelt. Arbeitet sich ein Schlepper mit Mulchgerät und Stockräumer eine fast senkrechte Zeile hinunter, wird einem schon beim Zuschauen schwindelig.

Es dominieren die Weißweine, wobei der Welschriesling den größten Anteil hat. Er liefert einfache, süffige Schankweine, ideal zur Jause (Brotzeit) in der Buschenschank. Diese Rebsorte kann auch in weniger guten, vor allem in tieferen, daher nassen und frostgefährdeten Lagen stehen und wird wegen ihres reichen Ertrags geschätzt. In den höheren,

bis an die Hügelkämme heranreichenden Weingärten, ab 450 bis über 650 Meter im Sausal – also oberhalb der sogenannten Inversionslinie, über der es vor allem im Herbst wärmer ist als im Tal – gedeihen die edlen Sorten: Morillon (so wird der Chardonnay hier genannt), Sauvignon blanc (manchmal als Muskat-Silvaner bezeichnet), Weiß- und Grauburgunder, Roter Traminer und Gelber Muskateller. Sogar Silvaner und Rheinriesling werden in kleinen Mengen angebaut – 1822 hatte Erzherzog Johann diese Sorten vom Rhein auf sein Weingut bei Marburg (damals Untersteiermark, heute Slowenien) bringen lassen, um – in Verbindung mit gewissenhafter und hygienischer Kellerarbeit – bessere Weine zu erzeugen. Südsteirischer Wein wurde seither in deutscher Manier süßlich und mit Bukettnote ausgebaut.

1985 war damit plötzlich Schluß: Nach dem Glykolskandal konnte Wein mit Restsüße nicht mehr verkauft werden. Die Steirer ließen nun die Moste vollkommen durchgären und vinifizierten trockene, zunächst leichte, fruchtig-duftige, jung zu trinkende Weine, seit 1989/90 auch mächtige Selektionsweine, die rasch internationalen Ruf gewannen.

Der führende Mann war – und ist – Manfred Tement. Nach dem frühen Tod seines Vaters mußte er 1979 als 19jähriger, noch auf der Weinbauschule von Klosterneuburg, an der Seite seiner Mutter Edina die Bewirtschaftung des Gutes übernehmen (das deshalb E. & M. Tement heißt): Noch fehlte ihm jede praktische Erfahrung, war sein Kopf vollgestopft mit Theorie, doch vom Vater, der ihn die besten Weine aus aller Welt hatte verkosten lassen, hatte er den Qualitätsanspruch mitbekommen. Jetzt galt es, alles unter einen Hut zu bringen. Sein erster Jahrgang, der 80er, gelang ihm auf Anhieb so, wie er ihn sich vorgestellt hatte: leicht, mit dominanter, spritziger Säure. Der Welschriesling, den er *L & T*, leicht und trocken, nennt, macht 40 % seiner Erzeugung aus.

»Damals schmeckten alle Weine gleich, ob Welschriesling oder Morillon. Erst als man begann, den Ertrag zu begrenzen, bekamen die Weine mehr Extrakt und

Fortsetzung auf Seite 49

Manfred Tement ist der kritischste Koster seiner Weine. Die leichten, jung zu trinkenden Weine kommen in helle, die gehaltvollen, lagerfähigen in dunkelgrüne Flaschen. Seine Lieblingssorte ist der Sauvignon blanc, der hier gerade austreibt. Unten die Wiellitscher Kapelle, unter der Tement neue Weinberge erworben hat. Und ein »Klapotetz«, das Wahrzeichen der Südsteiermark: Sein Klappern vertreibt im Herbst die naschhaften Vögel aus den Weinbergen

1

KLACHELSULZ

Klacheln nennt man die vorderen Schweinshaxen. Man kocht daraus in der Steiermark gerne die sogenannte Klachelsuppe, in der viel von diesem knorpeligen, sülzigen Fleisch, aber auch Schweinskopf und Innereien klein geschnitten Verwendung finden. Besonders köstlich und durchaus elegant ist diese Sülze, wenn sie so hübsch wie im »Alten Winzerhaus« angerichtet wird: mit einem Salat aus Gurke, Gundelrebeblüten (siehe auch großes Photo) und Gänseblümchen, angemacht mit Primelessig!

Für sechs bis acht Personen:
4 Vorderfüßchen vom Schwein, je 1 Möhre, Lauchstange, Petersilienwurzel, Pastinake und ¼ Sellerieknolle, Salz, 1 TL Pfefferkörner, 4 Pimentkörner, 2 Lorbeerblätter, 2 Thymianzweige, 2 Petersilienstengel, 1 Stück Meerrettichwurzel

Die Schweinsfüße in einem Topf mit Wasser bedecken, das geputzte Suppengemüse grob gewürfelt zufügen, auch die Gewürze. Aufkochen und etwa zwei bis drei Stunden garziehen lassen, bis das Fleisch weich ist. Abgekühlt von den Knochen lösen. Das schiere, saubere Fleisch dicht in eine kleine Kastenform einschichten. Gut zusammenpressen und im Kühlschrank über Nacht abkühlen lassen. Dank der eigenen Gelierkraft hält die Sülze jetzt gut zusammen.
Zum Servieren auf der Aufschnittmaschine in sehr dünne Scheiben schneiden. Wie oben beschrieben anrichten, mit Meerrettichstreifchen bestreuen.

2

STERZPUDDING MIT ERDBEERSALAT

Ein Sterz ist ein dicker Brei aus dem Mehl jedweden Getreides, wie Mais, Weizen, Roggen oder Buchweizen, und Wasser. Es war früher die alltägliche Kost der Bauern. Heute hat man daraus mit üppigeren Zutaten wunderbare Mehlspeisen entwickelt.

Für sechs Personen:
½ l Wasser, 250 g Polenta (Maisgrieß), 1 Prise Salz, 100 g Butter, 4 Eier, 100 g Zucker, abgeriebene Schale einer halben Zitrone, 1 Tütchen Vanillezucker, Butter und Mehl für die Förmchen
Erdbeersalat:
1 kg Erdbeeren, 100 g Zucker, Zitronensaft

Das Wasser aufkochen, die Polenta mit einer Salzprise hineinrieseln lassen und unter Rühren köcheln, bis ein dicker Kloß entstanden ist, der sich vom Topfboden löst. Abkühlen lassen, den Teigkloß, der jetzt gar ist und eine feste Konsistenz bekommen hat, dann zwischen den Händen zerbröseln.
Die zimmerwarme Butter mit dem Handrührer dick und hell schlagen, nach und nach die Eigelb zufügen sowie löffelweise den Zucker, Zitronenschale und Vanillezucker. Die Sterzbrösel unter diese Masse ziehen, ebenso das mit einer Salzprise steifgeschlagene Eiweiß unterheben. In eine mit Butter ausgestrichene, mit Mehl ausgestaubte Puddingform oder Kranzform füllen. Die Form mit ihrem Deckel verschließen, für zwei Stunden in ein leise siedendes Wasserbad stellen.
Den Pudding schließlich aus der Form stürzen, in Portionen schneiden und auf Tellern anrichten. Mit einem Erdbeersalat servieren. Dafür die Erdbeeren in Scheiben schneiden, mit Zucker und Zitronensaft marinieren.

3

TÜRKENTOMMERL GRIESS-SCHNITTEN MIT ÄPFELN

Auch dies war früher eine Arme-Leute-Speise – deshalb gibt es eine unübersehbare Fülle von Varianten. Es wurde einfach jeweils das verwendet, was man im Hause hatte. Daß hier Maismehl im Spiel ist, sagt schon der Hinweis auf die Türken; Tommerl bedeutet im Grunde, daß die Sache im Ofen gebacken wird.

Für sechs Personen:
1 l Milch, 400 g Maisgrieß (Polenta), 1 Prise Salz, 120 g Butter, 60 g Zucker, Butter für die Form, 1 kg Äpfel
Zwetschgenröster:
500 g Zwetschgen, 100 g Zucker, ½ Zimtstange, 1 Stück Zitronenschale

Die Milch aufkochen, den Grieß hineinrieseln lassen, dabei ständig rühren. Nacheinander Salz, Butter und Zucker zufügen, zwei- bis dreimal aufwallen lassen, dabei das Rühren nicht vergessen, weil sonst die Masse ansetzt. Sie schließlich in ein mit Backpapier ausgelegtes, tiefes Backblech gießen und etwas auskühlen lassen. – Die Äpfel schälen, vierteln, das Kerngehäuse herausschneiden, die Äpfel grob raffeln und auf dem Tommerl verteilen. Bei 180 Grad im Backofen etwa 45 Minuten backen.
Zum Servieren in Streifen oder Rauten schneiden und mit Zwetschgenröster anrichten: Die Zwetschgen entsteinen, mit Zucker vermischen und erst einmal Saft ziehen lassen. Die Gewürze zufügen und schließlich im offenen Topf langsam dicklich einkochen. Die Früchte sollen dabei völlig zerfallen. Vor dem Servieren die Gewürze herausfischen und wegwerfen.

4

GUBANICE STEIRISCHER KÄSEKUCHEN

Ein Kuchen aus üppigem Hefeteig mit einer ebenfalls ziemlich eierreichen Topfen-(Quark)masse obendrauf, die interessanterweise mit Estragon (Bertram, wie man das Kraut in Österreich nennt) gewürzt ist.

Für eine große runde Kuchenform (32 cm Durchmesser):
Germteig (Hefeteig):
1 Würfel Hefe, ¼ l Milch, 60 g Zucker, 500 g Mehl, 80 g Butter, 3 Eigelb, 1 Salzprise, abgeriebene Zitronenschale, 1 Tütchen Vanillezucker, 1 Glas Rum
Topfenbelag:
750 g Quark (20% Fett), 100 g Zucker, 3 Eier, 1 Tütchen Vanillezucker, abgeriebene Zitronenschale, 2 Stengel Estragon, 1 Gläschen Rum
Sauerrahmsauce:
200 g saure Sahne (10% Fett), 1 Messerspitze Zimt, 2–3 EL Zucker

Für den Teig die Hefe in wenig lauwarmer Milch auflösen, etwas Zucker und Mehl unterrühren und zugedeckt an einem warmen Ort 15 Minuten gehen lassen. Sodann mit den restlichen Zutaten in der Küchenmaschine oder mit dem Handrührer zu einem weichen Teig rühren. Erneut zudecken und diesmal eine Stunde gehen lassen. Mit der Hand durchwalken, zweifingerdick ausrollen und in die gebutterte oder mit Backpapier ausgelegte Form breiten und nochmals gehen lassen.
Für den Belag die Zutaten miteinander glattrühren und auf dem Teig verstreichen. Bei 180 Grad 45 Minuten backen – die Quarkmasse bleibt dabei hell!
Zum Servieren in Tortenstücke schneiden und mit der Sauerrahmsauce anrichten, für die die Zutaten einfach miteinander verquirlt wurden!

Fortsetzung von Seite 46
Charakter.« Mit dieser Erkenntnis entwickelte Tement einen klar definierten Weintyp: traditioneller Ausbau im Edelstahl und großen Fässern, reduktiv und spritzig, ohne spürbaren Säureabbau; mit höchstens 11 Grad Alkohol zwar nicht ganz leicht, aber eben auch nicht mächtig; ohne Lagenangabe, meist ein Lagengemisch. »Steirische Klassik« nannte er diese Art von Wein und hat sich den Begriff schützen lassen. Neben ihm dürfen ihn nur noch die Weingüter Gross (ab Seite 54), Polz, Lackner-Tinnacher, Sattler und Prünte in der Südsteiermark sowie Winkler-Hermaden und Neumeister (Seite 64) in der Südoststeiermark verwenden.
Als Tement begann, besaß das Gut nur drei Hektar. Er kaufte immer wieder neue Weinberge hinzu und bewirtschaftet inzwischen rund 17 Hektar. Noch sind nicht alle im Ertrag, denn die erworbenen Rebgärten müssen neu bepflanzt werden – 4000 bis 4200 Stöcke setzt er auf den Hektar, was im internationalen Vergleich (bis zu 12 000) wenig ist. »Hier regnet's so viel, da treiben die Stöcke zu stark aus – deshalb können wir auch keine niedrige Reberziehung machen. Na ja, wir brauchen uns dann auch nicht zu bücken bei der Lese…«
Im Jahre 1985 versuchte er erstmals einen Wein im Barrique auszubauen: »Das war damals die Herausforderung für jeden ehrgeizigen Winzer! Aber niemand hat mir gesagt, daß man im Burgund die Weine auch im Faß vergärt – ich hab' also den fertigen Wein ins Barrique gegeben, und das war dann nichts…« Aber aus Fehlern kann man lernen: Heute gelingen Manfred Tement traumhafte Barriqueweine, alkoholreich und mächtig, aber nicht breit, sondern gehaltvoll und langlebig, gleichzeitig kraftvoll und elegant. »Im Barrique macht der Wein den biologischen Säureabbau, die spitze Apfelsäure wird in Milchsäure umgewandelt. Aber dabei bekommt er eine buttrige Breite, die nur durch langes Hefelager gebändigt wird. Erst nach 15 bis 18 Monaten auf der Hefe wird er elegant!«
Tements Frau Heidemarie stammt aus einer benachbarten Winzerfamilie. Und eine ihrer Schwestern, Elfi, wiederum ist die Wirtin im »Alten Winzerhaus« am Eckberg. Ihr Mann Thomas Schweiger malt – und er kocht: eine leichte, zeitgemäße Küche, wobei er mit den Wildkräutern der jeweiligen Jahreszeit köstliche Akzente setzt. Wie herrlich kann man hier unter Bäumen speisen und die Weine von Schwager Tement genießen!

Winzer aus Leidenschaft

Die Buckel und Hügel scheinen zu hüpfen, stufen sich wie eine Theaterkulisse im Halbrund. In allen Himmelsrichtungen gliedern die Rebzeilen die Hänge, dazwischen Hecken, Büsche und Bäume. Die Häuser wie hingetupft, vorzugsweise auf den Bergkämmen. Was neben ihnen wie toskanische Zypressen aussieht, sind Pappeln, die als lebendige Blitzableiter dienen.

Auf der Terrasse des Weingutes und der Buschenschank von Walter und Evelyn Skoff in Gamlitz kommen die einfachen Weine zur Jause im Krügel auf den Tisch. Alle Spitzenweine kann man glasweise probieren, sie werden in entsprechenden Riedelgläsern serviert.

Walter Skoff ist ein leidenschaftlicher Winzer: »Weinbau ist für mich nicht nur die materielle Existenz, sondern Kultur; das Weinmachen die perfekteste Verbindung, die der Mensch mit der Natur

eingegangen ist; Wein das Ergebnis einer kraftvollen Harmonie zwischen Natur und Tradition …«

Nach dem Fachabschluß der Weinbauschulen Silberberg und Krems hat er zunächst bei Lenz Moser gearbeitet, bis dessen Betrieb im Weinskandal zusammenbrach, obwohl der nichts damit zu tun hatte. 1984 hat Walter von den Eltern Johann und Marianne den Betrieb übernommen: 1,7 Hektar Rebland und eine kleine Buschenschank. Der Vater hat sich grollend zurückgezogen, als der Sohn auf Qualität setzte und die Stammkunden nicht mehr Doppler (Zweiliterflaschen) für billiges Geld bekamen. Heute ist das vergessen, der Vater führt die Gäste stolz durch den Betrieb.

Was Walter Skoff sich da gebaut hat, ist tatsächlich sehenswert: Die Verwirklichung eines Jugendtraums! Der Keller wurde regelrecht in den Fels gesprengt,

oben Sandstein, unten blauer Granit, die Tonnen- und Kreuzgewölbe handwerklich perfekt aus alten Steinen aufgemauert; die Simse, Gurte und Stempelsteine stammen aus dem 18. Jahrhundert. Die Inszenierung einer Weinphilosophie, »mein Gesamtkunstwerk für Mensch und Wein«.
Allerdings mit modernster Kellertechnik, alles von Walter Skoff entworfen. Hier wird nichts gepumpt, sondern alles kann allein durch Schwerkraft laufen. Je nach Weintyp wendet er verschiedene Methoden an – mal Ganztraubenpressung, mal gerebelt, mal sofort gepreßt, mal mit Maischegärung. So besticht sein Sauvignon *classique* durch frische Säure und Duft nach grünen Gemüsepaprika, während der Sauvignon *edition* gerundet ist, deutlichen Cassiston zeigt und vor Saft und Kraft strotzt.
18 Hektar bewirtschaftet er inzwischen, zwölf davon gehören ihm selbst. Auch die Buschenschank hat sich vergrößert: 1990 bekam Evelyn Skoff eine neue Küche, die genau wie eine Haushaltsküche ausgestattet ist – nur mehr Platz hat sie. Was sie darin zubereitet, ist von hoher Vorzüglichkeit: saftig und intensiv im Geschmack das dunkle, selbstgemachte Brot! Den verschiedenen Aufstrichen, dem Geselchten, den Würsten und Salaten kann man ebensowenig widerstehen wie dem Wein. Man sollte sich daher stets eines der sechs gemütlichen Zimmer mit herrlicher Aussicht reservieren.

400 Liter reinen Alkohol darf Walter Skoff auf Abfindung brennen – gerne läßt er die Besucher probieren. Buschenschank und Kellerbesichtigung sind eine wichtige Kontaktpflege – so wie Skoff selbst kann kein anderer seine Produkte erklären und nahebringen!

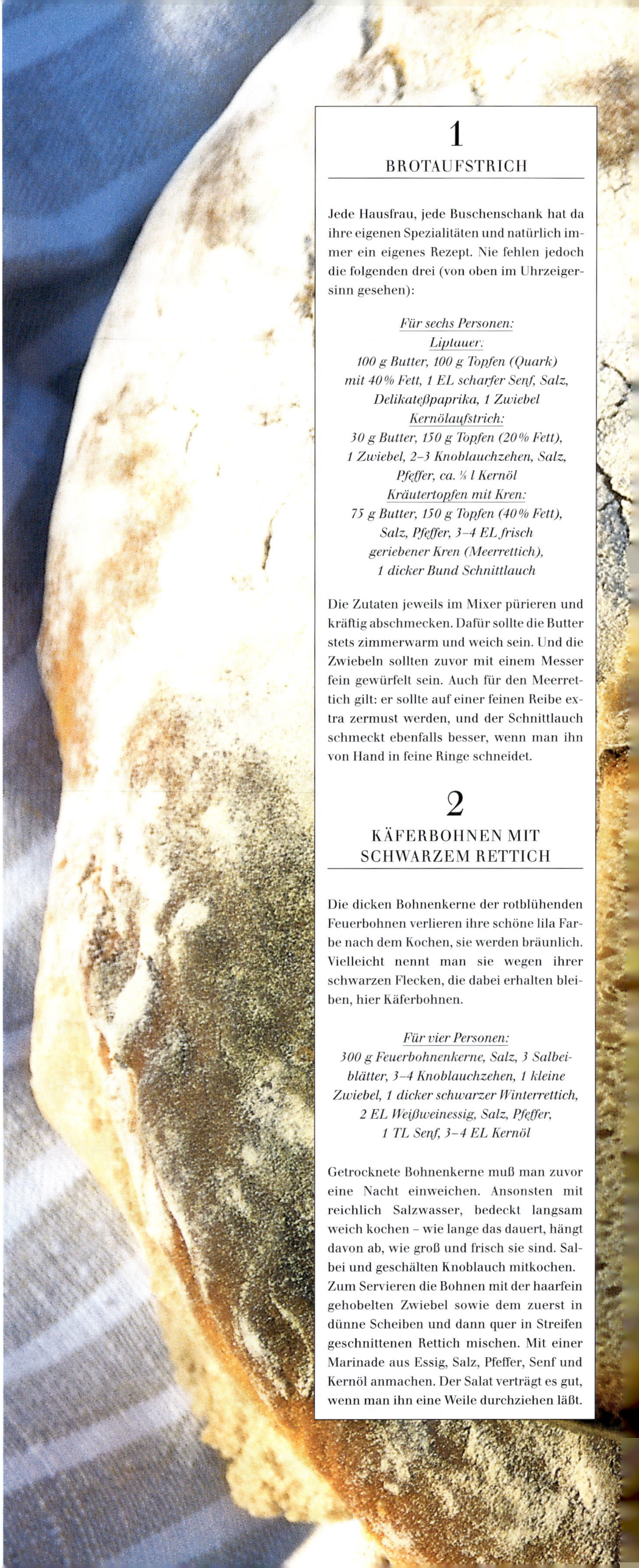

1
BROTAUFSTRICH

Jede Hausfrau, jede Buschenschank hat da ihre eigenen Spezialitäten und natürlich immer ein eigenes Rezept. Nie fehlen jedoch die folgenden drei (von oben im Uhrzeigersinn gesehen):

Für sechs Personen:
Liptauer:
100 g Butter, 100 g Topfen (Quark) mit 40% Fett, 1 EL scharfer Senf, Salz, Delikateßpaprika, 1 Zwiebel
Kernölaufstrich:
30 g Butter, 150 g Topfen (20% Fett), 1 Zwiebel, 2–3 Knoblauchzehen, Salz, Pfeffer, ca. ⅛ l Kernöl
Kräutertopfen mit Kren:
75 g Butter, 150 g Topfen (40% Fett), Salz, Pfeffer, 3–4 EL frisch geriebener Kren (Meerrettich), 1 dicker Bund Schnittlauch

Die Zutaten jeweils im Mixer pürieren und kräftig abschmecken. Dafür sollte die Butter stets zimmerwarm und weich sein. Und die Zwiebeln sollten zuvor mit einem Messer fein gewürfelt sein. Auch für den Meerrettich gilt: er sollte auf einer feinen Reibe extra zermust werden, und der Schnittlauch schmeckt ebenfalls besser, wenn man ihn von Hand in feine Ringe schneidet.

2
KÄFERBOHNEN MIT SCHWARZEM RETTICH

Die dicken Bohnenkerne der rotblühenden Feuerbohnen verlieren ihre schöne lila Farbe nach dem Kochen, sie werden bräunlich. Vielleicht nennt man sie wegen ihrer schwarzen Flecken, die dabei erhalten bleiben, hier Käferbohnen.

Für vier Personen:
300 g Feuerbohnenkerne, Salz, 3 Salbeiblätter, 3–4 Knoblauchzehen, 1 kleine Zwiebel, 1 dicker schwarzer Winterrettich, 2 EL Weißweinessig, Salz, Pfeffer, 1 TL Senf, 3–4 EL Kernöl

Getrocknete Bohnenkerne muß man zuvor eine Nacht einweichen. Ansonsten mit reichlich Salzwasser, bedeckt langsam weich kochen – wie lange das dauert, hängt davon ab, wie groß und frisch sie sind. Salbei und geschälten Knoblauch mitkochen. Zum Servieren die Bohnen mit der haarfein gehobelten Zwiebel sowie dem zuerst in dünne Scheiben und dann quer in Streifen geschnittenen Rettich mischen. Mit einer Marinade aus Essig, Salz, Pfeffer, Senf und Kernöl anmachen. Der Salat verträgt es gut, wenn man ihn eine Weile durchziehen läßt.

3

ROTWEINKUCHEN

Für eine Napfkuchenform von 1,5 l Inhalt:
6 Eier, 300 g Butter, 300 g Zucker, 300 g Mehl, ½ Tütchen Backpulver, ⅛ l Rotwein, 200 g Schokostreusel, 1 gehäufter TL Zimt, 1 gehäufter TL Kakaopulver, 2 mal eine Prise Salz, Butter und in Blättchen gehobelte Haselnüsse für die Form

Die Eier trennen, das Eiweiß kalt stellen, Eigelb mit der zimmerwarmen Butter in der Küchenmaschine oder mit dem Handrührer dick und hell schlagen, dabei löffelweise den Zucker zufügen. Erst wenn die Masse nicht mehr knirscht, Mehl und Backpulver einarbeiten. Sodann, ebenfalls löffelweise, den lauwarmen Wein und Schokostreusel zufügen, schließlich mit Zimt, Kakao und der Salzprise würzen. Die Eiweiß mit der zweiten Salzprise steif schlagen und zum Schluß unter die Teigmasse ziehen.
Den Teig in eine dick gebutterte und mit Haselnußblättchen ausgestreute Napfkuchenform füllen. In den kalten Ofen stellen, erst dann auf 175 Grad schalten und den Kuchen eine Stunde backen.

1

2

3

4

4

SPAGATKRAPFEN

Tatsächlich wird der Teig um eine runde Hohlform gewickelt und mit einem Spagat (hochdeutsch: Schnur) festgebunden, bevor er in heißes Schmalz getaucht und hellgolden gebacken wird. Weil der Teig ungesüßt ist, paßt das hübsche Gebäck gut zum Wein!

Für sechs Personen:
300 g Mehl, 150 g Butter, 3 EL Sahne, 1 Prise Salz, 1 Eigelb, abgeriebene Zitronenschale, 2–3 EL Weißwein, Butterschmalz zum Ausbacken

Das Mehl auf die Arbeitsfläche häufen, die Butter in Flöckchen obenauf setzen, Sahne, Salz, Eigelb, Zitronenschale und Wein zufügen. Mit den Händen einen glatten Teig kneten – rasch, damit der Teig nicht klebt! Ihn messerrückendünn ausrollen, Rechtecke von etwa 10 mal 7 cm ausschneiden, sie um ein Rundeisen wickeln und mit Küchenzwirn festbinden. So lange in siedendes Schmalz tauchen, bis die Krapfen goldblond geworden und aufgegangen sind. Ablösen und auskühlen lassen. Mit Puderzucker bestäubt servieren.

Der stille Star und seine Großfamilie

»Wein ist ein Begleiter zum Essen, deshalb muß er schmecken. Auf der Zunge muß er sich bewähren, nicht in der Nase.« Ruhig und bestimmt, mit sanfter, aber keinen Widerspruch zulassenden Stimme erklärt Alois Gross seine Philosophie. »Um Nasenweine zu machen, muß man die Weine nur sehr kühl vergären, reduktiv ausbauen, auf Säureabbau und das Holzfaß verzichten, den Most extrem klar vergären und den Wein rasch von der Hefe ziehen. Das ist internationaler Stil, damit kann man überall ordentliche Weine machen.« Das *ordentlich* ist ein Verriß. Für den nachdenklichen Alois Gross ist Qualität nicht einfach die Abwesenheit von Mängeln, sondern verbunden mit individuellen Eigenarten und Vorzügen, Ausdruck und Charakter. Er ist überzeugt davon, daß die Qualität im Weinberg entsteht und der Winzer dann nur noch die Aufgabe hat, den Wein werden zu lassen und keine Fehler zu machen. »Das klingt nach

Der sensible Alois Gross wollte einmal Koch werden. Doch dann lernte er eine Winzertochter kennen, und es kam ganz anders

Nichtstun, ist aber das genaue Gegenteil: Es gibt so unglaublich viele Möglichkeiten, etwas falsch zu machen! In den ersten Wochen probiere ich alle Weine täglich durch.«

Gut, daß die junge Familie Gross mit ihren drei Kindern unmittelbar neben dem 1995 in Betrieb genommenen Keller inmitten ihrer Weinberge wohnt. Den Keller haben Alois und seine Frau Ulrike drei Jahre minutiös geplant, so daß er in einem Jahr betriebsfertig war: hochmodern, vollkommen funktional. Nur ein paar Holzfässer erinnern an alte Keller-

GRAMMELSCHMALZ

Für 2 Vorratstöpfe à 350 g Inhalt:
500 g Schweineflomen (Schweinefett), 100 g Schweineschmalz, 100 g luftgetrockneter Schweinebauch in dünnen Scheiben (Speck), 1 Zwiebel, 3 Knoblauchzehen, 1 EL getrockneter Majoran

Den Flomen in Würfel schneiden, mit dem Schmalz in einem ausreichend großen Topf langsam auskócheln. Dabei den in winzige Würfel geschnittenen Schweinespeck, die ebenfalls sehr fein gehackten Zwiebel und Knoblauch sowie den Majoran zufügen. Eine gute Stunde auf kleinem, schwachen Feuer köcheln und abkühlen lassen. Das feste Schmalz mit einer Gabel aufmischen, damit die festen Bestandteile gleichmäßig verteilt werden. Schließlich in Steinguttöpfe abfüllen. Kühl aufbewahren.

romantik – aber mit Edelstahltüren, weil die besser zu reinigen sind. Peinliche Sauberkeit überall, alles blitzt.
Die immer wieder erstaunliche Tiefe der Grossschen Weine resultiert aus einem komplizierten Geflecht von lenkenden Eingriffen: kleinbeerige Klone, die mehr Beerenhaut und also mehr Aromen einbringen. Der Rebschnitt sorgt für nicht zu hohen Ertrag, im Sommer bricht Gross zusätzlich Trauben aus, damit die schönsten besser versorgt werden. Teilweise Begrünung – in regenreichen Sommern kann man durch langes Gras die Entwässerung fördern, und man verhindert Abschwemmungen. So weit irgend möglich wird biologisch gearbeitet, ohne Herbizide und Insektizide, und Fungizide gegen Mehltau werden sparsam eingesetzt. Peinlich achtet man darauf, daß keine Botrytis auftaucht – der Edelschimmelpilz zerstört die angestrebte Reintönigkeit. Besonders wichtig sind Alois Gross die natürlichen Hefen – sie arbeiten die Charakteristika heraus, während Reinzuchthefe nivelliert. Er

Blick vom Grossschen Keller auf die Weinberge. Die neugierigen Ferkel (unten) werden im Laufe des Jahres zu prächtigen Sauen

läßt seine Moste häufig auf den Schalen stehen, klärt sie auch nicht schnell, zieht sie sogar mit ihrer Hefe ab, um eine bessere Glycerinbildung zu erreichen, was die Weine dichter macht. Allerdings ist Gross weniger auf Wucht und Kraft aus, als auf Finesse und Eleganz.
10,5 Hektar bewirtschaftet er selbst, von weiteren 17,5 Hektar werden Trauben zugekauft. Von seinem Schwager Herbert Fellner bekommt er den vorzüglichen, mineralisch-klaren Weißburgunder der Lage Kittenberg. Seine eigene Spitzenlage, der Nußberg, bringt einen schönen Muskateller und starke Sauvignon und Morillon. Nur in guten Jahren gibt es Lagenweine, um deren Exklusivität zu unterstreichen. Große Weine werden im Barrique vergoren, machen den biologischen Säureabbau und reifen

in 300-Liter-Fässern aus Alliereiche. Die zugekauften Weine firmieren unter der Bezeichnung »Kellerei«. Schon der Vater hatte Trauben zugekauft und die Kellerei begründet, denn von den einst 1,7 Hektar Wein und der Buschenschank konnte man nicht leben. Er hat sich längst zurückgezogen, Ulrike betreut heute das Geschäft, kümmert sich um Personal, Löhne und Buchhaltung.
Die Seele der Familie ist Mutter Maria, die im Elternhaus in Ratsch den ganzen Tag quirlig auf den Beinen ist, für alle kocht und sich auch mit 65 Jahren höchstens mal zum Essen mit der Familie hinsetzt. Sie betreut die Buschenschank und den Stall mit den Schweinen, die jedes Jahr im Frühjahr aufgestellt und im Winter geschlachtet werden, wenn sie 180 bis 200 Kilo wiegen. Sie fressen nur

Bratenfleisch, im Verhackerten gereift

natürliche Produkte: Küchenabfälle und Kartoffeln. Ihr kerniges Fett spricht Bände… Alles, was in der Buschenschenke auf den Tisch kommt, stammt aus eigener Produktion: Preßwurst, Leberstreichwurst, luftgetrockneter Speck, geräucherte Blutwurst, Hauswurst, Grammelschmalz und natürlich die steirische Spezialität, das Verhackerte. Dazu wird der Rückenspeck trocken eingesalzen und zieht zwei Tage durch, ehe er drei bis vier Monate an der Luft reift – das geht selbstverständlich nur im Winter. Dann wird der Speck durch den Fleischwolf gedreht (verhackt) und fest durchgeknetet. Das Verhackerte kommt in spezielle Emailletöpfe. Maria Gross packt darin Würste, Bratenfleisch und Geselchtes, die dann unter Luftausschluß im kühlen Keller reifen, bis zu einem Jahr!

1

GERMSTRAUBEN

Sie werden auch Stangerlkrapfen genannt, vor allem dann, wenn die Teigflecken in schmale, längliche Streifen geschnitten sind.

Für ca. sechs bis acht Personen:
Germteig (Hefeteig):
¼ l Milch, ½ Würfel Hefe (20 g), 6 gehäufte EL Zucker, 500 g Mehl, 2 Eier, 50 g Schmalz, ½ TL Salz, 1 Tütchen Vanillezucker, abgeriebene Schale einer halben Zitrone, Mehl für die Arbeitsfläche, Butter- oder Schweineschmalz zum Ausbacken, Puderzucker zum Bestäuben

Die Hälfte der Milch lauwarm erhitzen, die Hefe darin auflösen, einen Löffel Zucker und Mehl zufügen und zugedeckt an einem warmen Ort eine Viertelstunde gehen lassen. Zum Mehl geben, mit einem Rührlöffel oder in der Küchenmaschine zusammen mit den übrigen Zutaten einen geschmeidigen Teig rühren. Erneut zugedeckt eine halbe Stunde gehen lassen. Den Teig nochmals, diesmal mit den Händen durcharbeiten. Auf einer mit Mehl bestäubten Fläche fingerdick ausrollen, Rechtecke ausradeln, jedes zweimal längs einritzen und in heißem Schmalz goldbraun ausbacken.
Die Germstrauben schmecken, wie jedes Hefegebäck, am besten lauwarm und mit Puderzucker bestäubt.

2

NUSS-SCHNECKEN AUS PLUNDERTEIG

Für sechs Personen:
Plunderteig:
1 Portion Germteig (Rezept Seite 49, jedoch statt Schmalz Butter nehmen), 150 g eiskalte Butter
Nußfüllung:
60 g Butter, 150 g geriebene Haselnüsse, 3 EL Zucker, 2 EL Zimt, 75 g in Rum oder Weißwein eingeweichte Rosinen

Den fertig gegangenen Teig auf der bemehlten Arbeitsfläche fingerdick ausrollen, die kalte Butter in dünne Scheiben schneiden und die Hälfte davon auf dem mittleren Drittel verteilen. Diese Fläche mit einem Drittel zudecken, darauf die restliche Butter anordnen und das verbliebene Drittel darüberklappen. Dieses Paket auf die ursprüngliche Größe ausrollen, dann wieder dreifach übereinanderschlagen und ausrollen. Dies noch zweimal wiederholen. Diesen sogenannten Plunderteig eine halbe Stunde bei Zimmertemperatur ruhen lassen.
Dann ein letztes Mal ausrollen. Mit zerlassener Butter einpinseln, mit den Nüssen, Zucker, Zimt und Rosinen bestreuen und schließlich von der Längsseite her dicht aufrollen. Quer in zweifingerdicke Scheiben schneiden. Sie nebeneinander, Schnittfläche nach oben, auf ein mit Backpapier ausgelegtes Blech betten, dabei die Mitte etwas nach oben wölben. Gleichmäßig mit Butter einpinseln, dann im 220 Grad heißen Backofen etwa 20 Minuten golden backen.

Ulrike Gross (Mitte) zu Besuch bei ihrer Schwägerin Maria – in der Familie Gross ist es üblich, daß die Tochter wie die Mutter Maria heißt. Ihr Mann, Johannes Söll, gehört zu den Winzern der jüngeren Generation, für die saubere, charaktervolle Weine selbstverständlich sind. Sein Wein aus gemischtem steirischen Satz kann sich sehen lassen! Neben dem Weinbau vermieten die Sölls ein hübsches Gästezimmer und betreiben eine Buschenschank. Ein fröhliches Haus mit herrlichem Rundblick bis hinauf nach Kitzegg im Sausal. Im Gegensatz zu den Wiener Heurigen dürfen in einer steierischen Buschenschank ausschließlich selbstgemachte und kalte Speisen serviert werden. Maria Söll hilft ihrer Mutter häufig beim Backen und Kochen, bekommt dafür von ihr Verhackertes und Geselchtes

Gescheite Frauenküche

Natürlich hat Rosie, die Schwester von Alois Gross, das Kochen bei ihrer Mutter gelernt und danach immer Neues ausprobiert, angeregt von Rezepten in Zeitschriften und Büchern. Dabei ist sie stets ihrer Grundeinstellung treu geblieben: nur beste Zutaten, einfach und ohne Brimborium so zubereitet, wie man gerne auch zu Hause ißt – Hausfrauenküche, intelligent und praktisch. Zum Beispiel die perfekte Einbrenne: »Meine leichte Mehlschwitze gibt Suppen und Saucen eine schöne Sämigkeit, schmeckt überhaupt nicht durch und hat viel weniger Kalorien als eine Legierung aus Eigelb und Obers (Sahne).« Fleisch kauft sie nur von persönlich

bekannten Bauern, die Hendln und das Lamm in der Nachbarschaft, gerne auch Produkte aus dem Bauernladen im nahen Ehrenhausen. Immer erst nach persönlicher Prüfung, nie bestellt sie blind! Und vor allem kocht Rosie mit dem saisonalen Angebot ihres Gartens. Wenn der Rhabarber sprießt (großes Bild), sind auch Salate und Kräuter wieder reichlich vorhanden. Und Wildkräuter: Löwenzahn für den »Röhrlsalat«, Gänseblümchen, Gundelrebe, Kerbel, Kresse, Rauke und Hirtentäschel für den üppigen Wiesensalat – »Hasenfutter«, wie einmal ein deutscher Gast bemerkte und den Teller empört zurückwies. Mit ihrem Mann, Arnold Wratschko, betreibt Rosie den »Weinlandhof« in Gamlitz, ein großes Haus mit simplen Zimmern. Jetzt entstehen daraus schönere Räume, so daß auch anspruchsvolle Weinfreunde und Gourmets nach ausgiebigem Mahl hier nächtigen können.

1

BRENNESSELSUPPE MIT FRISCHKÄSETASCHERL

Die Brennesseln sammelt Rosie vor der Haustür, in ihrem Gemüsegarten, wo im Frühjahr mehr davon wächst, als ihr lieb ist.

Für vier bis sechs Personen:
3 Handvoll abgezupfte junge Brennesselblätter, 2 EL Butter, 1 EL Mehl, ½ l Milch, ½ l Brühe, Salz, Pfeffer, Muskat, 2 EL geschlagene Sahne
Frischkäsetascherl:
¼ Portion Strudelteig (Rezept Seite 42), 2 Handvoll frische Kräuter (eine Mischung dessen, was der Garten bietet – von Brennesseln bis Petersilie), 250 g Frischkäse, Salz, Pfeffer, Delikateßpaprika, Worcestershiresauce, neutrales Öl zum Ausbacken

Für die Suppe die Brennesselblätter in Salzwasser blanchieren, kalt abschrecken, fein hacken und in der Butter andünsten. Mehl anstauben, durchschwitzen, bevor mit Milch angegossen wird. Schließlich auch die Brühe zufügen, würzen und alles leise etwa 20 Minuten köcheln lassen. Die Sauce mit dem Mixstab aufmixen, eventuell passieren und abschmecken. Vor dem Anrichten die Schlagsahne unterheben.

Den Strudelteig dünn ausziehen. Jeweils einen Teelöffel Füllung darauf setzen, den Teig darüber schlagen und mit einem kleinen Glas (Durchmesser 5 cm) ein halbmondförmiges Täschchen ausstechen. In heißem Öl schwimmend goldbraun backen.

Für die Füllung die Kräuter entstielen, in Salzwasser kurz blanchieren, eiskalt abschrecken (wegen der Farbe) und schließlich mit dem Messer hacken. Mit dem Frischkäse verrühren, mit Salz, Pfeffer, Paprika und Worcestershiresauce würzen.

Die Suppe in tiefen Tellern servieren, die Teigtäschchen erst unmittelbar vor dem Auftragen einlegen, damit sie nicht aufweichen, sondern schön knusprig bleiben.

1

2

2

ZANDERFILET MIT WEISSWEINSAUCE

Für vier bis sechs Personen:
4–6 Portionsstücke vom Zanderfilet mit Haut (à ca. 180 g), Kräutersalz, Pfeffer, Zitronensaft, Mehl zum Wenden, 3–4 EL Butter
Weißweinsauce:
2 Schalotten, ⅛ l Weißwein, 200 g Sahne, Salz, Pfeffer, 2–3 EL frisch geriebener Meerrettich, 3 EL Butter

Die Fischstücke mit Kräutersalz (s. Tip), Pfeffer und Zitronensaft würzen, die Hautseite gut abtrocknen und mit Mehl bestäuben. Auf dieser Hautseite in heißer Butter rasch knusprig braten, dann herausnehmen, jetzt mit der Haut nach oben zum Nachziehen beiseite stellen.

Inzwischen für die Sauce die feingewürfelten Schalotten im verbliebenen Bratfett andünsten, dabei einen Löffel frische Butter zufügen. Bevor die Schalotten zu bräunen beginnen, mit Wein ablöschen, um die Hälfte einkochen, schließlich die Sahne angießen. Salzen, pfeffern und cremig einkochen. Erst dann Meerrettich zufügen und mit dem Mixstab die restliche, möglichst kalte Butter einarbeiten.
Die Fischfiletstücke mit der Hautseite nach oben auf einem Spiegel von Sauce anrichten. Dazu gibt's Salzkartoffeln und gedünstetes, in streichholzfeine Streifen geschnittenes Wurzelgemüse.
TIP: Das Kräutersalz macht Rosie Wratschko selbst – sie trocknet dafür Kräuter aus ihrem Garten, Liebstöckel, Petersilie, Bertram (so nennt man hier Estragon!) und Thymian und mixt sie dann mit normalem Haushaltssalz. Es entsteht ein leuchtend grünes, wundervoll duftendes Salz, das lange Duft und Farbe behält.

1

RHABARBERPARFAIT

Für sechs Personen:
1 kg Rhabarber, ⅛ l Weißwein, 350 g Zucker, Saft und Schale einer halben Zitrone, 4 Eigelb, ½ TL Zimt, 200 g Sahne

Den Rhabarber sorgfältig schälen, in Stücke schneiden und mit dem Wein, 250 g Zucker, Zitronensaft und Zitronenschale in einen Topf füllen. Zugedeckt 20 Minuten weich köcheln. Zitronenschale herausfischen und wegwerfen, den Rhabarber zu einem feinen Püree mixen.
Eigelb im heißen Wasserbad dick und cremig schlagen, dabei den restlichen Zucker einarbeiten. Die heiße, dicke Creme mit Zimt würzen und unter Rühren abkühlen. Zum Schluß das Rhabarberpüree und die steif geschlagene Sahne unterziehen. In eine kleine Rehrücken- oder Kastenform füllen und im Gefrierfach fest werden lassen. Zum Servieren stürzen, in Scheiben schneiden und mit einem Salat von frischen Erdbeeren anrichten. Rosie Wratschko dekoriert die Teller noch mit knusprigen Blätterteigfleurons.

1

2

GEBRATENES BAUERNHUHN MIT ERDÄPFELNUDELN UND SPARGEL

Für sechs Personen:
1 schönes, junges, gut gemästetes Brathuhn von ca. 1,5 kg, 3 EL Butterschmalz, Salz, Pfeffer, 2 Zwiebeln, 2 Knoblauchzehen, 2 Thymianzweige, ca. ¼ l Hühnerfond
Erdäpfelnudeln:
1 kg mehlige Kartoffeln, 2 Eigelb, Salz, Muskat, ca. 150 g Mehl, Butter oder Schmalz zum Braten
Außerdem:
1 kg grüner Spargel, Salz, 2 EL Butter, junger Thymian

Das Brathuhn in acht Portionsstücke schneiden: halbieren, dann die Schenkel abtrennen, in Ober- und Unterschenkel teilen, die Flügel mit dem vorderen Teil des Bruststücks abschneiden. Die Hühnerstücke im heißen Schmalz in einem breiten, flachen Bräter langsam rundum schön golden braten. Dabei salzen und pfeffern, außerdem feingehackte Zwiebeln und Knoblauch sowie Thymianzweige drum herum streuen. Den Bräter in den 180 Grad heißen Ofen stellen, die Hühnerstücke etwa eine halbe Stunde braten, dabei gelegentlich wenden.

Für die Erdäpfelnudeln die Kartoffeln in der Schale garkochen, heiß pellen und durch die Presse drücken. Etwas auskühlen, dann Eigelb und Gewürze zufügen und zunächst etwa die Hälfte des Mehls. Rasch mit den Händen zu einem Teig mischen, nur noch soviel Mehl einarbeiten, wie nötig ist, damit der Teig nicht klebt. Schließlich zentimeterdicke Rollen formen, davon fünf Zentimeter lange Stücke schneiden und zwischen den Handflächen rubbeln, bis sie oben und unten spitz zulaufen. In Salzwasser etwa zehn Minuten kochen; wenn sie oben schwimmen, sind sie gar. Zum Servieren in Butter oder Schmalz rösten.

Den Spargel sorgfältig schälen, bißfest kochen und in heißer Butter schwenken, die mit reichlich Thymian gewürzt ist.

Zum Servieren die Hühnerstücke auf einer heißen Platte anrichten, den Bratensatz mit dem Hühnerfond ablöschen, etwas einkochen und schließlich aufmixen, dabei die Zwiebeln fein pürieren. Abschmecken und als Sauce getrennt dazu reichen.

Wer bekommt da nicht Lust auf Käse! Hier nur eine Auswahl: 13 Sorten, sämtlich aus Rohmilch und perfekt gereift. Dazu paßt glänzend der Grauburgunder aus der Selection; ebenso das Brot, das Annie von Bäuerinnen in der Nähe bezieht. Alles ist ehrlich, ohne Tümelei. Auch die Einrichtung: gescheuerte Tische, Fichtenböden, bunte Fleckerlteppiche und moderne Kunst

Junger Ziegenkäse, angemacht wie sonst ein Rindfleischsalat: mit Zwiebeln, Knoblauch und duftendem Kürbiskernöl. Vor dem Haus sitzen die Gäste in der im Frühling noch spärlich beschatteten Laube, mit traumhaftem Blick nach Straden mit seinem Kircherl (Bild unten links). Unten: Albert und Annie Neumeister mit Michy, der wachsamen Colliehündin

Die etwas andere Buschenschank

Herzhafte Wurstwaren, Schweinebraten und Speck sind üblicherweise die Spezialitäten einer Buschenschank. Wenn statt dessen Käse Triumphe feiert, weil die Wirtin Vegetarierin ist, fällt das aus dem Rahmen. Etwa zwanzig verschiedene Sorten, mehr als die Hälfte von Bauern, die handwerklich und vorwiegend mit Rohmilch arbeiten, hat Annie Neumeister im Angebot. »Es gibt bei uns auch Fleischernes, selbstverständlich ebenfalls nur von Bauern, die ihre Schweine biologisch aufziehen«, erklärt ihr Mann Albert und lacht, »aber Annie wird es schon noch schaffen, daß unsere Gäste eines Tages nur mehr Käse essen wollen.« Der Hausherr der »Saziani-stub'n« unterhalb der Lage gleichen Namens bei Straden in der Südoststeiermark ist nämlich selber einem guten Geselchten keineswegs abhold, schließlich paßt herzhafter Speck bestens zu seinen kernigen Weinen!

Wein ist bei Neumeisters die Hauptsache. Schon der Vater hat knochentrokkene Weine gemacht. »Jeder Eingriff«, pflegte er zu sagen, »ist ein Unding!« Damals konnte er sie kaum verkaufen, weil niemand mit den herben Tropfen etwas anzufangen wußte. Das hat sich gottlob gewandelt. Die Neumeister-Weine sind heute so begehrt, daß die Buschenschank letzten Herbst bereits im September schließen mußte: Ausverkauft! Und fremden Wein darf man da, das ist streng geregelt, nicht servieren.

In der Hauptsache erzeugt Neumeister Weine der »steirischen Klassik« (siehe auch Seite 46), die – in Edelstahl ausgebaut – eine schöne Balance zwischen Frucht, Säure und Kraft aufweisen. Am begehrtesten sind seine Spitzengewächse, die »Selection«: hochreif gelesen, vergoren in stark gerösteten (daher sehr geschmacksintensiven) Barriques (kleinen Eichenfässern), entstehen aus Sauvignon und Morillon der Lage »Moarfeitl« sowie Grauburgunder vom »Saziani« anspruchsvolle Weine, die bei aller Wucht und Intensität hochelegant sind. Genau das liegt dem Erzeuger am Herzen, denn »schließlich muß der Trinkfluß stimmen…«.

SOMMER

Ferienzeit!

Bergtouren und Badefreuden.

Fische, Krebse, reifes Obst

und die ersten Pilze

Auf der Alm: koa Sünd', aber frischer Käs'

Bauernladen: Speck und Würste

Wallfahrtsziel: Mariazell

Sonntagstracht: Hirschlederne und Federhut

Mit roten Pünktchen: sonnenreife Marillen

Auf der Sonnenalpe: Himalajablume Wulfenia

Sommerregen bringt erste Pilze: Eierschwammerl

Mohn – das graue Gold des Waldviertels

Wer Ende Juli durch die sanften Hügel des Waldviertels bei Armschlag fährt, wird ein phantastisches Farbenspiel erleben. Vor dem Blauschwarz der Wälder leuchtende Felder: eine fröhliche Palette von Rosatönen, pastellenes und schrilles Pink, kraftvolles Cyclam, Purpur und Lila, dazwischen reines Weiß. Handtellergroße Blüten wogen auf bis zu mannshohen Stielen mit bläulichgrünem Blattwerk – die bildschönen Blumen sind eine Ackerfrucht, nämlich Mohn. Was man in Deutschland nur als knallroten Klatschmohn von Weg- und Feldrändern kennt, ist im Norden Österreichs sorgsam gehegte Kulturpflanze. Schließlich ist Mohn unverzichtbare Zutat der Mehlspeisenküche. In Deutschland ist der Anbau verboten. Sogar in der ehemaligen DDR, wo früher auf 5000 Hektar Mohn wuchs, findet man heute trotz Sondererlaubnis kaum mehr ein Zehntel. Aus Furcht vor Mißbrauch; denn aus dem Saft der unreifen Fruchtkapseln läßt sich bekanntlich Opium gewinnen. Allerdings verwendet man in Österreich längst Züchtungen, die keine Alkaloide enthalten.

Österreichs Pro-Kopf-Verbrauch von Mohn ist stattlich: 350 Gramm! Das meiste wird aus den osteuropäischen Ländern importiert, die billiger liefern. Denn der Mohnanbau ist arbeitsintensiv. »Unser einheimischer Mohn kostet zwar dreimal soviel wie die Importware«, erzählt Martin Greßl vom Mohnhof in Haiden bei Otterschlag (Bild oben links), »aber es ist auch eine völlig andere Qualität!« Und als wäre es abgesprochen, streckt in diesem Moment Mutter Greßl (Bild oben rechts) den Kopf durch die Tür: »Soll 'mer den Mohn fürs ›Steirereck‹ richten?« Auch das berühmte Spitzenrestaurant in Wien (ab Seite 214) schwört auf die Greßlschen Produkte. »Jeder gute Wirt ist bereit, den höheren Preis zu zahlen«, sagt der junge Mann selbstbewußt und erklärt, warum: »Wir ernten Kapsel für Kapsel von Hand, denn mit dem Mähdrescher werden die empfindlichen Körner gequetscht und verletzt, sie oxydieren schnell an der Luft und werden ranzig. Hinzu kommt«,

Eine Gruppe von Gastwirten in der Region bietet während der Mohnblüte und zur Zeit der Ernte auf ihrer Speisekarte Mohnspezialitäten an. Im Mohndorf Armschlag ist sogar ein Lehrpfad eingerichtet, und es werden Kutschfahrten durch die Felder organisiert. Interessierte können sich ausführlich bei den Bauern informieren und mit allen möglichen Mohnprodukten eindecken

setzt er fort, »daß die Fruchtkapseln oben offen sind: Ein heftiger Wind kann kurz vor der Ernte die Kapseln einfach ausschütteln – dann war unsere Arbeit umsonst!« Nur ein genauer Blick zeigt die kleinen Öffnungen unterhalb der hübschen Rosette, die jede Kapsel krönt. Durch diese wird ihr kostbarer Inhalt bereits auf dem Feld in Behälter ausgeleert und schließlich auf Tüchern ausgebreitet getrocknet. Und die dekorativen Kapseln bleiben intakt.
Mohn ist Martin Greßls Lieblingsthema. Mit Mohn beschäftigte sich seine Diplomarbeit, mit Mohn ist er aufgewachsen: Auf dem Hof seiner Eltern wurde immer schon, wie es in der Gegend üblich war, für den eigenen Gebrauch eine kleine Menge angepflanzt. Man freute sich an den Blüten, brauchte den Samen für Gebäck und Mehlspeisen, das Öl bekam der Pfarrer fürs Ewige Licht. Und aus den Mohnkapseln wurden Kränze und Gestecke. Bei Hochzeiten galten sie zum Beispiel als Glücksbringer und Fruchtbarkeitssymbol.
Heute hat die Familie Greßl die Anbaufläche für Mohn auf 5 bis 6 Hektar ausgeweitet. Neben 50 bis 60 Stück Milchvieh wichtigstes Standbein der Einkünfte. Die ganze Familie, Eltern und Brüder, sind in den Hof eingebunden.
Martin jedoch lebt und arbeitet während der Woche in Wien, kümmert sich aber um die Vermarktung. »Als wir vor sechs Jahren anfingen, Mohnöl zu pressen, hat man uns ausgelacht!« Mohnöl ist aromatisch, wohlschmeckend und dank eines hohen Anteils ungesättigter Fettsäuren besonders hochwertig; Martin schafft es auch, durch ein selbst ausgetüfteltes Verfahren zuverlässige Haltbarkeit zu erzielen. Jede der drei Mohnsorten, die im Waldviertel angebaut werden, liefert einen anderen Typ (Bild Seite 69 unten): Weißmohnöl ist nußartig, Graumohn eher zart, und Blaumohn schmeckt kraftvoll und würzig.

Pfiffiger Imbiß: Salat, mit Mohnöl und Apfelessig angemacht sowie mit knusprigen Bauernbrot- und Speckwürfeln

1
MOHNZELTEN

Die runden, gefüllten Gebäckstücke gehörten zum Heiligabend wie das Christkind. Und dann gab man sie den jungen Leuten mit, wenn sie wieder in die Stadt zogen, um dort zu arbeiten – damit sie etwas Ordentliches zu essen hatten. Die Mohnzelten gaben Kraft, Kalorien und hielten sich lange.

Für ca. 25 Stück:
Kartoffelteig (fest):
500 g glattes Mehl, 300 g mehlige, gekochte Kartoffeln, 250 g Butter, 2 Eier, 2 EL Crème fraîche, ½ TL Salz, 1 TL Backpulver, Sahne zum Bestreichen der Zelten
Mohnfüllung I:
100 g Butter, 200 g gemahlener Mohn, 200 g Zucker, 1–2 EL Honig, 1 Tütchen Vanillezucker, 1 Prise gemahlener Zimt, abgeriebene Zitronenschale, 2 EL Rum

Mehl, frisch geriebene, kalte Kartoffeln, zerlassene Butter, Eier, Crème fraîche, Salz und Backpulver mit einem Rührlöffel zu einem glatten, festen Teig verarbeiten. Zur Rolle formen, gut fingerdicke Scheiben davon abschneiden, jeweils zwei Löffel Füllung in die Mitte setzen, den Teig darüber verschließen, dabei eine flache *Zelte*, ein handtellergroßes Küchlein, formen.
Für die Füllung die Butter zerlassen, Mohn und alle anderen Zutaten zufügen und einige Minuten quellen lassen.
Die gefüllten Zelten mit der Naht nach unten auf mit Backpapier belegte Bleche legen. Mit Sahne einpinseln, mehrmals mit einer Gabel einstechen, damit Dampf entweichen kann, und nach Belieben mit einem Muster verzieren. Bei 200 Grad etwa 20 Minuten hellbraun backen.

2
MOHNSTRUDEL

Obwohl das Gebäckstück mit Plunder-, nicht mit Strudelteig hergestellt ist, nennt man es im Waldviertel Strudel. In Süddeutschland wäre es eher ein Striezel, im Norden wohl mehr eine Mohnrolle. In jedem Fall ist es das ideale Gebäck zum Nachmittagskaffee. Es läßt sich gut vorbereiten und bleibt tagelang frisch und saftig.

Für sechs Personen:
½ Portion Plunderteig (Seite 58), 1 Ei, 2–3 EL Sahne, Butter für das Blech
Mohnfüllung II:
⅛l Milch, 3 EL Zucker, 2 EL Honig, 1 Salzprise, 3 EL Rosinen, 3 EL gehackte Mandeln, 250 g gemahlener Mohn, 1 Glas Rum

Den Teig wie im Rezept für Nußschnecken beschrieben herstellen, gehen lassen und auf einer bemehlten Arbeitsfläche halbzentimeterdick ausrollen.
Für die Füllung die Milch aufkochen, die Zutaten zufügen und auf leisem Feuer sanft zehn Minuten ausquellen lassen. Etwas ausgekühlt auf der Teigplatte verteilen und glatt streichen, dabei rundum einen schmalen Rand frei lassen.
Von der Breitseite her aufrollen, die Rolle mit der Naht nach unten auf ein dick gebuttertes oder mit Backpapier belegtes Blech betten. Die Enden an den beiden Seiten zusammenfassen und unter die Rolle schlagen. Etwa 20 Minuten gehen lassen. Erst dann die Oberfläche mit Ei einpinseln, das mit etwas Sahne glattgerührt wurde. Mit einer Gabel oder Nadel Löcher stupfen, damit der Teig beim Backen nicht reißt. Den Strudel bei 180 Grad etwa 40 bis 45 Minuten backen, bis er goldbraun glänzt.

1

3

MOHNNUDELN

Sie können eine umwerfende Süßspeise sein, die geradezu süchtig macht – man kann unter dieser Bezeichnung aber auch eine pappige Scheußlichkeit serviert bekommen. So gelingen sie bestimmt:

Für vier bis sechs Personen:
Kartoffelteig (zart):
500 g mehlige Kartoffeln, Salz, 50 g Butter, 2 Eigelb, 120 g griffiges Mehl
Außerdem:
griffiges Mehl zum Bestäuben, 50 g Butter, 100 g gemahlener Mohn, 50 g Kristallzucker, 50 g Puderzucker

Die Kartoffeln in der Schale kochen, ausdampfen lassen, aber noch heiß schälen und sofort durch die Presse oder ein Sieb drücken. Auf einem Blech oder Tablett ausbreiten, auskühlen und trocknen. Mit einer Prise Salz würzen, die flüssige, mit Eigelb verquirlte Butter darüberträufeln und zwei Drittel des Mehls darüberstäuben. Rasch, mit kühlen Händen, einen Teig formen, so viel Mehl zufügen, bis nichts mehr klebt.

Zwei gleich starke Rollen formen, walnußgroße Stücke abschneiden und leicht mit griffigem Mehl bestäuben. Die Stücke zwischen den Handflächen rubbeln, *wuzeln,* wie die Österreicher sagen, und schließlich in reichlich siedendem Salzwasser etwa acht Minuten ziehen lassen.

Zum Servieren die Butter in einer großen Pfanne erhitzen, den Mohn und Kristallzucker zufügen und sogleich die Nudeln. Alles gut durchschütteln und schwenken und zum Schluß mit Puderzucker bestäuben. TIP: Am besten portionsweise arbeiten!

3

2

Mekka der Weinfans: ein Dorfgasthaus

Hühner gackern, Hähne kikerikien, Traktoren rattern – ländlicher Lärm unterstreicht das dörfliche Idyll von Nöhagen, einem beschaulichen Ort im Waldviertel, oberhalb der Wachau. Sonnenflecken sprenkeln die mit bäuerlichem Leinen gedeckten Tische auf der Terrasse, der ein gewaltiger Nußbaum lichten Schatten spendet.

Äußerlich verspricht der »Gasthof Schwarz« nicht mehr zu sein als ein schlichtes Dorfgasthaus, allerdings verheißen elegante Riedelgläser, was die Weinkarte dann in geradezu verblüffender Weise hält. Was heißt Karte! Ein dickes Buch vielmehr, von Bibelstärke, das nicht nur sämtliche Spitzengewächse der Wachau und angrenzender Gebiete auflistet, sondern auch eine nahezu lückenlose Sammlung aus allen anderen Weinbauregionen Österreichs sowie den bedeutendsten Anbaugebieten der Welt. Wem das nicht reicht, kann eigene Weine mitbringen, die man ihm korrekt gekühlt, im richtigen Glas und formvollendet für ein geringes, sogenanntes Kork-(Stoppel-)geld serviert.

Der Wirt Erwin Schwarz, jungenhaft, bescheiden, aber durchaus selbstbewußt, ist Weinfreak ohnegleichen. Als Lehrmeister preist er den weithin berühmten Pfarrer Denk, einen geradezu legendären Weinliebhaber, der, wie es heißt, Weine sogar dann benennen kann, wenn er sie nur von der Beschreibung kennt. Einer, der Genuß als Gottesgabe sieht und viel zur Steigerung der Qualität in der Region beitrug, indem er den Winzern, Wirten und Bauern das Bewußtsein dafür geöffnet hat.

Erwin Schwarz führt das seit hundert Jahren in Familienbesitz befindliche Gasthaus mit seiner Mutter. Vieles, was sie in der Küche braucht, erzeugt Erwin in der dazugehörigen Landwirtschaft selbst, vor allem Kartoffeln, die hier besonders gut gedeihen und Basis für eine ganze Reihe von Spezialitäten sind.

Auf der Terrasse ein einsamer Genießer. Am Stammtisch die Männer vom Dorf mit ihrem Achtel, bevor's zum Essen heimgeht

Gerste mit Wurzelgemüse in kräftiger Fleischsuppe – ein herzhafter Auftakt zum Mittagessen. Bilder links oben: Die Tische sind einladend gedeckt, mit anständigem Besteck, bäuerlichen Stoffen und feinen Gläsern. Der Wirt als Landwirt: Erwin Schwarz auf dem Traktor von 1958!

1

GEBACKENE RADIESCHEN

Eine ebenso dekorative wie originelle und wohlschmeckende Vorspeise, die nicht viel Mühe macht!

Für vier bis sechs Personen:
2 Bund Radieschen, Mehl, 1 Ei, Salz, Pfeffer, Semmelbrösel, Öl oder Butterschmalz zum Ausbacken
Kräuterdip:
1 Becher Crème fraîche, Salz, Pfeffer, Zitronensaft, frische, gehackte Kräuter

Die Radieschen putzen, zarte Blätter für die Dekoration beiseite legen. Radieschen in halbzentimeterdicke Scheiben hobeln. In Mehl wenden, durch verquirltes, mit Salz und Pfeffer gewürztes Ei ziehen und in Semmelbröseln drehen. In aufrauschendem Fett golden backen. Gut abgetropft mit einem Salat servieren. Für den Dip alle Zutaten verrühren und schön säuerlich abschmecken.

2

FLEISCHKNÖDEL MIT SAUERKRAUT

Für diesen Kartoffelteig ist sehr wichtig, daß die Kartoffeln heiß passiert und sehr schnell verarbeitet werden.

Für vier bis sechs Personen:
Kartoffelknödelteig II:
1 kg sehr mehlige Kartoffeln, Salz, 2 EL Speisestärke, 1 Eigelb, griffiges Mehl
Fleischfüllung:
600 g Schweinefleisch (es können Abschnitte sein: vom Rücken, Schulter, Spitze oder das »Ketterl«, der Seitenstrang vom Filet), 2 Zwiebeln, 2–3 Knoblauchzehen, 2 EL Schmalz, Salz, Pfeffer, Petersilie, Majoran
Sauerkraut:
50 g Speck, 1 Zwiebel, 1 Knoblauchzehe, 1 EL Schweineschmalz, 1 kg Sauerkraut, Salz, Pfefferkörner

Die Kartoffeln mit Schale kochen, pellen und sofort durch die Presse drücken. Salzen, Stärke und Ei zufügen, mit einem Löffel zum glatten Teig mischen. Zur Rolle formen, Scheiben davon abschneiden, jede flachdrücken und etwas von der vorbereiteten Füllung daraufsetzen. Zu Knödeln rollen, dabei die Hände immer wieder in griffiges Mehl (Wiener Griessler) tauchen.
Für die Füllung das Fleisch durch die mittlere Scheibe des Fleischwolfs drehen. Feingewürfelte Zwiebeln und Knoblauch im heißen Fett andünsten, das Fleisch zufügen und krümelig braten. Salzen, pfeffern, mit Petersilie oder Majoran würzen. Die gefüllten Knödel in Salzwasser etwa 15 bis 20 Minuten garziehen lassen.
Für das Kraut den Speck winzig würfeln und auslassen, die gewürfelte Zwiebel, den durchgepreßten Knoblauch und Schmalz zufügen. Schließlich das zerzupfte Kraut untermischen. Mit Wasser bedecken. Salzen, die Pfefferkörner zufügen. Sanft etwa 20 Minuten köcheln. Die Fleischknödel auf dem Kraut anrichten.

3

BAUERNENTE MIT WARMEM KRAUTSALAT

Für vier bis sechs Personen:
1 schöne Bauernente (ca. 2 kg), Salz, Pfeffer, 2 EL Gänse-, Enten- oder Butterschmalz, ca. ¼ l Geflügelfond
Krautsalat:
1 junger Weißkohlkopf (ca. 1 kg), Salz, 50 g Speck in dünnen Scheiben, 1 TL Kümmel, Essig, neutrales Öl

Die Ente innen und außen mit Salz und Pfeffer einreiben. Mit der Brust nach unten in eine Bratenreine setzen, die mit Schmalz ausgestrichen ist, bei 250 Grad eine halbe Stunde kräftig anbraten. Umdrehen, auf 160 Grad herunterschalten, mit Fond begießen und weitere 90 Minuten braten. Immer wieder mit Bratenfond begießen. Zum Schluß die Oberhitze einschalten, damit die Haut knusprig wird. Den Bratensatz mit etwas Fond loskochen und als Sauce reichen.
Den Kohl halbieren, in feine Streifen hobeln, dabei dicke Strunkstücke herausschneiden. In Salzwasser kurz blanchieren, noch warm anmachen: Dafür den Speck winzig klein würfeln und sanft auslassen, den Kümmel zufügen, mit Essig ablöschen, sparsam salzen und reichlich pfeffern. Über das Kraut gießen, Öl zufügen und alles gründlich mischen. Gut durchziehen lassen.
Zu Ente schmecken außerdem duftige Kartoffelknödel, aus demselben Kartoffelteig hergestellt wie die Fleischknödel im Rezept nebenan. Statt mit Fleisch werden sie mit gerösteten Brotwürfeln gefüllt.

4

MARILLENRÜHRKUCHEN

Für eine Form von 26 cm Durchmesser:
Rührteig:
200 g Butter, 5 Eier, 100 g Zucker, 1 Tütchen Vanillezucker, 100 g Puderzucker, 150 g glattes Mehl, 50 g Speisestärke, 1 TL Backpulver, 1 kg Marillen (Aprikosen)

Die weiche Butter mit den Eigelb zu einer hellen Creme schlagen, löffelweise zuerst den Kristall-, Vanille- und dann den Puderzucker zufügen. Schließlich Mehl und Stärke darübersieben und zusammen mit dem Backpulver einarbeiten. Zum Schluß den Eischnee unterziehen. Auf ein gebuttertes Blech oder in eine Springform füllen. Die entsteinten Aprikosen dicht an dicht hineindrücken. Bei 170 Grad 45 Minuten backen. Mit Puderzucker bestäubt servieren; gerade noch lauwarm schmeckt er am besten.

5

MOHNPARFAIT MIT ZWEIERLEI RÖSTER

Das verblüffende Wort Röster bezeichnet die Saucen, die man aus Marillen oder Zwetschgen (oder Zwetschken, wie man in Österreich schreibt) kocht. Tatsächlich werden die Früchte dafür mit nur wenig Zucker geradezu geröstet, wobei sie karamelisieren und zu einem dicken Mus einkochen.

Für sechs bis acht Portionen:
150 g frisch gemahlener Mohn, ¼ l Milch, 1 Zimtstange, 150 g Zucker, 1 Gläschen Rum, 5 Eigelb, ¼ l Sahne
Marillenröster (Aprikosensauce):
1 kg Marillen, 100 – 150 g Zucker

Den Mohn in der Milch aufkochen, Zimt und ein Drittel des Zuckers zufügen. Eine Viertelstunde quellen lassen. Inzwischen Eigelb mit restlichem Zucker zu einer dicken, hellen Creme schlagen. Den Mohn unterrühren und abkühlen. Die steifgeschlagene Sahne unterziehen. In eine mit Folie ausgeschlagene Form füllen und über Nacht im Gefrierfach fest werden lassen.
Für die Sauce die Früchte entsteinen, in Schnitze schneiden, einzuckern und kurz Saft ziehen lassen. Dann leise etwa 10 bis 20 Minuten (je nach Reife der Früchte) köcheln, bis alles miteinander verschmolzen ist. Besser noch paßt zum Mohn Zwetschkenröster, den man hier als unverzichtbare Zutat natürlich auch außerhalb der Saison zur Verfügung hat, denn er hält sich in der Tiefkühltruhe wunderbar! Er wird ganz genauso gekocht, allerdings zusätzlich mit Saft und Schale einer Zitrone, zwei Nelken und mit einer Zimtstange gewürzt. Siehe auch Seite 49.

Vinea Wachau: Von Lage, Boden, Klima und Winzern

Vor 600 Jahren bezeichnete Leuthold I. von Kuenring aus Dürnstein, »Oberster Schenk in Österreich«, seine Weinlande an der Donau als »Vinea Wachau Nobilis Districtus«. Heute verstehen wir darunter den 1963 gegründeten Schutzverband der Wachauer Winzer: Nur Wein von Rieden (Lagen) aus der genau begrenzten Region »Wachau« zwischen Melk und Krems, kein Zukauf von Weinen aus anderen Gebieten, nur natürlicher Zuckergehalt in den drei Kategorien »Steinfeder« (leicht und spritzig, bis maximal 10,7 Vol.-% Alkohol, benannt nach dem hier typischen Gras *Stipa pennata)*, »Federspiel« (Weine bis 12 Vol.-%,

kraftvoll und doch elegant, erinnernd an das Federspiel bei der Falkenjagd) und »Smaragd« (für dichte und gehaltvolle Weine aus vollreifen Trauben, nur in guten Jahren aus besten Rieden, auf denen sich die Smaragd-Eidechsen mit Vorliebe sonnen).
Dominierende Rebsorten sind Grüner Veltliner und Riesling, daneben werden Neuburger, Weiß-, Grau- und Feinburgunder (wie Chardonnay hier heißt) sowie Gelber Muskateller angebaut, neuerdings auch Sauvignon und, wie früher, wieder etwas Rotwein.

Franz Hirtzberger senior gehört zum »Wachauer Urgestein«, war neben Josef Jamek, Franz Prager und Wilhelm Schwengler von der Genossenschaft der Freien Weingärtner einer der vier Gründungsväter der Vinea Wachau. Heute ist Sohn Franz der Obmann (Präsident) und sorgt dafür, daß der Stern des Wachauer Weins immer heller strahlt. Und die nächste Generation steht in den Startlöchern: Franz junior, der schon mit zweieinhalb Jahren seine kleine Butte hatte und beim Lesen half.
Das Urgestein des auslaufenden Böh-

Großes Bild: Aus der Riede »Honivogl« blickt man weit über Spitz und den voll nach Süden gerichteten »Tausendeimerberg« (Burgberg). Untere Reihe von links: Hirtzbergers Keller birgt große Holzfässer, in denen die Spitzenweine reifen können. Franz Hirtzberger ist ein dynamischer, fröhlicher Winzer, der es versteht, seinen Weinen diesen ihm eigenen Charakter zu verleihen. Franz Hirtzberger senior hat sich keineswegs auf sein Altenteil zurückgezogen – er bewirtschaftet immer noch die Veltliner-Reben im »Honivogl«, deren Trauben er an seinen Sohn verkauft. Das über 600 Jahre alte Haus strahlt bodenständige Kraft aus, und Kater Fridolin schnurrt, wenn Irmgard Hirtzberger ihn herzt!

merwaldes – Granit, Gneis und Schiefer – prägt die Wachauer Weine, macht sie so dicht und mineralisch. Ebenso bedeutsam ist das Klima: Das natürliche Wechselspiel zwischen den warmen Luftmassen der pannonischen Ebene, die das Donautal bis zum Jauerling bei Spitz hinaufströmen, und der kühlen Luft, die von den Höhen des Waldviertels herabfällt, sorgt für eine ständige Zirkulation, erhält dem Wein Fruchtigkeit und Frische. Heiße, sonnige Tage und kühle, durch die große Wasserfläche der Donau nebelträchtige und daher frostfreie Nächte bis in den November hinein lassen die Trauben süß werden, ohne die kostbare Säure zu vernichten.
Außerdem hält die ständig bewegte Luft Pilzkrankheiten fern – Franz Hirtzberger muß nur viermal spritzen. Das ist ein Segen, denn die steilen Terrassen – etwa in den Spitzenlagen »Singerriedel« und »Honivogl« – können nur per Rükkenspritze erreicht werden. Auch sonst ist alles Handarbeit, das macht die Weine teuer. »1991 saßen wir in der Küche, als es wie bei einem Erdbeben gerumpelt hat: Nach einem Dauerregen ist die gerade Stein für Stein aufgesetzte Mauer am ›Honivogl‹ zusammengebrochen – da haben wir fast den Mut verloren«, erzählt Irmgard Hirtzberger. »Aber wir haben uns nicht unterkriegen lassen! Und jede zweite Zeile begrünt, um den Boden zu halten«, fährt ihr Mann fort.
Franz Hirtzberger ist ein Winzer, wie man ihn sich idealer kaum vorstellen kann: erdverbunden und international erfahren, traditionsbewußt und innovativ: »Wir haben alles, was moderne Kellertechnik bietet. Aber wir setzen sie sowenig wie möglich ein! Gute Weine entstehen im Weinberg: 1996, da hingen im Singerriedel Trauben, an denen eine Beere 70, die daneben 125 Grad Oechsle hatte. Für den Smaragd mußten wir daher in fünf Gängen lesen und jeden getrennt vergären!« Klar, daß solche Weine ihren Preis haben.

Den schönsten Früchten steigen die Gehilfen auf der Leiter nach, um sie per Hand zu pflücken. Die hoch hängenden, vollreifen Früchte schüttelt Hirtzberger, sanft fängt das weiche Gras sie auf. Sie werden unverzüglich aufgelesen und in einem Plastikfaß zerstoßen, so daß sie rasch vergären. Im Spätsommer werden sie zu Marillenschnaps gebrannt.
Was wie Hutschmuck aussieht, ist das für die Wachau charakteristische Gras, die Steinfeder.
Die Weinterrassen mit ihren Trockenmauern – eine Bewässerungsanlage, ohne die hier kaum gute Qualität zu erzeugen ist!

Marillenröster und Konfitüre

So süß, so fruchtig, so ausgeprägt in der Säure schmecken sie nirgendwo auf der Welt: Die Marillen der Wachau haben ein einzigartiges, ein unverwechselbares Aroma. Das verdanken sie dem Klima, den krassen Temperaturunterschieden zwischen Tag und Nacht. Deshalb zählen die goldenen Früchte mit den roten Bäckchen, die man anderswo Aprikosen nennt, zu den wenigen Erzeugnissen, die europaweit mit einer Herkunftsbezeichnung ausgewiesen und geschützt sind. Wie »Champagne«, der »Brie de Meaux« oder der »Prosciutto di San Daniele« stehen die »Wachauer Marillen« für absolute Qualität. Der Wiener Marmeladenproduzent Hans Staud vermerkt auf seinen Etiketten sogar den Garten, aus dem die Früchte für seine Konfitüre stammen…

Der typische Wachauer Marillenerntekorb, aus Weide geflochten und spitz zulaufend

Marillen sind Basis für Marmeladen, Konfitüren, für Brände sowie die schönsten sommerlichen Mehlspeisen. Und für Marillenröster, von dem eine umsichtige Hausfrau für die schrecklichen marillenlosen Wintertage einen Vorrat zubereiten wird. Wie sie auch im Herbst aus Zwetschgen (Zwetschken, wie man in Österreich schreibt) oder Holler (Holunderbeeren) mit wenig Zucker eine solch dicke, konzentrierte Sauce einkochen wird. Röster sind die unverzichtbaren, fruchtigen Begleitsaucen zu vielen Desserts. Woher der Begriff kommt, der ja auf Einkochen, also Rösten verweist, ist nicht geklärt. Am ausführlichsten erläutert es noch der Kochbuchklassiker zur »Wiener Küche« der Eheleute Hess: »Röster = eingekochtes Fruchtmus in kleinen Stücken«. Aber eines ist sicher: Ohne Röster sind Mehlspeisen allenfalls das halbe Vergnügen.

In alten Kochbüchern beginnen die Rezepte für Konfitüren oder Marmeladen stets damit, daß man aus der gleichen Menge Zucker und Wasser sogenannten Läuterzucker kocht, bevor die Früchte ins Spiel kommen. Das war früher nötig, als man noch keinen rieselfähigen, sauberen, also raffinierten Zucker hatte. Heute spart man sich diese Mühe und damit auch die Zugabe von Wasser, die schließlich den Geschmack nur verdünnt: die geputzten, in Stücke geschnittenen Früchte mit 50 Prozent des Zuckers vermischt über Nacht Saft ziehen lassen. Diesen Saft durch ein Sieb in den Marmeladentopf gießen und etwa um die Hälfte einkochen – in einem Kupfer- oder Messingkessel bleibt die Fruchtfarbe schöner erhalten! –, erst dann die Früchte und den restlichen Zucker zufügen. Sprudelnd kochen, bis die Gelierprobe die richtige Konsistenz anzeigt. So gelingt jede Konfitüre ohne Geliermittel, mit ganz normalem Einmach- oder Haushaltszucker, wobei man die Konsistenz selbst bestimmen kann. Wieviel Zucker nötig ist, hängt von der Reife und Süße des Obsts ab: Nehmen Sie nur zwei Drittel der Fruchtmenge (entsteint gewogen)!

Genießen – wie Gott in der Wachau

Zwischen der stattlichen Häuserzeile an der ehemaligen Hauptstraße durch Unterloiben und dem Donauufer liegt ein herrlicher Wirtsgarten: Unter Apfelbäumen Tische mit karierten Decken und Bänken, fröhlich und anheimelnd, umgeben von einer überdachten Veranda, Küchentrakt und weitläufigen Gasträumen. Durch das Laub dringen Sonnenstrahlen, zeichnen tanzende Flecken auf Teller und Gäste: eine bunte Mischung von Menschen, ein Ausflugslokal eben, mit allen Gesellschaftsschichten – Punk und Prolo, Bürger und Tourist geben sich ein Stelldichein, und die soignierten Geschäftsleute haben sich ihre Designerkrawatten auf den Rücken geschlagen, um sie nicht zu bekleckern. Im »Loibnerhof« von Josef und Grete Knoll können 280 Gäste bewirtet werden – drinnen oder draußen! Einst war es ein beliebtes Buslokal, heute kommt ausschließlich Privatkundschaft: »Für die kocht man ja viel lieber!« meint Josef Knoll lachend. Die Speisekarte ist

von überwältigender Vielfalt – einerseits Klassiker aus der österreichischen Küche, den heutigen Bedürfnissen angepaßt und von den sechs Köchen unter der Führung von Josef Knoll stets frisch, sorgfältig und aus besten Zutaten zubereitet. Andererseits moderne Küche, vielerlei Fischgerichte – fangfrisch aus dem großen Becken am Eingang! Gut, daß es von den Hauptgerichten auch Vorspeisenportionen gibt, da kann man mehr probieren... Wie glücklich ein Land, in dem sich in einer Region des Massentourismus ein Lokal mit solch hohem Anspruch halten kann!

Fortsetzung auf Seite 87

GEFÜLLTE ZUCCHINIBLÜTEN

Für vier bis sechs Personen:
8 kleine Zucchini mit ihrer Blüte, ½ Brötchen, 3 EL Milch, 1 kleine Zwiebel, 2 EL Butter, 1 normal großer Zucchino, 1 Knoblauchzehe, 100 g Hackfleisch, Salz, Pfeffer, eine Prise Rosenpaprika, gehackte Kräuter, 2 EL Öl

Die Zucchiniblüten sehr vorsichtig behandeln, sie brechen leicht ab. Für die Füllung das Brötchen klein würfeln, mit Milch beträufeln und einweichen. Feingehackte Zwiebel in heißer Butter andünsten. Den gewürfelten Zucchino kurz mitbraten, mit Knoblauch, Salz und Pfeffer würzen. Mit dem eingeweichten Brot, Hackfleisch und gehackten Kräutern mischen und kräftig abschmecken. In die Blüten füllen, sie oben leicht schließen. Zum Servieren in wenig heißem Öl vorsichtig rundum braten. Man kann sie übrigens auch über Dampf garen, dann behalten sie ihre Farbe.
Dazu paßt eine Tomatenvinaigrette, etwa wie jene von Seite 95.

1
EIERSCHWAMMERL IN RAHM

Hierzulande sind diese Pilze als Pfifferlinge bekannt. Übrigens: je kleiner, desto mehr Arbeit machen sie zwar beim Putzen, aber desto besser schmecken sie!

Für vier bis sechs Personen:
500 g frische Pfifferlinge, 1 Zwiebel, 3 EL Butter, 1 Knoblauchzehe, 2–3 EL gehackte Petersilie, Salz, Pfeffer, 200 g Rahm (also: Crème fraîche, siehe Tip), 1 Spritzer Zitronensaft

Die Pfifferlinge sorgfältig putzen, wenn nötig klein schneiden. Die sehr fein gehackte Zwiebel in heißer Butter andünsten, ohne Farbe nehmen zu lassen. Knoblauch und Petersilie kurz mitdünsten. Schließlich die Pilze zufügen und auf mittlerem Feuer leise etwa fünf bis acht Minuten köcheln. Dabei soll der Saft, den sie abgeben, verdampfen. Salzen, pfeffern, den Rahm unterrühren. Noch einige Minuten köcheln, bis sich alles gut verbunden hat, mit Zitrone abschmecken und mit einem luftigen Semmelknödel (Rezept Seite 225) servieren.
TIP: Österreichischer Rahm ist mit unserer sauren Sahne nicht vergleichbar, die ja nie mehr als 10 Prozent Fett enthält. Mit seinen 25–30% Fettgehalt ähnelt er eher unserer Crème fraîche oder auch dem Schmand, den man in manchen norddeutschen Regionen bekommt. Die magere saure Sahne, die wir kennen, gerinnt in der Hitze, flockt aus und ist zum Kochen nicht geeignet.

2
GEBRATENES WELSFILET

Bei uns heißt der Fisch, vor allem in Süddeutschland, auch Waller – leider ist er selten geworden. Manchmal bekommt man unter dieser Bezeichnung statt des schneeweißen, festen Welsfilets das eher rosige, weichere Filet vom amerikanischen Catfisch serviert. Das kommt im »Loibnerhof« natürlich niemals vor!

Pro Person:
ein dickes Filetstück vom Wels von ca. 180–200 g, möglichst mit Haut, Salz, Pfeffer, 1 EL feingehackte Petersilie, 1 TL Semmelbrösel, etwas Knoblauch, 1 EL Butter, 2 EL Butterschmalz zum Braten

Das Fischstück auf der Fleischseite salzen und pfeffern. Petersilie, Brösel, Knoblauch und Butter miteinander verkneten und auf der Hautseite verteilen, gut festdrücken! Mit dieser Seite in heißem Schmalz langsam kroß braten. Nur eine kurze Sekunde auch auf die Fleischseite drehen. Dazu schmecken Petersilienkartoffeln.

3
MARILLENSTRUDEL
APRIKOSENSTRUDEL

Für sechs bis acht Personen:
1 Portion Strudelteig (Seite 42), 100 g Semmel- oder Kuchenbrösel, 100 g geriebene Mandeln, 75 g Butter, 1,5 kg reife Aprikosen, 100 g Zucker
Außerdem:
Mehl zum Bestäuben, Butter zum Bestreichen

Den Teig auf einem großen, mit Mehl bestäubten Tuch hauchdünn ausziehen und zwei Drittel der Fläche mit der Füllung belegen: Dafür Brösel und Mandeln in der heißen Butter anrösten, einen Löffel Zucker zufügen und karamelisieren. Auf dem Teig verteilen. Die entsteinten, halbierten oder geviertelten Aprikosen dicht an dicht darauf betten und mit Zucker bestreuen. Mit Hilfe des Tuchs den Strudel aufrollen, mit der Naht nach unten auf ein gebuttertes oder mit Papier belegtes Blech setzen. Mit flüssiger Butter einpinseln und bei 180 Grad etwa 35 Minuten backen, dabei mindestens dreimal mit flüssiger Butter einpinseln, damit eine schöne, knusprige Kruste entsteht. Zum Marillenstrudel schmeckt Schlagsahne und, nach Belieben, Aprikosensauce, beziehungsweise Marillenröster (Seite 75).

4
MARILLENKNÖDEL

Es gibt zweierlei Arten: mit Topfen-, also Quarkteig oder mit Kartoffelteig, wie man ihn für Mohnnudeln verwendet (Rezept Seite 71). Hier das Rezept für Topfenteig:

Für vier bis sechs Personen:
Topfenteig:
500 g Magerquark, 75 g weiche Butter, 1 Prise Salz, abgeriebene Zitronenschale, 1 Ei, 1 Eigelb, ca. 150 g Mehl
Außerdem:
1 kg reife Aprikosen (Marillen), Würfelzucker, 100 g Semmel- oder Kuchenbrösel, 100 g Butter, 50 g Mandelblättchen

Den Quark möglichst bereits am Vortag in ein mit Küchenpapier ausgelegtes Sieb geben und abtropfen lassen. Die weiche Butter schaumig rühren, Salz, Zitronenschale, Ei und Eigelb untermischen, schließlich den Quark sowie das Mehl – allerdings davon nur so viel, wie nötig ist, damit der Teig nicht klebt. Zugedeckt eine halbe Stunde kalt stellen und ruhen lassen. Unbedingt einen Probeknödel kochen, bevor man weiterarbeitet: Löst er sich auf, fehlt noch Ei zur Bindung. Ist er zu fest, hilft etwas flüssige Butter, die man gut einarbeitet.
Aus dem Teig Rollen formen, davon Scheiben schneiden, sie flachdrücken und jeweils eine entsteinte, statt dessen mit einem Stück Würfelzucker gefüllte Aprikose darin einhüllen. Die Knödel schön rund formen und in leise siedendem Salzwasser etwa zehn Minuten ziehen lassen. Gut abtropfen und vor dem Servieren in Bröseln wälzen, die in Butter geröstet und mit Mandelblättchen vermischt sind.

1

3

2

4

Fortsetzung von Seite 82

Und dazu kann man sich relativ preiswert einen seltenen Genuß verschaffen; denn allerhöchsten Ansprüchen werden die Weine mit den charakteristischen bunten Etiketten gerecht, die hier ausgeschenkt werden – von Vetter Emmerich Knoll (dessen Vater und Sohn ebenfalls diesen Namen tragen). Er gehört mit F. X. Pichler aus Oberloiben, Franz Hirtzberger und Toni Bodenstein vom Weingut Franz Prager zum Spitzenquartett der Wachauer Winzer, steht für vielschichtige und tiefgründige Weine. International gesucht, daher selten und anderswo entsprechend teuer die Smaragd-Rieslinge und -Veltliner aus den Rieden »Schütt« und »Loibenberg«! Vor allem seine Veltliner besitzen ungeheure Komplexität und Tiefe, haben mit den gleichnamigen Schankweinen in Wien oder im Weinviertel nichts zu tun. Nur die leichteren Steinfeder- oder Federspiel-Weine haben das »Pfefferl«, das für Veltliner so charakteristische Pfefferaroma. Die Smaragde aber sind ganz anders: »Hochgradige Veltliner altern langsam, haben anfangs wenig Primäraromen, wogegen Riesling von Beginn an über eine wunderbare Fülle verfügt«, sagt Emmerich Knoll. »Riesling durchläuft viele Entwicklungsphasen: Erst kommt die Unschuld, die Naivität, die Unbekümmertheit – wie bei einem Kind. Dann folgt, stürmisch, der Umbruch, die Pubertät. Erst danach erreicht der Wein – gleich einem Erwachsenen – die Fülle und Vorzüge der Reife. Beim Veltliner vollzieht sich das langsam, eher kontinuierlich.« Doch Knoll versteht die Weinliebhaber, die junge

Weine mögen, und baut deshalb die aus den lößhaltigen Lagen und vom oberen Loibnerberg, wo die Trauben eine Woche später reifen als unten, im Stahltank mit Primäraromen aus, zum baldigen Genuß. Bei den Smaragd-Weinen aber will er sie nicht fördern – die sollen, wuchtig und mineralisch, im großen Holzfaß Sekundäraromen entwickeln, langsam und bedächtig Tiefe gewinnen.

Wo die Wachau zum Waldviertel ansteigt, die Landschaft sich in sanften Hügeln rundet, geht es zur Burganlage Oberranna. Der Viereckturm erhebt sich über einem tiefen Burggraben. Ein Garten ist rund um die Burg angelegt. Drinnen verwinkelte Flure, Treppen, Fluchten und immer wieder Ausblicke. Und auf der Wiese unterhalb der Burg ist Ende Juli die Marillenernte in vollem Gange

Wehrhaft, trutzig und verwunschen – ein Zuhause für Rittersleut': Oberranna

Österreich ist so unendlich reich an Burgen, Schlössern und Adelssitzen, daß es fast ungerecht ist, einen davon extra hervorzuheben. Aber die Burg Oberranna bei Mühldorf, nur fünf Kilometer abseits vom Donautal, nicht weit von Spitz, ist wahrlich etwas Besonderes: In der eindrucksvollen Burganlage kann man sich einmieten; nicht nur einfach wie in einem Hotel mal eben übernachten – hier kann man regelrecht zu Hause sein. Roland Nemetz, Architekt aus Baden bei Wien, hatte mit seiner Frau Lydia die Burg, deren Ursprünge noch aus dem 12. Jahrhundert stammen, Anfang der achtziger Jahre gekauft. Sie gilt als bemerkenswertes Baudenkmal, vor allem weil die Burgkapelle, Kirche zum heiligen Georg, mit ihrem einschiffigen, doppelchörigen Raum und den kraftvollen romanischen Rundbögen eine einzigartige Konstruktion darstellt. Im 16. Jahrhundert war die Burg zur wehrhaften Festung ausgebaut worden; vier Flügel umschließen einen Arkadenhof, der heute verwunschen von Klettergesträuch bewachsen ist. Eine turmbewehrte Ringmauer umgibt die Burg, die über einen äußeren und inneren Burggraben verfügt, letzterer mit Wasser gefüllt und von Enten und Schwänen bewohnt. Das trutzige Aussehen der Burg wird durch ihre ausgesetzte Lage an der steil abfallenden Flanke zum Mühltal noch verstärkt.

Zwei Jahre zogen sich die Renovierungs- und Umbauarbeiten hin – immer in Absprache mit dem Denkmalamt. Dann waren die Gästeappartements fertig. In unterschiedlicher Größe, jedes mit seinem eigenen Stil, mal klassisch mit Biedermeiermöbeln, mal eher burggemäß altdeutsch oder rustikal ausgestattet. Und ein jedes mit kleiner Küchenzeile versehen, so daß man völlig unabhängig ist. Wer nicht selber kochen mag, kriegt in der Burgtaverne eine Jause. Ansonsten herrscht märchenhafte Ruhe, man fühlt sich weit weg von Lärm und Hektik der modernen Welt. Allenfalls an Wochenenden, wenn aus der Wachau die Touristen heraufkommen – dann ist die Burg nämlich zu besichtigen –, könnte sich das Burgfräulein auf Zeit als Prinzessin auf der Erbse fühlen. Aber nur nachmittags; auf den Glockenschlag sechs Uhr schließt sich das riesige Schmiedeeisentor vor dem Burgeingang, und es kehren wieder Beschaulichkeit und Ruhe ein.

Vielleicht begibt man sich an einem solchen Tag seinerseits auf Besichtigungstour. Ein Ausflug in das Donautal böte sich an: Flußabwärts auf der Wachauer Seite über das hübsche Weißenkirchen zum traditionsreichen Dürnstein mit dem Augustiner-Chorherrenstift mit seinem charakteristischen blauen Turm (siehe auch Seite 182). Von Förthof geht's über den Fluß nach Mautern, wo man auf keinen Fall versäumen sollte, dem »Nikolaihof« einen Besuch abzustatten: wohl der älteste Weinkeller der Region, denn die Grundmauern fußen auf einem römischen Kastell, und sicher einer der schönsten. Vor allem an einem linden Sommerabend im idyllischen Innenhof. Hier oder in der Weinstube der Familie Saahs sollte man nicht nur die großartigen Weine des Hauses verkosten – Nikolaus Saahs war einer der ersten Winzer, der sich ganz auf biologischen Anbau verlegt hat –, sondern dazu die phantasievolle Küche von Christine Saahs genießen. Solchermaßen gestärkt kann man sich getrost der gewaltigen, geradezu einschüchternden Macht aussetzen, die das Benediktinerstift Göttweig ausstrahlt, das imposant auf dem Bergrücken im Süden hingebreitet liegt.

Zu Gast beim »Moarsepp«

Der Moarsepp (großes Bild) ist eine Institution. Dabei ist dieser Umstand eher Gerti, seiner Frau, zu verdanken. Sie war es, die die zündende Idee hatte, als vor 30 Jahren der Josef (Sepp) Fuchs vom »Moarhof« das alte Wohnhaus der Familie zur Gaststube umwandelte. Und nach Erfolg sah es lange nicht aus. »Das war schwer damals«, sagt Gerti und blickt versonnen aus dem kleinen Fenster über ihrer Arbeitsfläche in der Küche, »mit der Landwirtschaft hat man nix verdient. Und weil i immer scho gern g'kocht hab', ham mer denkt, probier'n ma's halt.« Und der Moarsepp nickt: »Wann sie net so akkurat wär', säh's heut' anders aus!«

Die Gerti hat die Idee mit den Knödeln gehabt. Sie wußte, daß sie es nie schaffen würde, einen regulären Wirtshausbetrieb aufzuziehen, mit einer vielfältigen Speisenkarte und allem, was dazugehört. Ihr war klar, daß sie etwas bieten muß, das so gut ist, daß man eigens dafür den Weg zu ihnen macht. Schließlich liegt der Hausruck, ein Bergrücken ganz im Westen des Innviertels, nahe der bayerischen Grenze bei Passau, also ohnehin ganz schön entlegen. Und ihr Hof oberhalb des winzigen Dörfchens Pötting bei Andrichsfurt ist noch ein Stück weiter weg. Verschiedenerlei gefüllte Teigknödel sind ein Innviertler Regionalgericht, aber Gerti hat sie mittlerweile zu ihrer eigenen Spezialität entwickelt. Den Teig, die Füllung, das Miniformat – sie hat sich ein ganz eigenes Rezept ertüftelt, das höchsten Ansprüchen genügt. Natürlich kauft sie nichts fertig, macht alles, auch die Grieben, selbst. Längst sind ihre Knödel berühmt. Sogar »Haubenköchin« ist sie damit geworden, zu einer Zeit, da solche Auszeichnungen nur in eleganten Luxushäusern für erlesene Kreationen verteilt wurden. Aber die gestrengen Restauranttester konnten sich der Qualität von Gertis Küche ebensowenig entziehen wie ihrem Charme. Inzwischen haben die »Füchse« im nahen Ried, am Rosenmarkt, einen Laden eingerichtet, den Sohn Günter abwechselnd mit dem Moarsepp offenhält. Hier kann man Gertis Spezialitäten für zu Hause kaufen, auch ihre fabelhaften Blut- und Leberwürste, frisch oder tiefgekühlt, das Sauer- oder Stöckelkraut vakuumverschweißt im »Sackerl«.

1

GEFÜLLTE HAUSRUCKER KNÖDEL

Für vier bis sechs Personen:
Knödelteig:
250 g griffiges Mehl, 250 g glattes Mehl, 2 Eigelb, 1 TL Öl, Salz, je ⅛ l Milch und Wasser
Fleischknödel:
300 g Schweineschulter (oder Hals), 1 Zwiebel, 1 Knoblauchzehe, Salz, Pfeffer
Grammelknödel:
500 g frischer, ungesalzener Rückenspeck, 1 Zwiebel, Salz, Pfeffer
Speckknödel:
300 g junger, frisch gepökelter Bauchspeck, Schnittlauch

Beide Mehlsorten in einer Rührschüssel mischen, Eigelb zufügen, Öl und Salz, dann nach und nach die Flüssigkeit, dabei ständig mit dem Rührlöffel oder mit den Knethaken der Küchenmaschine rühren, bis ein geschmeidiger, glatter Teig entstanden ist. Unbedingt zugedeckt eine Stunde ruhen lassen, damit er entspannt.

Für die Fleischknödel das Fleisch durch den Wolf drehen und sehr fein zerkleinern, geriebene Zwiebel und durchgepreßten Knoblauch einarbeiten, nach Belieben auch Petersilie. Mit Salz und Pfeffer würzen.

Für die Grammelknödel den Rückenspeck in schmale Streifen schneiden und bei gelinder Hitze drei Stunden lang auslassen. Die Grammeln herausheben, gründlich ausdrücken, bis sie wirklich trocken sind. Mit sehr fein gewürfelter Zwiebel, Salz und Pfeffer würzen. Das ausgelassene Fett kann man wunderbar zum Kochen verwenden!

Für die Speckknödel den Speck von Hand mit einem sehr scharfen Messer so akkurat wie möglich in winzig kleine Würfel schneiden. Mit viel Schnittlauch mischen.

Vom Teig jeweils ein nußgroßes Stück abzupfen, auf der bemehlten Arbeitsfläche flachdrücken oder ausrollen, einen halben Teelöffel Füllung darin einwickeln. Die Knödel sehr gleichmäßig und schön rund formen. Man kann sie übrigens gut auf Vorrat produzieren, sogar einfrieren. Zum Essen werden sie in reichlich Salzwasser etwa zehn Minuten sanft gekocht. Dazu paßt Sauerkraut (Rezept zum Beispiel Seite 74).

2

INNVIERTLER ALLERLEI

Beim »Moarsepp« muß man eine große Gruppe sein und sich angemeldet haben, dann kommt in einer gewaltigen Bratenreine eine wahrhaft währschafte Sache auf den Tisch. Alles ist von Gerti Fuchs selbst gemacht: vom selbstgepökelten Schweinerücken bis zu den Blut- und Leberwürsten. Wir sparen uns dafür das ausführliche Rezept, empfehlen lieber die Reise dorthin – die ist es wirklich wert! Weil man aber die typische Spezialität der ganzen Region, das unvergleichlich zarte Stöckelkraut, mühelos überall nachmachen kann, wenigstens dafür das Rezept:

Für sechs Personen:
Stöckelkraut:
1 Weißkohlkopf von 2 kg, Salz, 2 EL Kümmel, braune Butter oder Bratenjus

Den Kohlkopf putzen, unschöne, äußere Blätter entfernen. Den unzerteilten Kopf in einem großen Topf von kümmelgewürztem Salzwasser bedeckt zwei Stunden leise wallend kochen. Zum Servieren den Kohlkopf halbieren, quer in zwei Finger breite Scheiben schneiden und entweder mit haselnußbrauner Butter oder, wenn vorhanden, mit Bratenjus beträufeln.

Drei Hauben im Genießerhotel

Jedes Restaurant, das etwas auf sich hält, schickt dem Gast, nachdem er Platz genommen hat, als erstes einen »Gruß aus der Küche«, um schon mal den ärgsten Hunger zu besänftigen, ihm die Wartezeit zu verkürzen und ihn auf das einzustimmen, was ihm bevorsteht. In einem einfachen Gasthaus mag das ein Töpfchen Griebenschmalz zum herzhaften Holzofenbrot sein. Freilich: Je anspruchsvoller das Haus, desto raffinierter wird das Begrüßungshäppchen sein. Johanna Maier, Chefin vom Restaurant »Hubertus« in Filzmoos, einem idyllischen Dorf im Salzburger Land unterhalb der Bischofsmütze, überreicht dem Gast mit diesem ersten Teller ihre Visitenkarte (siehe Seite 94). Die »Köchin des Jahres '96«, der seither jedes Jahr aufs neue alle Restauranttester bescheinigen, daß sie nunmehr noch besser, feiner und erlesener kocht, stellt sich damit genauso dar, wie sie ist: sehr bescheiden, geradezu schüchtern, aber mit jenem absolut sicheren Selbstbewußtsein, das nur hat, wer sein Metier perfekt beherrscht. Und wenn sie nach dieser Begrüßung schließlich selbst an den Tisch kommt, schmal, zierlich, im strahlend weißen Leinendirndl (»...von meiner Schneiderin im Dorf, aber selbst entworfen«, als Schürze ein ebenso blendendweißes Mulltuch, ein Zipfel wie nachlässig, aber mit gezieltem Schick geschürzt und in die Taille hochgesteckt), um mit dem Gast sein Menü zu besprechen, hat ihr präziser Blick dessen kulinarische Bedürfnisse und Wünsche rasch eingeschätzt. Sie nimmt gerne Vorschläge von ihm auf, widerspricht ihnen jedoch ebenso bestimmt wie liebenswürdig, sollten sie mit ihren Ideen nicht in Einklang zu bringen sein. Ein Dialog, von der Begeisterung für ihren Beruf getragen, der zeigt, mit welcher Genauigkeit sie Düfte, Aromen und Konsistenzen einsetzt, wie sorgfältig sie die Produkte auswählt (»ich bin

gefürchtet bei meinen Lieferanten, weil ich mit nix zufrieden bin!«). Mit welcher Akkuratesse und Perfektion sie diese verarbeitet, kann der Gast dann Teller für Teller nachschmecken. Es ist weniger das fulminante Feuerwerk, das da abläuft, mit tausenderlei Farben, Blitzen, funkelnden Kaskaden, das ihn verzückt, sondern vielmehr die sensible Steigerung sehr bewußt eingesetzter Kontraste: Da trifft Cremiges oder Sahniges auf Knuspriges, wie beim Amuse gueule; die weiche Struktur des roh marinierten, kalten Kaninchens findet im krossen Kartoffelküchlein ihren Widerpart; die Milde des Kalbskopfs bekommt durch die fruchtige Säure einer Tomatenvinaigrette ihren Akzent; beim Reh sind es die vielfältigen Gewürze, die nicht nur Duft, sondern auch Biß liefern. Die Eigenheiten jeder Zutat werden bestätigt, die Vorzüge ins rechte Licht gesetzt. Nicht Originalität um jeden Preis ist das Ziel, sondern vielmehr der Weg – nämlich anständige Produkte so zu behandeln, wie es ihnen gebührt.

Wie schön, daß das Restaurant »Hubertus« Teil eines höchst angenehmen Ferienhotels ist, denn auch die Landschaft lockt zum Bleiben: Berge, Wälder und Wiesen bieten sommers wie winters genügend Möglichkeit zur Erholung und Beschäftigung. Im klaren Bergbach zum Beispiel, der am Haus vorbeisprudelt, genannt die Warme Mandling, darf der Hausgast Forellen angeln – die Johanna Maier ihm natürlich gerne zubereitet. Passionierte Sportfischer indes kann Hausherr Dietmar Maier mit noch Besserem locken: Mit dem Almsee am Oberlauf der Warmen Mandling, nur einen kleinen Spaziergang vom Haus entfernt, und dem Stausee südlich von Filzmoos, wo Warme und Kalte Mandling zusammentreffen, stehen den Gästen zwei der schönsten Fischwasser des ganzen Landes zur Verfügung, mit kapitalen Bach- und Regenbogenforellen sowie rosafleischigen Bachsaiblingen. Und der Hausherr, Spezialist im Fliegenfischen, ist jederzeit gerne zu Übungsstunden bereit…

1

GRUSS AUS DER KÜCHE

Die aromatische Cocktailtomate ist mit Kräuterrahm gefüllt; im knusprigen Beutelchen aus Brikteig (oder Wantanteig – gibt's im Asienshop zu kaufen) überrascht eine Füllung aus Krebsen und gewürfelten Gemüsen; die Tomatenmousse im Geleemantel ist schmelzend zart. So wird der Gast sogleich auf die federleichte, duftige Küche der Johanna Maier eingestimmt: filigran und voll intensivem Geschmack, von makelloser Akkuratesse, dabei lässig und großzügig zugleich – einfach perfekt!

2

MARINIERTER KANINCHENRÜCKEN

Für vier Personen:
1 ausgelöster Kaninchenrückenstrang, Salz, Pfeffer, 2 EL Apfelessig, 4–5 EL Olivenöl (extra vergine)
Kartoffelküchlein:
4 größere Kartoffeln, Salz, Pfeffer, Öl

Das Kaninchenfleisch quer in nicht zu dünne Scheiben schneiden, sie dann mit der glatten Seite eines Fleischklopfers behutsam flachklopfen und auf Tellern anrichten. Für die Marinade die Zutaten mit dem Schneebesen aufschlagen und gleichmäßig darüberträufeln. Mit einem kleinen bunten Salat schmücken. Mit Spritzern von glattgequirltem Rahm dekorieren.
Für die knusprigen Küchlein die Kartoffeln in feine Streifen raffeln, salzen und pfeffern und portionsweise in heißem Öl langsam knusprig braten, dabei mit der Bratschaufel flach und schön rund formen.

3

KALBSKOPF MIT TOMATENVINAIGRETTE

<u>Für acht bis zehn Personen:</u>
½ Kalbskopf (vom Metzger abgezogen, gebrüht und geputzt), Wurzelwerk, 1 Zwiebel, 2 Knoblauchzehen, je 2 Thymian- und Rosmarinzweige, ½ l Gemüsefond, Salz, 2–3 EL Essig
<u>Tomatenvinaigrette:</u>
1 Schalotte, 3 Knoblauchzehen, 5 EL Olivenöl, 5 große Tomaten, 1 Prise Zucker, Salz, Zitronenschale und -saft, 5 EL Geflügelfond, 2–3 EL Weißweinessig

Den Kalbskopf mit zerkleinertem Wurzelwerk, Zwiebel, Knoblauch und Kräutern in einem Topf mit Gemüsefond bedecken. Salz und Essig zufügen, zugedeckt etwa zwei Stunden weich kochen. Noch warm in Würfel schneiden, mit Salz, Pfeffer und Zitronensaft würzen. In eine mit Folie ausgelegte Form pressen, gut beschweren und im Kühlschrank fest werden lassen.
Für die Tomatenvinaigrette gewürfelte Schalotte und Knoblauch in wenig Öl andünsten, grob zerkleinerte Tomaten und die Gewürze zufügen. Brühe angießen und zugedeckt 20 Minuten köcheln. Durch ein Sieb passieren, abschmecken und mit dem Mixstab Essig und Olivenöl untermixen.
Zum Servieren den Kalbskopf in dünne Scheiben schneiden (Aufschnittmaschine!) und hübsch anrichten. Mit bunten Salatblättern dekorieren und mit der würzigen Tomatensauce beträufeln. Feingeschnittenes Basilikum und frische Tomatenwürfel dazwischenstreuen.
Johanna Maier serviert dazu eine ebenso entzückende wie wohlschmeckende winzige, gefüllte Kartoffel.

4

SAIBLINGSFILET MIT EIERSCHWAMMERL

<u>Für vier Personen:</u>
4 Saiblingsfilets (mit Haut!), Salz, Zitronensaft, 4 EL Butter
<u>Pilzsauce:</u>
1 Schalotte, 1 Knoblauchzehe, 2 EL Butterschmalz, 300 g kleine Pfifferlinge (Eierschwammerl), Salz, Pfeffer, Petersilie, ⅛ l Geflügelfond, ⅛ l Fischfond, 80 g eiskalte Butter

Die Filets salzen, die Hautseite mit Zitrone beträufeln. Mit der Haut nach oben in eine dick gebutterte Form legen. Mit Folie absolut dicht verschließen. Im 80 Grad heißen Ofen 12 Minuten garen.
Inzwischen Schalotte und Knoblauch fein gewürfelt im Butterschmalz angehen lassen, die geputzten Pfifferlinge zufügen. Salzen, pfeffern und mit feingehackter Petersilie bestreuen. Nach etwa fünf Minuten die Pilze herausheben, statt dessen die Fonds angießen und etwas einkochen. Butter in Flöckchen einarbeiten und abschmecken. Pilze wieder zufügen und frische Petersilie.
Johanna Maier serviert die Fischfilets auf einem Bett von hausgemachten feinen Nüdelchen, gibt die Pilze drum herum und garniert mit frischen Kräutern.

1

1

GLASIERTES KALBSBRIES

Für vier Personen:
500 g Kalbsbries, Wurzelwerk,
8 Pfefferkörner, 1 Lorbeerblatt, Salz,
2 Thymianzweige, 3 EL Butter,
3 EL Madeira, 2 EL Geflügelfond,
2 EL Balsamicoessig

Das Bries gründlich wässern, mit Wurzelwerk, Gewürzen, von Wasser bedeckt langsam aufkochen, im Sud wieder abkühlen lassen. Sorgsam putzen, schöne, gleichmäßig geformte Stücke auslösen, wenn nötig in Form schneiden.
Zum Servieren in heißer Butter schwenken, mit Madeira ablöschen. Unter stetem Schwenken einkochen, erst dann den Fond zufügen, schließlich mit Balsamico würzen. Die Briesstücke sollten jetzt glänzend überzogen sein.
Mit gedünsteten Pfifferlingen anrichten, Kleckse einer Weißweinsauce dazwischensetzen, die wie die Pilzsauce (Seite 95) zubereitet ist, statt des Fischfonds nimmt man jedoch Weißwein.
Johanna Maier setzt in die Mitte des Tellers noch einen Raviolo aus hauchdünnem Teig, gefüllt mit Bries- und Pilzwürfelchen.

2

REHRÜCKEN MIT GEWÜRZEN

Für vier Personen:
4 Portionsstücke aus dem ausgelösten
Rehrücken (à 180–200 g), Salz,
Öl zum Braten, 2–3 EL Butter
Rehgewürzmischung:
60 g schwarze Pfefferkörner, 120 g Piment,
60 g Wacholderbeeren, 30 g Kümmel,
150 g Korianderkörner
Wildsauce:
500 g Wildknochen und Parüren,
2 Schalotten, 2 Zwiebeln, 1 Möhre,
2 Selleriestengel, 1 Knoblauchzehe, 2 EL Öl,
3 EL Butter, 1 TL Tomatenmark,
1 Gläschen Portwein, ⅛ l Rotwein,
½ l Kalbsfond, 1 EL Preiselbeeren,
1 TL Zwetschkenmarmelade,
Saft 1 Orange, 4 Wacholderbeeren,
1 Lorbeerblatt, 1 Thymianzweig,
½ Rosmarinzweig, 2 EL braune Butter

Die Fleischstücke parieren, salzen und in der Gewürzmischung wenden. Die Zutaten dafür in einer trockenen Pfanne rösten, bis sie duften, und im Zerhacker nicht zu fein zerkleinern. (Der Rest hält sich in einem Schraubglas frisch.) Die Fleischstücke in heißem Öl rundum kräftig anbraten, bei 180 Grad im Backofen nachziehen lassen. Vor dem Servieren die Butter darauf verschmelzen. Zum Servieren aufschneiden.
Für die Sauce Knochen und Wurzelwerk in Öl und Butter anrösten, Tomatenmark mitrösten, mit Portwein, Rotwein und Fond ablöschen. Alle übrigen Zutaten bis auf die Butter zufügen, eineinhalb Stunden köcheln. Durch ein Sieb passieren, bis zur richtigen Konsistenz einkochen. Abschmekken und die braune Butter unterrühren. Dazu gibt es Nockerl, die im Unterschied zum Rezept auf Seite 118 halb mit Mehl und halb mit Quark (20%) zubereitet sind.

2

3

HIMBEERMILLEFEUILLE

Zutaten für vier bis sechs Personen:
2 Eigelb, 1 ganzes Ei, 100 g Zucker,
das Mark einer Vanillestange, Prise Salz,
1 Schuß Rum, 4 Blatt Gelatine,
400 g geschlagene Sahne, 250 g Blätterteig,
250 g Himbeeren

Eigelb und Ei mit dem Zucker über dem Wasserbad dick schlagen, Gewürze zufügen und die eingeweichte Gelatine darin auflösen. Bevor die Masse fest zu werden beginnt, steifgeschlagene Sahne unterziehen. Den Teig dünn ausrollen, auf Backpapier bei 180 Grad goldbraun backen. Noch warm in Quadrate schneiden. Je drei oder vier aufeinanderstapeln, dabei schichtweise Vanillecreme und Himbeeren dazwischen verteilen.

4

TOPFENDESSERT

Topfensoufflé:
200 g Topfen (20 % Quark), 3 Eier,
60 g Zucker, Butter und Zucker
für die Förmchen
Topfenpalatschinken: Vanillecreme
3 Eigelb, 110 g Zucker, 2 Blatt Gelatine,
Mark einer Vanilleschote, Salz,
250 g Topfen, 370 g geschlagene Sahne
Palatschinken: Teig
3 Eier, ½ l Milch, Zitronenschale, Salz,
2 EL Zucker, 40 g flüssige Butter
100 g Mehl, Butter zum Backen
Topfenknöderl:
400 g Topfen, 30 g Butter, 45 g Zucker,
2 Eier, 1 Eigelb, Mark ½ Vanillestange,
Salz, Zitronenschale, 80 g Weißbrotbrösel ,
70 g gemahlene Haselnüsse, 70 g Butter

Soufflé: Topfen mit Eigelb und Zucker glattrühren. Eiweiß cremig – nicht flockig! – steif schlagen und unterziehen. In gebutterte, gezuckerte Förmchen füllen. Bei 180 Grad Oberhitze, 220 Grad Unterhitze 18 Minuten backen. Mit Puderzucker bestäuben.
Palatschinken: Für die Creme Eigelb und Zucker heiß und dick rühren, eingeweichte Gelatine darin auflösen, Vanillemark und Salzprise unterrühren und abkühlen. Die Sahne unterziehen. Hauchdünne Pfannkuchen (Palatschinken) aus dem Teig backen und mit Creme füllen.
Knöderl: Den Quark in einem Tuch abtropfen. Butter und 30 g Zucker schaumig rühren, Eier und Eigelb sowie die Gewürze zufügen. Topfen und Weißbrotbrösel untermischen. 20 Minuten ruhenlassen. Tischtennisballgroße Knödel formen, in leicht wallendem Salzwasser 10 Minuten pochieren. In Haselnußbröseln wälzen, die in Butter mit wenig Zucker geröstet sind.

3

4

Sommerfrische und Badefreuden an den Kärntner Seen

Südlich des Alpenhauptkamms scheint die Sonne öfter und stärker als im Norden. »Österreichische Riviera« hat man daher schon im letzten Jahrhundert das Land der über 200 Seen genannt, durchaus mit Recht: Damals sprang man ja nicht unfein ins Wasser, sondern spazierte gemessenen Schrittes im milden Klima an den Gestaden der herrlichen, so leuchtend blauen Seen – fast wie an der echten Riviera. Die neue Südbahn schaffte seit 1864 immer mehr Wiener herbei, es entstanden noble Hotels in weitläufigen Parks und prächtige Villen zwischen duftenden Rosen. Die beste Gesellschaft, Adel und Großbürgertum, Militär und Magnaten, Maler und Komponisten, Sänger und Schauspieler gaben sich an Kärntens Seen ein sommerfrisches Stelldichein. Und Johannes Brahms meinte: »Hier fliegen einem die Melodien nur so zu!«

Doch die Zeiten haben sich gewandelt: Kärnten, das mit dem ebenso hübschen wie intelligenten Slogan »dem Süden am nächsten« erfolgreich für sich warb, wurde zu einem der beliebtesten som-

merlichen Ferienziele, nicht nur der Österreicher, sondern auch der Deutschen. Mit Baden, Segeln, Surfen und Wasserski locken die Seen; Radeln, Wandern und Bergtouren sind das Alternativprogramm. Mit deftiger und vor allem reichlicher Landeskost werden die nach geleisteter Urlaubsarbeit hungrigen Mäuler gestopft; und abends geht's ins tosende Nachtleben der Vergnügungszentren, in Casinos, Bars und Discos.

Der Wörther See wurde schließlich zum Tummelplatz des Jet-Sets und in der Folge ein Pflichttreff der Adabeis (von solchen, die »auch dabei« sein wollen) und Möchtegern, der nicht ganz so feinen Welt und – nachdem die totale Vermarktung der Klischees in »Ein Schloß am Wörther See« über die Bildschirme geflimmert war – der Bustouristen. Vom Glanz der exklusiven und teuren Zeiten ist nicht viel übriggeblieben, viele Hotels und Pensionen stehen leer, auf riesigen Tafeln unterbietet man sich im Preis für Kaffee und Kuchen. Die Hälfte der Villen aus dem letzten Jahrhundert gammelt vor sich hin, und die Hotels haben mit dem Verkehrslärm (auch von der viel zu nah am See vorbeigeführten Autobahn) zu kämpfen. Die Prominenz läßt sich nicht mehr häufig blicken; das neue Flicksche Anwesen am Südufer des Sees gleicht dem Hochsicherheitstrakt eines Mafiagefängnisses.

Freilich – jeder See nahm seine individuelle Entwicklung: Während der Wörther See zunächst den mondänen Part übernahm, blieben die Wälder längs des schmalen Weißensees, südlich von

Warm ist das Wasser der Kärntner Seen: 26 Grad sind nichts Außergewöhnliches! Baden ist also, findet man ein Plätzchen, durchaus angenehm. Aber finden muß man es: am türkisblauen Faaker See mit dem Mittagskogel (Bild links oben) ist das fast unmöglich! Jemand hat Kärnten einmal wenig charmant »die Badewanne Österreichs« genannt – niemand wird zwar im Wörther See ein Reinigungsbad nehmen, aber an einem Sommernachmittag schwebt über der hinreißend schönen Bucht von Velden dennoch eine nach Badezusatz duftende Wolke (großes Bild; in der Mitte das »Schloß am Wörther See«, 1590 als Khevenhüllersches Lustschloß erbaut). Trotzdem: Villen und Parks, einzelne Buchten, die Uferlandschaft vom Schiff aus gesehen, vor allem aber die beiden Kirchen von Maria Wörth mit ihrem Friedhof verdienen drei Sterne!

Spittal in 930 Meter Höhe gelegen, weitgehend unberührt. Am Ossiacher See – weil er so unbewegt und dunkelgrün ruht, auch »See des Schweigens« genannt – findet Juli/August der »Carinthische Sommer« statt, das wichtigste Kulturfestival des Landes. Am der Sonne zugewandten, von grünen Matten bekränzten Nordufer des Millstätter Sees herrscht reges Badeleben, am Südufer reicht der Wald bis ans Wasser. Nur an wenigen Stellen lichtet er sich für ein paar Wiesen und Häuser. Das pure Glück hat Ilse und Werner Schneyder – dem schreibenden, spielenden und kommentierenden Universalisten zwischen Literatur, Bühne und Medien – eines davon beschert: ihre Sommerfrische.

In den Millstätter See hatte sich schon der Bub Schneyder verliebt, als er 1944 ein halbes Jahr lang die Volksschule in Millstatt besuchte. Die Familie war – wie auch das Gymnasium der Schwester – aus dem von Bomben bedrohten Klagenfurt hierher evakuiert worden. Das Kriegsende bescherte dem Buben eine schullose Zeit: Dem kleinen Schwimmer, Angler und Ruderer wurde der See zum Paradies …

Heute verbringen die Schneyders möglichst den ganzen Sommer am See, unterbrochen nur von unumgänglichen Terminen: einem besonderen Auftritt, einer Boxreportage, einem Premierenbesuch. Schneyder ist ein leidenschaftlicher Fischer – die einzige Tätigkeit, bei der er eine unendliche Geduld an den Tag legt. Was er fängt, wird sofort ausgenommen – diese Arbeit möchte seine Frau nicht auch noch im Hause machen müssen. Außerdem werden die Innereien der Fische gleich der Nahrungskette

Fortsetzung auf Seite 105

Wenn Schneyders Besuch haben – es gibt zum Beispiel einen festen Kreis, der sich gegenseitig vorliest und kritisiert –, wird im Salettl gegessen, einem offenen Anbau direkt neben der Küche. Hat ein kapitaler Hecht gebissen und Schneyder ihn besiegt, wird der gesäuberte Fisch für solche Gelegenheiten eingefroren: Vor der Zubereitung läßt Ilse Schneyder ihn langsam im See, in seinem eigenen Element also, auftauen – so bleibt er besonders zart

1

1

GEBRATENER HECHT MIT SALBEIKARTOFFELN

Für vier bis sechs Personen:
1 ganzer Hecht (ca. 3 kg), küchenfertig ausgenommen, geschuppt und gesäubert, Salz, Pfeffer, 2 mittelgroße Kartoffeln, 100 g luftgetrockneter Speck, ¼ l Fischfond, 4 Salbeizweige, 800 g kleine Kartoffeln, 50 g Butter

Der Hecht wird aufrecht auf dem Blech stehend gebraten, dabei helfen die beiden Kartoffeln, über die man ihn stülpt, ihn in der Balance zu halten. Zunächst jedoch die Speckstreifen auf dem Blech verteilen und im 180 Grad heißen Ofen etwa acht Minuten knusprig rösten und auslassen, auf einem Teller beiseite stellen. Den Hecht innen salzen und pfeffern, mit den Kartoffeln im Bauch ins ausgetretene Fett setzen. In den Ofen schieben und eine halbe Stunde braten, dabei immer wieder mit Fischfond begießen. Erst dann Speckscheiben und Salbeiblätter auf dem Fisch verteilen, die Ofenhitze auf 150 Grad reduzieren und den Fisch weitere 20 Minuten sanft garziehen lassen. Unterdessen die Kartoffeln in der Schale gar kochen, pellen und in heißer Butter rundum golden rösten. Erst kurz bevor sie fertig sind, salzen, pfeffern und eine Handvoll kleingeschnittener Salbeiblätter mitschwenken. Dazu gibt es grünen Salat.

2

LAMMSCHULTER MIT EIERSCHWAMMERL

Für vier bis sechs Personen:
1 Lammschulter von ca. 1,5 kg (vom Metzger quer in dicke Portionsscheiben gesägt),
3 EL Olivenöl, Salz, Pfeffer,
3 Thymianzweige, 1 Chilischote,
300 g kleine Zwiebeln, 10 Knoblauchzehen,
1 Glas Rotwein, ¼ l Lammfond,
750 g Pfifferlinge (Eierschwammerl),
3 EL Butter, 1 Bund Petersilie

Die Fleischstücke in einem Topf, der sie nebeneinander aufnehmen kann, in heißem Öl kräftig anbraten, dabei salzen und pfeffern, Thymianzweige und Chilischote dazwischen verteilen. Die geschälten ganzen oder halbierten Zwiebeln sowie die Knoblauchzehen dazwischenstreuen. (Jeweils eine Zwiebel und Knoblauchzehe für die Pilze aufheben.) Mit Rotwein ablöschen und mit Fond auffüllen. Aufkochen, dann im 180 Grad heißen Rohr etwa 45 Minuten, ruhig auch eine gute Stunde, schmurgeln. Die Pfifferlinge putzen, wenn nötig, klein schneiden. Zuerst die feingewürfelte Zwiebel in der Butter andünsten, die Pilze zufügen, dann mit gepreßtem Knoblauch, Salz, Pfeffer und großzügig mit gehackter Petersilie würzen. Einige Minuten köcheln lassen, bevor serviert wird. Als weitere Beilage genügt krumiges Brot.

2

3

MARILLENKUCHEN

Den Teig kann man gut einfrieren – es empfiehlt sich deshalb, die doppelte Portion herzustellen, die Hälfte für den Vorrat.

Für eine Form von 26 cm Durchmesser:
Mürbteig II:
200 g Mehl, 150 g kalte Butter,
100 g Zucker, 1 Prise Salz
Außerdem:
75 g geriebene Mandeln, 150 g Zucker,
1 kg Aprikosen, 50 g Butter, Mehl für die Arbeitsfläche und die Form, Mandelstifte

Den Teig rasch zusammenkneten, eingepackt eine halbe Stunde im Kühlschrank ruhenlassen. Auf der bemehlten Arbeitsfläche 3 mm dick ausrollen und eine gebutterte, mit Mehl ausgestäubte Form damit auskleiden. Den Boden mehrmals mit einer Gabel einstechen. Mandeln und die Hälfte des Zuckers mischen und darauf gleichmäßig verteilen. Die entsteinten Aprikosen mit Wölbung nach oben dicht darauf anordnen. Mit flüssiger Butter einpinseln und mit dem restlichen Zucker bestreuen. Im 200 Grad heißen Ofen bei starker Unterhitze (oder auf dem Ofenboden!) etwa 35 bis 40 Minuten backen. Zehn Minuten bevor der Kuchen fertig ist, die Mandelstifte auf der Oberfläche verteilen.

3

Nach ausgedehnter Reportage beförderte Schneyder den Freund vom Boot in den See: Brille und Stativ wurden ertaucht

Oben: Die Schleie ist eine vom Fischer wie vom Feinschmecker Schneyder gleichermaßen geschätzte Beute – sie ist schwer zu fangen, scheu und aufmerksam, scheint die Gefahr zu ahnen. Hat er sie, stimmt Schneyder stets ein gewaltiges Freudengeschrei an – das löst die Konzentration! Wie sie zubereitet wird, diskutiert man gemeinsam: Je nach Tageslaune im Rohr gebraten, geschmort oder blau. Ilse Schneyder ist eine passionierte Pilzsammlerin, kennt die umliegenden Wälder genau. Wenn es einmal ganze Berge von Eierschwammerln gibt, wird im Team geputzt – und damit hat man sich dann auch schon wieder eine stärkende Jause auf dem Balkon verdient. Am Vormittag stellt sich jeden Tag die Frage: Werden die Fische heute beißen? Kritisch begutachtet Schneyder die Strömung des Wassers, das man im übrigen – wie fast aus allen Kärntner Seen – ohne weiteres trinken kann

Ein Schwarm von kleinen Fischchen ging ins Wurfnetz – sie werden im Sieb hin und her geschüttelt, damit sie ihre Schüppchen verlieren, gesalzen, in Mehl gewendet und in Öl herausgebacken: Man verspeist diese köstliche Fritura im Ganzen, beträufelt mit etwas Zitronensaft. Einer der schönsten Fische ist der Barsch, auch als Kretzer oder Egli bekannt: Sein weißes Fleisch schmeckt nussig, ist gleichzeitig bißfest und zart. Die Flossen haben wehrhafte Stacheln, weshalb man die Fische meist filetiert. Rotaugen (rechts) verschmähen die meisten Leute wegen ihrer Gräten. Schneyders aber wissen, wie man sie so zubereitet, daß sie jedem munden: Die ausgenommenen Fische schröpfen, also dicht an dicht schräg einschneiden, salzen, mit Mehl stäuben und in sehr heißem Öl rasch herbraten! Dann ist alles knusprig, man spürt die Gräten gar nicht mehr. Unten: Blick ins Mölltal.

Fortsetzung von Seite 100
zugeführt – vielleicht einem kapitalen Hecht. Ist er sehr erfolgreich gewesen, wird ein Teil der Beute eingefroren – nichts schätzt Ilse Schneyder mehr als einen schönen Vorrat; denn in das Schneydersche Paradies kommen gerne Freunde zu Besuch. Im Hause Schneyder ißt und trinkt man vorzüglich: Ilse ist eine erfahrene, begnadete Fischköchin, die über ein großes Repertoire an Rezepten verfügt. Für ihren Mann – einen kritischen, präzise nachschmekkenden und kundigen Genießer – greift sie aber doch eher auf die gewohnten Zubereitungen zurück: Kulinarisch ist er Neuem gegenüber nicht sehr aufgeschlossen, zitiert lieber seine Großmutter, die etwa rohe Barsche als Sashimi nie angerührt hätte: »Mei Lebtag net!« Für den Besuch hingegen wird experimentiert – da gibt es einmal Sashimi klassisch mit Sojasauce und Wasabi (grünem Meerrettich), mal mit Ingwer, Knoblauch und Korianderblättern, mal mediterran mit Zitronensaft, Basilikum und Olivenöl oder österreichisch, mit Schnittlauch und Kernöl.
Was als Badeferien begann, wurde also zur Sommerfrische im klassischen Sinn. Vor hundert Jahren bedeutete es jedoch nicht das, was wir heute unter Ferien verstehen, nicht Nichtstun (oder Sport treiben), sondern die Verlagerung des Wohnsitzes aus der heißen, unerträglich gewordenen Stadt aufs Land, wo erfrischende Winde und gute Luft das Leben angenehm machen. Die Kinder gingen zwar nicht in die Schule, aber die Hausfrau führte nur einen neuen Haushalt unter anderen Rahmenbedingungen, und der Hausherr ging seinen Geschäften nach. Professoren und Künstler konnten vielleicht den ganzen Sommer mit ihrer Familie verbringen, in Ruhe arbeiten und sich auf die kommenden Aufgaben vorbereiten. Brahms flogen die Melodien zu, Schneyder die Pointen: Am Millstätter See entstanden die meisten seiner Texte und Bücher, bereitete er sich auf seine Programme vor, schreibt er seine sensibelsten Texte.
Stärker engagierte Männer, wie Geschäftsleute, Unternehmer oder leitende Beamte, kamen früher wenigstens an den Wochenenden. Und so ähnlich geht es auch dem Baumulti Hans-Peter Haselsteiner, der seinem Geschmack nach viel zu selten Zeit findet, seine Familie in der prachtvollen Villa in Seeboden am westlichen Ende des Millstätter Sees zu besuchen. Der ehemalige Nationalratsabgeordnete und Wirtschaftspolitiker, an die Spitze von Österreichs größter, expandierender Baufirma zurückgekehrt, liebt seine Sommerfrische (im Winter ist ein Weingut in Bozen Hauptwohnsitz), die seine Frau zu einem Zentrum der sommerlichen Geselligkeit am See gemacht hat. Hier treffen sich Wirtschaft, Politik, Wissenschaft und Kunst in großen und kleinen Runden – am begehrtesten ist eine Einladung zum Krebsessen! Da gibt's dann Krebse satt, aus einem familieneigenen Teich gefischt. Ulli Haselsteiner hat Freude daran, ihre Gäste zu verwöhnen, und versteht es meisterhaft, vor dem traumhaften Blick über den See das Essen zu inszenieren. Festlich die Tafel, in allen Details aufeinander abgestimmt: Geschirr, Tischkarten, Blumenschmuck und Anrichtung der Speisen – überall spürt man ihre Herzlichkeit. Und wenn ein Krebsessen, neugieriger und photographierender Journalisten wegen, schon zu Mittag beginnt, kann es sein, daß der Umtrunk (der Trinkspruch des Hauses lautet: »Habt's Zeit?«) einen zweiten, abendlichen Hunger auslöst und die Gastgeber erst gegen Mitternacht den verschwindenden Booten nachwinken...

EIERSCHWAMMERLSULZ

Für zehn Personen:
1 kg kleine Pfifferlinge (Eierschwammerl),
1 Zwiebel, 4 EL neutrales Öl,
4 Knoblauchzehen, Salz, Pfeffer,
⅛ l trockener Weißwein, ¼ l kräftige Brühe,
8 Blatt Gelatine, 2 EL feingehackte Kräuter (Petersilie, Liebstöckel)
Liebstöckelvinaigrette:
1 fein gewürfelte Schalotte, Salz, Pfeffer,
3 EL Balsamicoessig, 2 EL Wein- oder Apfelessig, 6 EL Olivenöl (extra vergine),
2–3 Stengel Liebstöckel, 1 Prise Zucker

Die Pfifferlinge sorgfältig putzen, größere halbieren oder gar vierteln. Die sehr fein gewürfelte Zwiebel im heißen Öl andünsten, gehackten Knoblauch und Pfifferlinge zufügen. Salzen und pfeffern, schließlich den Wein angießen. Fünf Minuten leise dünsten. Durch ein Sieb schütten, Sud auffangen und mit der Brühe mischen. Die eingeweichte Gelatine darin auflösen. Die Pilze mit den Kräutern in eine mit Folie ausgelegte Form füllen, mit dem kräftig gewürzten Sud knapp bedecken. Über Nacht kalt stellen.
Für die Vinaigrette alle Zutaten mit dem Schneebesen cremig aufschlagen, die Kräuter zum Schluß unterrühren. Die Pilzterrine mit einem elektrischen Messer in Scheiben schneiden, auf Tellern anrichten und mit Vinaigrette beträufeln.

Über die Anlegestelle des Haselsteinerschen Anwesens mit mediterran-venezianischem Flair schweift der Blick über den Millstätter See – Ferien- und bäuerliche Kulturlandschaft mischen sich hier zu heiterer Einheit. Während sich die Gäste bei einem Glas Champagner begrüßen, betrachten die beiden Jack-Russel-Terrier-Damen, Daisy und Zenzi, was sich im Wasser tut – wehe, es wagen sich Enten her! Bild links: Dunkles Brot, dick gebuttert und mit viel Schnittlauch, zu den Krebsen – das paßt sensationell!

Krebse essen: Zuerst Schere abbrechen

Spitze abschneiden und aussaugen

Die Schere längs halbieren und den …

… beweglichen Scherenteil heraustrennen

Den Schwanz vom Körper abdrehen

Das Fleisch aus dem Panzer lösen

Darm auf der Rückseite abziehen

15 Krebse vertilgt –eine stolze Strecke!

2
PALATSCHINKEN-SPINAT-TORTE

Ein Lieblingsgericht der ganzen Familie, die Spezialität von Tante Lolo. Weil sie so viel Mühe macht, gibt es sie nur an Geburts- oder anderen Festtagen.

Für sechs Personen:
Palatschinken (Pfannkuchen):
150 g Mehl, 5 Eier, Salz, ¼ l Milch, Butter oder Schmalz zum Backen
Béchamelsauce:
50 g Mehl, 50 g Butter, ½ l Milch, Salz, Pfeffer, Zitronenschale, Muskat, Cayenne
Außerdem:
1 große Packung Tiefkühlspinat, 3 Eigelb, 100 g Crème fraîche, 100 g Sahne
Zwiebelrahm:
2 Bund Frühlingszwiebeln, 4 EL Butter, ¼l Rahm (Crème fraîche), 50 g frisch geriebenen Edamer, Salz, Pfeffer, Cayenne

Den Teig glatt rühren, eine halbe Stunde ruhenlassen. Mindestens zehn hauchdünne Palatschinken von der Größe einer Tortenform daraus backen.
Für die Béchamel das Mehl in der Butter anschwitzen, mit Milch ablöschen, mit Salz, Pfeffer, Zitronenschale würzen und eine halbe Stunde köcheln. Mit Muskat und Cayenne abschmecken. Spinat auftauen, ausdrücken und fein hacken. Mit zwei Dritteln der Béchamel mischen und kräftig, auch mit Zitronenschale, abschmecken.
Den Boden einer gebutterten Tortenform mit einer Palatschinke auslegen, Spinat darauf verteilen, dann wieder Palatschinke usw. Oberste Schicht: Palatschinke. Die restliche Béchamel mit Eigelb, Rahm und Sahne verquirlen und gleichmäßig darübergießen. Die Palatschinken-Spinat-Torte bei 200 Grad eine halbe Stunde backen.
Für den Zwiebelrahm das Weiße der Frühlingszwiebeln in Butter sanft bräunen. Mit Rahm aufgießen, den Käse unterrühren und köcheln, bis die Sauce schön dicklich ist. Würzig abschmecken!

1
KREBSE IM SUD

Für zehn Personen:
5–8 kg lebendige Flußkrebse, Salz, 100 g Kümmel, 2 EL Pfefferkörner, 1 Bund Petersilie, 1 Bund Dill, 1 Zwiebel, 1 Knoblauchzehe
Krebswürze:
1 Zwiebel, 6–8 Knoblauchzehen, 250 g Butter

Die Krebse müssen Platz im Topf haben, weil man sie jedoch praktischerweise portionsweise kocht, genügt ein 10-15-Liter-Topf. Das Wasser zum Kochen bringen, ein bis zwei Hände voll Salz, die in ein Säckchen geschnürten Gewürze, die zum Strauß gebundenen Kräuter, die unzerteilte Zwiebel und Knoblauch zufügen. Nach 20 Minuten kräftigen Kochens alles wieder entfernen. Statt dessen kopfüber die Krebse hineingeben. Etwa 6–8 Minuten kochen; sie sind gar, wenn der leuchtend rote Panzer ein weißes »Ranftl« zeigt. Für die »Würze« feingehackte Zwiebel und Knoblauch in zwei Löffel Butter andünsten, nur blaß bräunen. Dann auf milder Hitze die restliche Butter darin schmelzen. Darin werden die Krebse vor dem Servieren geschwenkt.

2

3

BAISERTORTE

Sieht phantastisch aus und schmeckt auch so. Und ist kinderleicht gemacht. Die Eigelb, die dabei übrigbleiben, sind Basis für einen wunderbar bißfesten Nudelteig.

Für zehn Personen:
7 Eiweiß, 500 g Zucker, 1 Prise Salz, 3–4 Becher Sahne, 1–1,5 kg säuerliche Früchte (z. B. rote Johannisbeeren, Orangen, rosa Grapefruit)

Die Eiweiß in einer großen Schüssel steif schlagen, zunächst etwa die Hälfte des Zuckers und natürlich sogleich die Salzprise langsam, aber stetig hinzurieseln lassen, sobald der Schnee eine schöne Konsistenz bekommen hat, den Zucker nur noch löffelweise zufügen. So lange schlagen, bis der Zucker nicht mehr knirscht und der Schnee wie Seide glänzt.

Auf mit Backpapier belegte Bleche mit einem Spritzbeutel (Rundtülle) einen tortenformgroßen Boden aufspritzen, daneben drei oder gar vier Ringe mit demselben Durchmesser. Aus dem Rest Verzierungen formen, Kringel, Rosetten, Sterne, und in die Zwischenräume setzen. Die Baisers im auf 120 Grad vorgeheizten Rohr 10 Minuten vorbacken, dann auf 60 Grad herunterschalten und 4 bis 5 Stunden trocknen. So bleiben die Baisers lange fest – übrigens auch lange frisch!

Den Boden auf eine Platte betten, die Ringe aufsetzen. In die Mitte das Obst füllen, das mit der ungezuckerten Schlagsahne vermischt ist. Jetzt nicht mehr stehen lassen, sondern sofort genießen. Auf dem Teller Baiser zerdrücken, damit dessen Süße die Säure der Beeren mildert.

3

»Watschiger Alm«: Käserei und Einkehr

Von Mitte Juni bis Ende September – die Zeit also, die Städter gerne in der Sommerfrische verbringen – wechselt auch die Familie Neuwirth aus Reisach im Gailtal ihr Domizil: Sie zieht aus ihrem Bauernhof hinauf auf die Sonnenalpe Naßfeld, um dort die »Watschiger Alm« zu bewirtschaften.
Almwirtschaft: Ein hartes Stück Arbeit, dort, wo andere gerne Urlaub machen. Hier, im Herzen der Karnischen Alpen, die – sozusagen als Fortsetzung der Dolomiten nach Osten – Kärnten von Italien trennen, kann man wunderbar wandern, auf leicht zu bewältigenden Höhenwegen. Der Kontrast zwischen den sattgrünen, blütenübersäten Almwiesen und den schroffen Felswänden der Kalkalpen ist besonders reizvoll.
Daß die Landschaft so schön ist, verdankt sie ausschließlich der seit 700 Jahren betriebenen Almwirtschaft: Da die Talwiesen damals noch nicht entwässert, also sauer und sumpfig waren, mußte in der Höhe Wald gerodet werden – denn die Bevölkerung wuchs und brauchte immer mehr Nahrung. Nun waren die neu gewonnenen Almwiesen freilich so weit von den Häusern der Menschen entfernt, daß man die Milch nicht mehr frisch verwerten konnte – sie mußte deshalb in eine haltbare Form umgewandelt werden: in Käse.

Hans und Wilma Neuwirth mit ihren Kindern. Bei der Jause vor der Hütte kann man ein einzigartiges Bergpanorama genießen

Der »Gailtaler Almkäse«, so die von der EU geschützte Herkunftsbezeichnung, entsteht im Prinzip wie die anderen Almkäse auch (Bregenzer, Allgäuer, Emmentaler). Seine Eigenart gewinnt er durch das besondere, von der Adria beeinflußte Klima und die Art der Weide. Almkäse werden aber, anders als Industriekäse, in Handarbeit hergestellt, wenn auch moderne Technik und pflegeleichte Materialien die mühseligsten Verrichtungen erleichtern. So wird mit Maschinen gemolken, sind Edelstahl und Plastik leichter zu pflegen als das früher übliche Holz. Dennoch beginnt der Tag auf der Alm frühmorgens, um halb fünf, und endet erst mit der hereinbrechenden Dunkelheit.

Nicht nur das Käsen ist die Aufgabe der Neuwirths, mehr Geld verdienen sie mit der Bewirtung der hungrigen Wandersleut'. Aber ihre Arbeit macht ihnen Freude, und wenn in den Sommerferien auch die vier Kinder hier oben sind, dann helfen sie mit. Ob sie allerdings auch einmal Senn oder Sennerin werden, steht in den Sternen.

Blitzblank sind die Wannen, in denen die Abendmilch bis zum nächsten Morgen stehen muß – die Sahne, die sich obenauf gesammelt hat, wird großzügig abgeschöpft und zu Butter gemacht

Die entrahmte Abendmilch wird mit der Morgenmilch im Kessel erwärmt. Mit Kälberlab vermischt, gerinnt die Masse, wird zu linsengroßen Stücken zerschnitten und mit einem Tuch herausgehoben

Rund 800 Liter Milch werden jeden Tag zu Käse verarbeitet – es entstehen dabei fünf bis sechs Laibe zu 25 bis 30 kg. Die Stange sorgt dafür, das Tuch an der Kesselwand zu führen. Auch wenn Sennenbub Christian hilft: Manchmal dienen die Zähne als »dritte Hand«

Die letzten Reste Bruch werden in den mit dem Käsetuch ausgelegten Reifen gefüllt. Manchmal macht Hans Neuwirth auch Weichkäse – der wird bei 38–40 Grad entnommen, der Bruch für Hartkäse muß 48–50 Grad erreichen. Die Temperaturführung ist entscheidend!

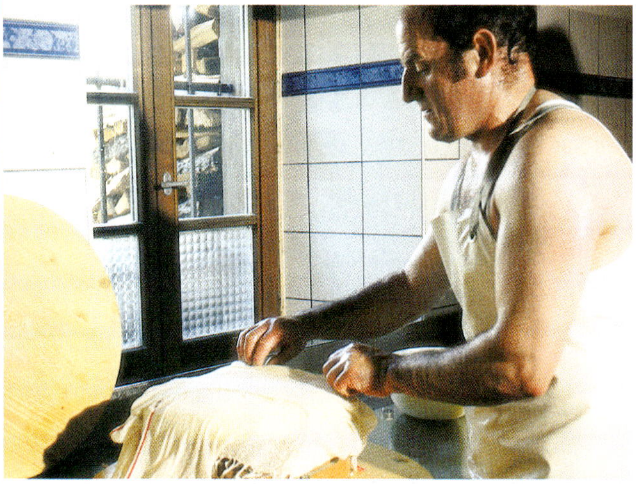

Die Masse wird angedrückt. Die Bauern, deren Kühe auf der Alm sind, bekommen pro 100 Liter geleistete Milch 7¼ bis 8 kg fertigen Käse. Was mehr produziert wird, bleibt den Neuwirths als Lohn

Die Milchmenge jeder Kuh wird daher mehrmals überprüft. Ist die Molke abgelaufen, kommen die Laibe zur Presse. Das Tuch muß sorgfältig glattgezogen werden, sonst hat der Käse später Falten

Der Reifen um den Käselaib wird noch einmal angezogen. Die Kühe wurden vor dem Almauftrieb besamt – nur wenn sie trächtig sind, geben sie Milch. Bis 2 Monate vor dem Kalben werden sie gemolken

Mit der Presse wird die letzte Flüssigkeit aus dem Laib gedrückt. Die Eiweißbruchstücke verbinden sich dabei zu einer festen Masse. Für Weichkäse läßt man die Molke bei häufigem Wenden ablaufen

Neuwirth hat sich einen Edelstahlring für den Kessel machen lassen, damit mehr Milch reinpaßt: Jetzt käst er einmal pro Tag, früher mußte er es jeden zweiten Tag zweimal tun. Nach Entnahme des Bruchs reicht der Kessel für die Molke, der Ring wird abgenommen

Die Molke wird auf fast 90 Grad erhitzt, mit etwas Essig gesäuert, damit das restliche Eiweiß ausflockt: Der Schotten, aus Italien als Ricotta bekannt. Er wird in Leinensäckchen gefüllt, tropft über Nacht ab und wird dann im Rauch des Kesselfeuers geräuchert

Früher nahmen die Sennen in der Molke ein Bad, was heute in Beautyfarmen viel Geld kostet. Ein Teil der mineralreichen Molke dient als Schweinefutter – das Schönheitsbad läuft in die Wiesen!

Die Käselaibe kommen drei Tage in Salzwasser, um darin Rinde und Geschmack auszubilden. Unter Wenden reifen sie auf Holzgestellen, zunächst warm, später kühl: In 4–5 Monaten sind sie fertig

Gail- und Lesachtal: lebendige Traditionen und bewahrte Lebensqualität

1413 ist in das massive Holztor des »Maraschhofs« in Tresdorf bei Kirchbach eingeschnitzt. Über 500 Jahre hatte es gedient, ehe es 1948 ausgewechselt und als Zeuge vergangener Handwerkskunst an die Hauswand versetzt wurde. Hans Martin, wortgewaltiger Besitzer des Hofs in der 18. Generation, weist auf einige Löcher: »Das sind Einschüsse aus dem Franzosenkrieg, vom Napoleon.« Und stolz fügt er hinzu: »Es ist der älteste dokumentierte Bauernhof Österreichs, seit 1299 im Besitz meiner Familie.« Nun ist diese Kontinuität sicher eindrucksvoll, aber noch kein Verdienst, wie er weiß: »So eine Geschichte mußt du mit Leben erfüllen, damit sie nicht untergeht… Vergessen ist alles schnell!« fügt er nach einer Pause nachdenklich hinzu. Eigentlich hatte er ja in die weite Welt hinauswollen und Betriebswirtschaft studieren. Aber dann überwog doch der Sinn für die Tradition: Er kehrte zurück, wurde statt dessen wie seine Vorfahren Land- und Gastwirt.

Der Kern des Hauses mit der gemütlichen Gaststube stammt aus dem Mittelalter, ebenso der große Flur, Labe genannt, mit seinem herrlichen, weiß gescheuerten Fichtenboden: »Der wird alle vierzehn Tage mit Lauge geschrubbt, sonst nur gefegt!« Natürlich wurde inzwischen angebaut, oben der Festsaal eingerichtet, auch ein paar Gästezimmer, um die sich Martins Frau Ruth kümmert.

Der Hof hat mit hundert Hektar eine stattliche Größe – dazu Anteile am Almbetrieb auf dem Naßfeld. Dort weiden im Sommer seine fünfundzwanzig Stück Vieh. Das Futter, das er im Winter für sie braucht, Heu und Silage, muß er im Sommer einbringen. Hinzu kommen Wald, Obstwiesen und Schweine für Würste, Speck, Geselchtes und Bradlfettn für die Jausen. Köstlich der Almkäse – am letzten Sonntag im Juli gibt's den ersten neuen: feinwürzig, mild und sahnig! Überhaupt kommen im »Maraschhof« fast nur eigene Erzeugnisse auf den Tisch! Was er zukaufen muß, stammt aus Betrieben, die wie er rein biologisch arbeiten.

In der Küche waltet Mutter Christine, die auch den Garten unter sich hat. Im Sommer holt sie jeden Morgen zunächst Gemüse und Kräuter: Strankalan (wie in Kärnten Bohnen heißen, anderswo in Österreich: Fisolen), Zucchini, Karfiol (Blumenkohl), Rettiche, Zeller (Sellerie), Weißkohl, Karotten, Zwiebeln, Porree (Lauch), Erbsen, Paradeiser (Tomaten) und Häuptl (Kopfsalat), Schnittlauch, Minze und Melisse, Petersilie und Bertram (Estragon)… Ihre Küche ist klar und schlicht, bäuerlich und naturnah, deshalb wahr und kräftig im Geschmack – ein geradezu archaischer Genuß! Und wenn Stieftochter Liza-Elaine mit dem Krug an den Brunnen vor dem Haus geht und dem Gast das frische

1

LEBERKNÖDELSUPPE

Für vier bis sechs Personen:
2 altbackene Semmeln (Brötchen), 1 Zwiebel, 2 EL Butter, 1 Knoblauchzehe, 2 Petersilienzweige, 2 frische Majoranzweige, 100 g Kalbs- oder Schweineleber, 1 Ei, Salz, Pfeffer, Semmelbrösel zum Binden, kräftige Fleischbrühe, Schnittlauch

Die Semmeln in warmem Wasser einweichen, sehr gründlich ausdrücken. Feingehackte Zwiebel in Butter weich dünsten. Petersilie, Majoran, Leber und Zwiebel durch den Fleischwolf drehen. Zum Schluß die Brötchen durchlaufen lassen, die dann den Wolf reinigen. Alles mit dem Ei gut mischen, salzen und pfeffern. Eine Stunde quellen lassen, wenn nötig mit Semmelbröseln binden. Einen Probeknödel formen und in siedendem Salzwasser ziehen lassen. Er sollte duftig und locker sein. Löst er sich auf, noch etwas Ei einarbeiten. Tischtennis- bis tennisballgroße Knödel zehn bis fünfzehn Minuten garziehen lassen. In Fleischbrühe mit Schnittlauch servieren.

2

GEMÜSETOPF MIT KALBSSTELZE

Alles, was bei Martins gerade im Garten wächst, wandert in diesen Eintopf: Grüne Bohnen, *Strankalan*, wie sie in Kärnten heißen, junges Weißkraut, Zwiebeln, Möhren, Zucchini. Und natürlich wird er mit einer Einbrenn' gebunden. Das gibt Geschmack und Fülle!

Für sechs Personen:
Gemüsetopf:
1 große Zwiebel, 2–3 Knoblauchzehen, 3 EL Butter, 3 Möhren, ½ kleiner Weißkohlkopf, 500 g grüne Bohnen, 3 Zucchini, 1–2 EL Mehl, ¼ l Rindssuppe oder Gemüsebrühe, 3–4 reife Tomaten, Salz, Pfeffer, Petersilie, 1 Handvoll Basilikumblätter, 200 g Rahm (Crème fraîche)
Kalbsstelze:
1–2 Kalbshaxen (je nach Größe und Hunger der Gäste), 2–3 EL Butterschmalz, 3 Rosmarinzweige, Salz, Pfeffer, ⅛ l Wasser, 200 g Rahm (Crème fraîche)

Gewürfelte Zwiebel und Knoblauch in einem großen Topf in Butter andünsten, dann die geputzten, gewürfelten oder in Stücke geschnittenen Gemüse zufügen. Sobald alles angedünstet ist, also von Fett überzogen glänzt, mit dem Mehl bestäuben und kurz anrösten. Mit Suppe oder Brühe ablöschen, die gehäuteten, grob geschnittenen Tomaten dazu, Salz und Pfeffer. Etwa eine halbe Stunde köcheln, ohne Deckel, so bleibt die Farbe schöner! Den Rahm unterrühren sowie die zerzupften Basilikumblätter – den Gemüsetopf leise weitere zehn Minuten köcheln.
Die Kalbshaxen in einer Reine im Butterschmalz rundum anbraten, die Rosmarinzweige danebenlegen und mitbraten; das Fleisch salzen und pfeffern. Mit Wasser ablöschen. Zwei Stunden bei 180 Grad im Ofen schmoren, für die letzte halbe Stunde den Rahm zufügen und die Kalbshaxen immer wieder mit diesem Bratensaft begießen. Den Eintopf in tiefen Tellern servieren, mit Scheiben von Kalbshaxe obenauf. Zum Schluß streut Großmutter Martin noch verschwenderisch gehackte Kräuter über den Teller – solange der Garten es hergibt, ist sie großzügig damit. Der Winter kommt nur allzu schnell…

1

2

Quellwasser hinstellt, dann ist die Welt wahrlich in Ordnung!
Das Gailtal – mit weiten Wiesen und behäbigen Höfen, kunstvollen Bildstökken und riesigen Heuschobern – verengt sich nach Kötschach-Mauthen abrupt: Das Lesachtal beginnt als Schlucht! Erst seit der schmale, gefährliche Weg durch eine veritable Straße mit Brücken über die vielen Seitengräben ersetzt wurde, ist das Tal wirklich zugänglich. Es scheint eine bäuerliche Idylle – keine Industrie, keine Hotels, keine gesichtslosen Neubauten, sondern eine geradezu erhabene Landschaft, in der die musikalischen Motive Gustav Mahlers zu klingen scheinen. Alte Bauernhöfe in den klassischen Proportionen, Bildstöcke und Kalvarienberge, die vom innigen Glauben der Menschen zeugen. Die traditionelle Kleidung der Menschen, ihre klaren, wettergegerbten Gesichter.

Natürlich trügt auch hier die Idylle, und unter der schönen Oberfläche verbergen sich mannigfache Probleme. Viele Bewohner nehmen Anfahrten von eineinhalb Stunden in Kauf, um bei Spittal oder Villach Arbeit zu finden. Und das bäuerliche Überleben ist nur dank der EU möglich: Zwar erzielen die Landwirte seit dem Beitritt Österreichs für die Produkte weniger, und es hat sich der Verwaltungsaufwand drastisch erhöht, aber

es werden mehr Beihilfen geleistet. Trotzdem muß man sich etwas einfallen lassen. Wie Anita Klammer, die in der Olzner Mühle während der Sommermonate an den Wochenenden ihre Produkte verkauft: das selbstgebackene Brot (natürlich aus eigenem Mehl mit Natursauer, 13 Laibe bäckt sie jeden Freitag im Holzofen!), das Geselchte vom Hof ihres Bruders, Bradlfettn (eine Mischung aus Fett und Saft, die beim Braten eines Schweinebratens entstehen, kalt als Brotaufstrich!), Würste und Käse, Honig, Konfitüren und selbstgemachte Liköre. Um an das Geld der Touristen zu kommen, hatte man vor Jahren geplant, Skipisten in die Wälder zu schlagen und große Hotels zu bauen. Glücklicherweise konnte sich die Idee eines neuen, sanften Tourismus durchsetzen – nicht die Masse soll angelockt werden, sondern eine verständnisvolle, die traditionelle Struktur des Landes, die Schlichtheit des bäuerlichen Lebens und die Natur liebende Klasse. Der Weg scheint richtig zu sein, doch muß sich wohl für die alpenländische Region erst noch eine Erkenntnis durchsetzen, die für Provence oder Toskana längst akzeptiert ist: daß nämlich die rustikale Einfachheit einer intakten Kulturlandschaft ein ungeheurer Luxus ist, den man als Gast ihren Pflegern teuer bezahlen muß.

Im Gasthaus »Lurgbauer«

Andreas Leodolter hat einst die Bürgeralpe von Mariazell bewirtschaftet. Nach dem Tod seiner Eltern kehrte er heim und übernahm deren Lurgbauerhof. Ihm gefiel die absolute Ruhe des kleinen Tals, nur fünf Kilometer nördlich des turbulenten Wallfahrtsorts. Er wußte, daß die Wiesen ideal für Rinderhaltung sind, sich hier Fleisch allerbester Qualität erzielen läßt. So spezialisierte er sich auf die Zucht von Angus und Murbodener Rinder, einer kleinen, robusten steirischen Rasse, die neben guter Milch auch erstklassiges Fleisch abgibt. Die Mutterkühe dürfen mit ihren Kälbern samt Stier zusammenleben und fast ein Jahr alt werden; ob sie lieber im Stall oder auf der Weide sind, können sie selbst entscheiden. Daß sie behutsam zur Schlachtbank geführt werden, ist Leodolter ebenso wichtig wie das mindestens zwei Wochen lange Abhängen der ganzen Hälften. Damit erfüllt er schon mehr als die Vorschriften für den Qualitätsbegriff »Styriabeef«. Weil ihm bald klar wurde, daß er davon nur leben kann, wenn er selbst für Absatz sorgt, hat er eine eigene Gaststube eingerichtet, für zwanzig Gäste. Brigitte, seine Frau, eigentlich gelernte Buchhalterin, kocht – und zwar vorzüglich und mit Lust! Und er sorgt für erstklassige Weine dazu…

1

RINDFLEISCHSALAT MIT KÄFERBOHNEN

So kann er auch aussehen, der allgegenwärtige Salat aus gekochtem Rindfleisch: elegant und bildschön. Das gekochte Rindfleisch aus der Rose ist auf der Aufschnittmaschine in hauchdünne Scheiben geschnitten und wie ein Carpaccio akkurat auf dem Teller drapiert. Die ebenso dünn gehobelten Zwiebeln sind nur kurz mit einer Vinaigrette aus mildem Apfelessig und Olivenöl mariniert und in die Mitte gehäuft, die Käferbohnen (Feuerbohnen) als schmackhafte Dekoration rundum angeordnet. Und zum Schluß wird alles mit aromatischem Kürbiskernöl beträufelt, das hier endlich einmal pur verwendet wird und nicht, wie so oft, mit Wasser verdünnt.

2

CARPACCIO VOM STYRIABEEF MIT PESTO

Das zarte, gut abgelagerte Rinderfilet wurde fest in Klarsichtfolie eingewickelt, dabei rund geformt, damit es beim Aufschneiden schön gleichmäßige Scheiben ergibt. Im angefrorenen Zustand läßt sich das Fleisch ganz einfach papierdünn aufschneiden. Brigitte Lurgbauer richtet die Scheiben auf einem mit Olivenöl eingepinselten Teller an, bestreut sie mit jungem, in Streifen gehobeltem Parmesan und beträufelt sie mit duftendem Pesto, den sie so herstellt:

Für sechs Personen:
Pesto (Basilikumsauce):
3–4 Knoblauchzehen, 50 g Basilikumblätter, 1 Handvoll zarte Spinatblätter, 50 g Pinienkerne, 50 g Parmesan, ca. ⅛ l Olivenöl (extra vergine), Salz, Pfeffer

Alle Zutaten (Kräuter und Spinat zuvor entstielen) im Mixer so lange pürieren, bis eine glatte, aromatische und duftende Sauce entstanden ist. Sie läßt sich als Basis vielfältig verwenden, natürlich auch für die berühmten Spaghetti al pesto. Wem sie als Sauce für dieses Gericht zu dickflüssig ist, der kann zum Schluß etwas Fleischbrühe mitmixen, bis alles gut emulgiert.

1

2

1

RINDSROULADEN MIT NOCKERL

Ein wunderbares Hausfrauenessen, so wie die Männer es sich wünschen!

Für vier bis sechs Personen:
10 dünne Scheiben aus der Oberschale (ca. 80–100 g), 1–2 EL Senf,
100 g Frühstücksspeck in dünnen Scheiben,
1 Bund Frühlingszwiebeln, 3–4 Möhren,
2–3 EL Butterschmalz, Salz, Pfeffer,
Mehl zum Bestäuben, 1 Bund Suppengrün,
⅛ l Rotwein, ⅛ l Brühe,
100 g Crème fraîche
Nockerl:
300 g glattes Mehl, 3 große Eier,
ca. 3–4 EL Milch, Salz

Die Fleischscheiben behutsam flachklopfen, mit Senf bestreichen, jeweils mit einer Speckscheibe belegen, dann je eine längs geviertelte Frühlingszwiebel und einige streichholzfein zugeschnittene Möhrenstreifen daraufpacken. Aufrollen, verschnüren und in heißem Schmalz rundum schön golden anbraten, dabei salzen und pfeffern. Das gewürfelte Wurzelwerk einige Zeit mitdünsten. Schließlich alles mit Mehl bestäuben und mit Wein und Brühe ablöschen. Die Rouladen zugedeckt sanft eineinhalb bis zwei Stunden garschmoren. Auf einer Platte anrichten. Die Crème fraîche unter den Bratfond rühren und zehn Minuten durchkochen, aufmixen und nach Belieben zusätzlich durch ein Sieb streichen. Die Sauce abschmecken und heiß über die Rouladen gießen.

Für die Nockerl Mehl, Eier und so viel Milch wie nötig verrühren und schlagen, bis der Teig Blasen wirft. Salz nicht vergessen! Durch die Spätzlepresse oder einen Spätzlehobel in kochendes Salzwasser drücken. Nach zwei Minuten mit einer Schaumkelle herausheben, in heißem Wasser abspülen. Die Nockerl entweder sofort pur servieren oder später in heißer Butter aufgeschmälzt.

2

ZWIEBELROSTBRATEN

Ein umwerfender Genuß: Eine männerdaumendicke Schnitte aus der abgelagerten, gut gereiften Rinderlende, perfekt rosa gebraten, so daß das Fleisch durch und durch saftig ist, mit einem Berg köstlicher, in Butterschmalz fritierter Zwiebelringe. Damit sie knusprig werden und es auch bleiben, muß man sie in griffigem Mehl wenden, in einem Sieb gut durchschütteln, damit wirklich nur ein Hauch davon haftenbleibt. Die Sauce ist der mit etwas Brühe losgekochte Bratensatz. Dazu schmackhafte, festkochende, aromatische Kartoffeln, die bei den Lurgbauers natürlich auch aus biologischem Anbau stammen – Feinschmekker, was willst du mehr?

3

JUNGER SCHAFSKÄSE MIT HONIG

Den zarten, aromatischen Frischkäse aus Schafsmilch richtet Brigitte Lurgbauer in Scheiben auf dem Teller an, beträufelt ihn mit frisch geschlagenem Blütenhonig und würzt ihn mit einem Hauch Zimt. Ein ebenso verblüffendes wie köstliches Dessert!

Im Bauernmuseum »Jagawirt«

Es ist nicht nur einfach ein hübsches Gasthaus mit gemütlichen Stuben – das »Wirtshaus Jagawirt« ist vielmehr ein richtiges kleines Dorf. Seit mehr als hundert Jahren sitzt die Familie Goach mit ihrem Gasthaus an dieser Stelle in Sommereben, einem besonders idyllischen Platz des an malerischen Orten ohnehin nicht armen Ausflugsgebiets Reinischkogel bei St. Stefan ob Stainz. Früher, als der Fußweg von Kärnten nach Wien hier verlief, gehörte sogar noch ein Lebensmittelladen dazu. Heute braucht die Familie all die Häuser, die locker zwischen Streuobstwiesen verteilt sind, für die Großfamilie und die vielen Mitarbeiter, auch Gästezimmer sind darin untergebracht. Den bildschönen Bauernhäusern sieht man nicht an, daß sie zumeist brandneu sind. Sie sind mit den Mitteln des traditionellen Handwerks hergestellt, eine komplette Schreinerei betreibt Werner Goach dafür. Da stimmen die kleinsten Details, die Holzarbeiten, die klassischen steirischen Farben, Schwarz, Weiß, Grün, aufgefrischt mit dem bunten Rot der Geranien – ein mit Leben erfülltes Bauernmuseum! 14 Hektar Landwirtschaft gehören dazu, die zusammen mit Bruder Walter bewirtschaftet werden: mehr

Als stünden sie dort schon hundert Jahre, die bildschönen steirischen Holzhäuser rund um den »Jagawirt«, inmitten von Apfelwiesen. Immer wieder mal kommt ein neues dazu

Ehefrau Maria ist für die Stuben verantwortlich: Sie sorgt für den Service und das liebevolle Ambiente. In der Küche waltet Werner, wo ihn seine Schwester Monika unterstützt

1
WILDSCHWEINSÜLZE

Für zehn Personen:
1,5 kg Wildschweinschulter, 2 Lorbeerblätter, 1 TL Pfefferkörner, Salz, 2 Möhren, 1 Lauchstange, 1 Stück Sellerie, 1–2 EL winzige Kapern, 2–3 Cornichons, frische Kräuter, Apfelessig

Das Fleisch und die Gewürze mit Wasser bedeckt aufsetzen. Vom Gemüse jeweils drei Eßlöffel winziger Würfel abschneiden, den Rest in den Topf geben. Das Fleisch zwei Stunden sanft garziehen. Im Sud abkühlen, dann in zentimeterkleine Würfel schneiden. Mit den blanchierten Gemüsewürfeln, Kapern und ebenfalls gewürfelten Cornichons vermischt in eine Kastenform füllen, die mit Klarsichtfolie ausgelegt ist (hilft später beim Lösen aus der Form). Den Sud um die Hälfte einkochen, kräftig mit Essig würzen und darübergießen. Über Nacht im Kühlschrank fest werden lassen. Mit einem elektrischen Messer in Scheiben schneiden. Zum Servieren mit Zwiebelringen, einem bunten Salat sowie einer kräftigen Vinaigrette anrichten.

als hundert Schafe, eine große Wildschweinherde, um die sich der alte »Natz« hingebungsvoll kümmert (Bild Seite 123; Nichte Katharina-Melanie hat mit dem Hängebauchschwein Kurti Freundschaft geschlossen). Die borstigen Tiere leben nebenan im Wald, wo einige Hektar eingezäunt sind. »Bis ein Kotelett auf dem Teller ist«, lacht Werner Goach, »ist's ein weiter Weg.« Aber für ihn lohnt es sich, »denn«, fährt er fort, »das Fleisch von Hausschweinen ist doch völlig denaturiert, hat weder Biß noch Geschmack! Und: Die Gäste finden es wunderbar, wenn sie sehen, woher das kommt, was sie essen.«

2
GRAMMELTASCHERL

Für vier bis sechs Personen:
Kartoffelknödelteig:
500 g mehlige, am Vortag gekochte Kartoffeln, 200 g griffiges Mehl, 50 g Weichweizengrieß, 2 kleine Eier, Salz, Mehl zum Ausrollen
Grammelfüllung:
2 Zwiebeln, 1 Knoblauchzehe, 2 EL Schweineschmalz, Salz, Pfeffer, 1 Portion Grammeln, Majoran
Außerdem:
Schmalz, Semmelbrösel, Schnittlauch

Die Kartoffeln reiben, mit Mehl, Grieß, Eiern und Salz zum formbaren Teig kneten. Als dicke Rolle eine halbe Stunde ruhenlassen. Scheiben abschneiden, auf der bemehlten Arbeitsfläche dünn ausrollen: Jeweils einen Eßlöffel auf eine Hälfte setzen, die andere Hälfte darüberklappen und mit einem Glas so ausstechen, daß ein Halbmond entsteht und die Tasche zusammengedrückt wird.
Für die Füllung die Zwiebeln sehr fein würfeln, im Schmalz sanft bräunen. Salzen, pfeffern, die gehackten Grammeln zufügen und mit reichlich Majoran würzen. Die Tascherl in leise siedendem Salzwasser etwa zehn Minuten garziehen lassen. Sofort servieren, mit Salat und mit gerösteten Bröseln bestreut. Oder sie später aufschmälzen.

1

2

1

2

3

1
BACKHENDL

Traditionellerweise werden die Hähnchen für dieses Lieblingsgericht der österreichischen Küche geviertelt. Leichter zu essen sind sie allerdings, wenn man sie nach dem klassischen Schnittmuster in Portionsstücke zerlegt.

Für drei bis vier Personen:
1 schönes Brathähnchen à ca. 1200 g, Salz, Pfeffer, Mehl, 3 Eier, Semmelbrösel, Butter- oder Schweineschmalz zum Backen

Das Huhn halbieren, das Rückgrat abschneiden und die Haut abziehen. Die Schenkel abtrennen und im Gelenk in Ober- und Unterschenkel teilen. Die Flügel mit einem schrägen Stück des vorderen Brustteils abschneiden, so daß nur noch das jetzt spitz zulaufende Bruststück übrigbleibt. (Flügelspitzen, Rückgrat und Haut mit Wurzelwerk kann man jetzt wunderbar zu einer Brühe auskochen!). Die Hühnerteile salzen, pfeffern, jeweils in Mehl wenden, durch verquirltes Ei ziehen und in Semmelbröseln wenden. Sofort in siedendes Schmalz legen und langsam in etwa zehn Minuten goldbraun backen. Garprobe: mit einer Nadel am Knochen einstechen; ist der Saft, der austritt, hell, sind die Stücke gar. Gut abtropfen lassen. Mit in Petersilienbutter geschwenkten Kartoffeln servieren.

2
GEEISTER SCHILCHERSCHAUM

Für sechs bis acht Personen:
8 Eigelb, 150 g Zucker, ¼ l Schilcher (siehe Seite 126/127), ½ l Sahne, Zimt

Die Eigelb mit dem Zucker im Wasserbad so lange schlagen, bis eine dicke, heiße, fast weiße Creme entstanden ist. Langsam den Wein zufügen, dabei ständig schlagen, damit die Flüssigkeit sich mit der Eimasse verbindet. Ins kalte Wasserbad setzen und kalt rühren. Erst jetzt die geschlagene Sahne unterziehen. In eine Kastenform füllen (zuvor mit Klarsichtfolie auslegen!) und im Gefrierfach fest werden lassen. Zum Servieren in Scheiben schneiden, mit Früchten und Fruchtsaucen der Saison anrichten und mit Zimt bestäuben.

3
KÜRBISKERN-TOPFEN-GUGLHUPF

Kein Löffel Mehl steckt in dieser Mehlspeise – deshalb ist sie besonders duftig und zart.

Für sechs Personen:
125 g Butter, 150 g Zucker, 50 g Honig, 5 Eier, Zitronensaft, 1 TL Vanillezucker, abgeriebene Zitronenschale, 150 g Quark (20 %), 60 g geriebene Mandeln, 80 g geriebene Kürbiskerne, 1 Messerspitze Backpulver, Butter für die Form, Puderzucker zum Bestäuben

Die weiche Butter mit Zucker und flüssigem Honig zu einer dicken Creme schlagen, nach und nach die Eigelb zufügen. Mit einem Spritzer Zitronensaft, Vanillezucker und Zitronenschale würzen. Den durch ein Sieb passierten Quark, geriebene Mandeln und Kürbiskerne sowie das Backpulver einarbeiten und den steifgeschlagenen Eischnee unterziehen. In kleine, dick gebutterte Portionsförmchen oder eine große Guglhupfform verteilen. Bei 180 Grad zunächst 10 Minuten anbacken, auf 160 Grad herunterschalten und weitere 40 Minuten (große Form: 50 Min.) backen.
Die Guglhupfe schmecken am besten ganz frisch, noch lauwarm, mit Vanille- und/oder Himbeersauce.

HERBST

Weinlese, Winzeressen und Heurigenseligkeit. Apfelessig und Kürbiskernöl, herzhafte und feine Alpenküche

Hirsch: im Bregenzerwald

Gold: Wein von Alois Kracher

Dürnstein: Herz der Wachau

Kärntner Speck, Bier und Bauernwürste

Mauerwein: Konzentration der Aromen

Am Großglockner: Jause auf der Alm

Wien: Naschen auf dem Naschmarkt

Kochen im Herbst: Jetzt gibt es alles!

Der rosarote Schilcher: ein Wein nur für Liebhaber

»Wir wollen gar nicht, daß unser Schilcher jedem schmeckt, er soll ja kein Massenwein werden!« Eduard Oswald lacht dazu, denn er weiß genau, daß dies nie passieren wird: Mit um die 12 Promille Säure ist der Schilcher ein Getränk, das ungeübte Zungen für Essig halten mögen. In der Weststeiermark aber liebt man die rote Wildbacherrebe

seit Jahrhunderten für den als Rosé gepreßten Schilcher, baut sie heute auf 450 Hektar an – drei bewirtschaftet Oswald selbst, kauft aber für seine fünf verschiedenen Weintypen noch Trauben kleiner Winzer hinzu.

Tatsächlich kann man sich zu einer deftigen Jause kaum einen besseren Begleiter als den Schilcher vorstellen, denn seine Säure löst das Fett und putzt den Gaumen. Probieren kann man das gleich beim »Trapl«, in der schönen Buschenschank, die im Herbst und Frühjahr geöffnet ist, bis der Wein ausgeht, und das ist meist im frühen Sommer der Fall. »Trapl« heißt der Hof nach seinem ersten Besitzer – auf der schönen Etikette (in Österreich ist das Etikett weiblich) mit einem Bauern in alter Tracht steht daher auch als Winzer »Oswald, vlg. Trapl«, *vulgo* steht für *gemeinhin genannt.*

Seit 1765 ist der Hof im Besitz der Familie, und fast so alt ist auch die Baumpresse, auf der heute noch gekeltert wird. Was anderswo ein Museumsstück wäre, arbeitet Oswald jeden Herbst auf: er scheuert sie mit Birnenmost, dessen Tannin alle Bakterien abtötet. Drei Wochen braucht es, bis die Spalten des hölzernen Preßbodens zugequollen sind! »Im September habe ich ohnehin nicht viel zu tun. Eine hydraulische oder pneumatische Presse könnte ich mir gar nicht leisten. Wieviel Wein müßte ich da verkaufen?« Nach dieser rhetorischen Frage dreht Oswald den Stempel eine halbe Umdrehung weiter: »Außerdem arbeitet meine Presse viel schonender – auf die letzten 20 Prozent Ausbeute verzichte ich gern: Das kommt nur der Qualität zugute!« Weshalb er den Most auch nicht klären muß, sondern sofort in die Fässer leiten kann. Die stehen praktischerweise genau unter der Presse in einem sehr kühlen Naturkeller, in dem der Most langsam vergärt und so alle Bukettstoffe behält. Großen Wert legt Oswald auf den biologischen Säureabbau, wodurch seine Weine trotz

ihrer hohen Säure angenehm rund schmecken. Abgefüllt wird nur bei bestimmten Mondphasen, basierend auf jahrhundertealten Erfahrungen des Hauses Trapl. Und getrunken soll der Wein sein, ehe der nächste Jahrgang fertig ist!

Eduard Oswald mit seiner alten Baumpresse. Der karminrote Most läuft auf dem zu einer Ecke hin geneigten Preßboden gleich in die Fässer im Keller drunter. Die Farbe ist Oswald wichtig: Nach Ende der Lese um 14 Uhr werden die Beeren gerebelt und gequetscht, bis 17 Uhr darf der Most Farbstoff aus den Schalen ziehen, dann wird bis in die Nacht gepreßt. Den Weißwein, einen kernigen, nicht zu aromatischen Müller-Thurgau, kauft Oswald für seine Buschenschank zu

Landgasthof »Gerngroß«: gutbürgerlich, aber halt ein bissel besser…

Es hat sich zufällig gefügt, daß Josef und Ellen Gerngroß just an jenem 3. Oktober ihren Landgasthof in St. Stefan ob Stainz eröffnen konnten, als Deutschland wie-

dervereinigt wurde. Nicht, daß die gebürtige Düsseldorferin besonders patriotisch wäre – ihr Akzent hat schon längst nichts Piefkesches mehr (wie man das in Österreich nennt, wenn jemand allzu schnarrend hochdeutsch spricht), es schwingt darin längst die weiche Melodie des steirischen Tonfalls – aber wer wird schon etwas dagegen haben, wenn der Glanz der Weltgeschichte das eigene Jubiläum mitbestrahlt? Schließlich hat sie ihren Josef in Deutschland kennen- und liebengelernt!

Blutjung waren sie beide damals. Sie, neunzehn, arbeitete am Empfang des Hotels, in dem der zwei Jahre ältere Josef als Koch beschäftigt war. Zu jener Zeit hatte der Beruf noch nicht den gesellschaftlichen Stellenwert wie heute. »Er ist Assistent der Geschäftsleitung«, hatte Ellen deshalb stets behauptet, wenn man sie fragte, was ihr Freund beruflich macht. Und obwohl er bereits eine Konditor- und eine Kochlehre absolviert hatte, besuchte er jetzt ihr zuliebe auch noch die Hotelfachschule in Heidelberg. Schließlich kehrten die beiden in seine steirische Heimat zurück und machten sich in Deutschlandsberg selbständig. Josef, nunmehr bestallter Hotelier, vertraute die Küche zwei Köchen an. Aber er merkte schnell, daß er eine so wichtige Sache doch besser selber in der Hand behalten sollte. Und so band er sich wieder die Schürze um, stellte sich an den Herd und kocht seither, wie er es nennt, »gutbürgerlich, aber halt ein bissel besser!«

Die Küche seiner Großmutter, deren ganzer Lebensinhalt die Lust am Kochen war, ist sein Vorbild. »Sie hat immer gesagt«, erzählt er, »damit's nachher schmeckt, ist das Produkt entscheidend, da derfst net spar'n. Dann«, setzt er mit einem Grinsen hinzu, »brauchst schon fünfzig Prozent weniger gut kochen können.« Heute bezieht Gerngroß alles, was er an Lebensmitteln für die Küche braucht, von den Bauern der Region, Fleisch und Gemüse sowieso, und das Wild, dem seine ganze Liebe gehört, erlegt er selbst. Weine liefert (unter anderem, versteht sich, der Gerngroßsche Keller kann sich sehen lassen!) der Vater, der mit einem Bruder im Sausal bei Kitzegg ein Gut betreibt (dessen Aussicht übrigens den Umschlag dieses Buches ziert). Der zweite Bruder, eigentlich Lehrer, zieht Kürbisse; von ihm bekommt er rund ums Jahr frisch gepreßtes Kürbiskernöl von traumhafter Qualität. Und die Kräuter wachsen vor der Küchentür im Garten… Zutaten, die für sich sprechen und jede Künstelei überflüssig machen.

Im Herbst, vor allem bei schönem Wetter, muß man reservieren, dann »brummt« das Haus. Die Gäste lieben die fröhliche, herzliche Atmosphäre. Und am Wochenende bleiben sie gern in einem der gemütlichen Zimmer über Nacht, nutzen die herrlichen Wanderwege durch die Weinberge des Reinischkogel, in denen der Schilcher wächst, und angesteckt von der guten Laune, die Ellen Gerngroß stets ausstrahlt, nehmen sie am Ende vielleicht sogar ein wenig ihrer Tatkraft in die eigene Arbeitswoche mit…

1

2

3

1

KARTOFFEL-VOGERL-SALAT

Eine wunderbare Vorspeise, aber auch eine herrliche Beilage, zum Beispiel zum Wiener Schnitzel (siehe auch Seite 201).

Für vier Personen:
800 g festkochende Kartoffeln, 2 Schalotten, 3–4 EL Schilcheressig, Salz, Pfeffer, 1 TL Senf, 2 EL Rinderbrühe, 4–5 EL Sonnenblumen- oder Olivenöl, 200 g Feldsalat (Vogerlsalat), frisches Kürbiskernöl

Die Kartoffeln in der Schale weich kochen, nur wenig abkühlen, pellen und in Scheiben schneiden. Mit den sehr fein gewürfelten Schalotten, Schilcheressig, Salz, Pfeffer, Senf, einem Schuß Fleischbrühe und Öl eine Marinade schlagen. Die Feldsalatrosetten nur wenig damit beträufeln, mit dem größten Teil davon die Kartoffeln anmachen. Auf Vorspeisentellern anrichten und mit Kürbiskernöl nach Geschmack begießen.

2

KÜRBISCREMESUPPE

Dafür nimmt Joseph Gerngroß genau den Kürbis, aus dessen Kernen das wundervolle dunkle Öl gewonnen wird.

Für vier bis sechs Personen:
800 g Kürbisfleisch (ohne Schale und Kerne gewogen), 1 Zwiebel, 2 Knoblauchzehen, 2 EL Butter, ½ l Brühe, 4–5 TL Kümmel, 1 TL getrockneter Majoran, Salz, Pfeffer, 200 g Sauerrahm

Das Kürbisfleisch würfeln, mit gehackter Zwiebel und durchgepreßtem Knoblauch in der heißen Butter andünsten. Mit Brühe auffüllen, Kümmel, Majoran, Salz und Pfeffer zufügen. Zugedeckt eine halbe Stunde weich köcheln. Den Rahm angießen, alles mit dem Mixstab pürieren, noch zwei Minuten leise köcheln und noch einmal abschmecken. Vor dem Servieren noch einmal aufmixen, damit die Suppe schön luftig wird. Besonders hübsch: den Tellerrand mit gemahlenen Kürbiskernen bestreuen und mit hauchdünn geschnittenem Kürbisfleisch garnieren.

4

5

5

WALNUSSPARFAIT AUF ISABELLASAUCE

In der Steiermark trägt die Amerikanerrebe den hübschen Namen Isabella. Die Früchte mit ihrem verführerischen Erdbeerduft sind besonders gut für Desserts geeignet!

Für vier bis sechs Personen:
4 Eigelb, 2 ganze Eier, 180 g Zucker, 1 Gläschen Nußlikör, 125 g geriebene Walnüsse, 0,4 l Sahne
Isabellasauce:
500 g Trauben (Amerikanerrebe), 100 g Zucker

Eigelb und ganze Eier im Wasserbad heiß und dick schlagen, dabei den Zucker hinzurieseln lassen. Mit Nußlikör parfümieren und die geriebenen Nüsse unterrühren. Die Eiermasse kalt schlagen, dann die steifgeschlagene Sahne unterziehen. In Portionsförmchen füllen und gefrieren.
Für die Sauce die Trauben entstielen, mit dem Zucker aufkochen und durch ein feines Sieb passieren.
Zum Servieren Traubensauce auf Teller verteilen und mit Sahnetupfern verzieren. Das Parfait in die Mitte setzen.

3

SAUTIERTE KALBSLEBER

Für zwei Personen:
350 g Kalbsleber am Stück, 3 EL Butter, Salz, Pfeffer, 3–4 Thymianzweige, ⅒ l Kalbsfond, 1 kleines Glas Weißwein, 50 g Butter, einige Tropfen Balsamico-Essig

Die Leber in sehr dünne Scheibchen schneiden. In heißer Butter rasch angehen lassen, die Leber soll zwar bräunen, darf dazu aber nicht zu lange brauchen, damit sie saftig bleibt. Dabei salzen, pfeffern und die Thymianzweige zufügen. Die Leber herausheben, auf einem Teller nachziehen lassen. Den Bratensatz mit Fond und Wein ablöschen, rasch einkochen, die eiskalte Butter untermixen. Mit Balsamico abschmecken. Mit bunten Gemüsen umkränzt sofort servieren.

4

HIRSCHKALBSFILET MIT ROTKRAUT UND SELLERIEPÜREE

Für vier Personen:
1 Hirschkalbsfilet (ca. 600 g), 3 EL Erdnußöl, Thymian, Salz, Pfeffer, ⅛ l Wildfond, ⅛ l Rotwein, 100 g Butter
Rotkraut:
1 kleiner Rotkrautkopf (1 kg), 1 Lorbeerblatt, 6 Wacholderbeeren, ½ Zimtstange, 1 Nelke, 1 Glas Schilcheressig, 1 Zwiebel, 2 EL Schweineschmalz, 1 EL Zucker, 1 Glas Rotwein, ca. ¼ l Fleischbrühe
Selleriepüree:
1 Sellerieknolle (ca. 600 g), 1 Kartoffel, ⅛ l Sahne, ⅛ l Milch, Salz, Pfeffer, Muskat

Das Fleisch am Stück im heißen Öl mit dem Thymianzweig rundum langsam anbraten, salzen, pfeffern. In Folie neben dem Feuer nachziehen lassen. Den Bratensatz mit Fond und Wein loskochen, um die Hälfte reduzieren, dann flöckchenweise die kalte Butter untermixen. Zum Servieren in Scheiben schneiden und mit der Sauce anrichten.
Das Kraut wird bereits am Vortag angesetzt: in feine Streifen hobeln, dicke Strünke entfernen. Mit Gewürzen und Essig durchkneten, über Nacht durchziehen lassen. Anderntags die gehackte Zwiebel im heißen Schmalz andünsten, mit Zucker bestäuben und karamelisieren. Das Kraut zufügen, mit Wein und Brühe ablöschen. Zugedeckt 15 Minuten köcheln und abschmecken.
Sellerie und Kartoffel schälen, würfeln und in Sahne und Milch weich kochen, dabei mit Salz würzen. Mit dem Mixstab pürieren, mit Pfeffer und Muskat abschmecken.

MANTRACHMÜHLE
KÜRBISKERNÖL

Duftend, würzig, anspruchsvoll: das grüne Öl aus Kürbiskernen

Beim ersten Mal erschrickt man fast: schwarz fließt es aus der Flasche, legt sich dick über alles auf dem Teller und hinterläßt dunkelgrüne Spuren. Wenn Kürbiskernöl nicht so verführerisch nach frisch gerösteten Nüssen duftete, hätte man sicher keine Lust, es zu probieren. Die steirische Spezialität hat in den letzten Jahren einen erstaunlichen Erfolgsweg genommen. Rindfleisch oder Sülze mit Kernölvinaigrette – was man früher ausschließlich in der Steiermark aufgetischt bekam, ist eine der beliebtesten Vorspeisen im ganzen Land geworden. Je weiter man sich aber von der Heimat des Kernöls entfernt, desto eher läuft man Gefahr, statt eines frisch gepreßten, nach Nüssen duftenden, bäuerlichen Öls ein blasses Industrieprodukt zu finden, das nicht so dicht, meist etwas bräunlich und weniger aromatisch ist. Häufig nicht aus steirischen, sondern geschälten Kürbiskernen hergestellt, die, aus China importiert, nur ein Drittel kosten.

Kürbiskernöl war früher eine kostbare Rarität. Erst seit man es zu Beginn der fünfziger Jahre geschafft hatte, den Kürbiskernen ihre harte, ledrige Schale wegzuzüchten – die man bis dahin mühselig von Hand entfernen mußte, erst später gab's dafür Hilfe durch Maschinen –, wurde die Produktion einfacher. Man hatte sich früher diese Mühe im übrigen nicht wegen des Wohlgeschmacks allein gemacht, sondern weil man die wohltuende Wirkung des aromatischen Öls spürte. Inzwischen ist wissenschaftlich bestätigt, daß Kürbiskernöl mit seinen fast 80 Prozent ungesättigten Fettsäuren (davon 50 bis 60 Prozent sogar mehrfach ungesättigt), zu den gesündesten Pflanzenfetten überhaupt gehört. Es ist obendrein nicht nur völlig cholesterinfrei, sondern wirkt sogar cholesterinsenkend, und die Kerne sind geradezu ein Heilmittel gegen alle Beschwerden rund um Blase und Prostata.

Daß man es ausschließlich als Salatöl verwenden sollte, hat man in der Steiermark immer schon gewußt, auch, daß es zum Kochen – seines niedrigen Rauchpunkts wegen – ungeeignet ist. Dafür paßt es ideal zu Gemüse, vor allem zu weißen oder grünen Bohnen, Kartoffeln, Kraut, Rettich, Gurken, zu festen Salatblättern, wunderbar auch zu Fleisch- und Wurstsalaten. Und auf krumiges Bauernbrot geträufelt, sorgt es für die richtige Unterlage zu einem Glas vom herben steirischen Wein. Aber: Frisch muß das Öl sein, dann schmeckt es am besten, auch die wertvollen Inhaltsstoffe sind noch alle erhalten. In den kleinen, handwerklich arbeitenden Ölmühlen wird rund ums Jahr immer wieder frisch gepreßt. Denn die Kerne lassen sich, wenn sie sachgerecht getrocknet sind, problemlos lagern. Im Gegensatz zum Öl, das selbst bei Idealbedingungen (bei 10 Grad, dunkel und trocken) höchstens zehn Monate alt werden sollte. Einmal geöffnet verliert es seine Qualität noch schneller.

In der Mantracher Ölmühle der Familie Kremsner bei Großklein, unterhalb von Kitzegg, preßt man bereits seit mehr als 400 Jahren Kürbiskernöl, bis heute nach der gleichen, traditionellen Methode, inzwischen natürlich durch Maschinenkraft unterstützt. Sie ist eine der kaum noch 50 Mühlen, die von einst 200 übriggeblieben sind. Statt dessen gibt es inzwischen einige industriell arbeitende Betriebe in der Region, die die enorme Nachfrage befriedigen, auch nach den Kernen, die man für medizinische Zwecke braucht. Mit umgebauten Mähdreschern werden dafür die Kürbisse geerntet und aufgebrochen, die Kerne in großen Siebtrommeln vom Rest der Frucht gelöst – alles in einer Fahrt.

Aber die meisten Bauern, die Gerhard Kremsner (im Bild ganz links zeigt er eine Tüte schalenloser Kerne und die weißen, ungeschälten Kerne, wie man sie aus Südeuropa kennt) ihre getrockneten Kürbiskerne bringen, gewinnen sie noch von Hand gleich auf dem Feld wie die Frau auf dem Bild. Die Kürbisse werden in Reihen ausgelegt, um einige Tage an der Sonne zu trocknen (Bild links oben). Wenn die Männer sie »geschlachtet« haben, wie man das nennt, sind die Frauen dran: Sie befestigen die Hälften zwischen zwei Nägeln auf einem Holzgerüst und kratzen mit den Fingern die Kerne aus dem Fleisch. Der Rest wird kompostiert. Es ließe sich daraus noch Suppe kochen (siehe Seite 128) – doch es wäre ein bißchen viel...

Zuerst muß im Ofen ein Feuer angezündet werden, damit man den Brei aus gemahlenen Kürbiskernen vor dem Pressen rösten kann

Die dunkelgrünen Kerne des steirischen Ölkürbis (großes Bild) werden in einer Mühle zu einem grießartigen Pulver gemahlen

Dieses wird angefeuchtet und gesalzen – Salz dient der besseren Haltbarkeit, Wasser ist nötig, um das Öl vom Eiweiß zu lösen

Schließlich wird die Masse geröstet. Behutsam und sehr langsam, etwa eine halbe Stunde lang, unter ständigem Rühren und Wenden

Ein betörender Duft nach gerösteten Nüssen entsteht dabei. Der Müller füllt den Brei in eine Transportwanne um

Von dort befördert er ihn zweikiloweise in den Preßzylinder, dazwischen legt er Metallplatten zum Druckausgleich

Das Öl fließt bereits bei geringem Druck. Übrigens: Kernölflecken verschwinden von selbst in der prallen Sonne!

Zurück bleibt der Preßkuchen, der noch einiges Fett, vor allem aber viel Eiweiß enthält. Er ist ein ideales Karpfenfutter!

Ein Gedicht, die steirische Kernöleierspeis'! Ein köstlicher Imbiß, der im Handumdrehen zubereitet ist: Zuerst die Kerne in wenig Butter anrösten, verquirlte Eier dazu, salzen, pfeffern und unter Rühren sanft stocken lassen. Schließlich Kernöl und viel Schnittlauch darübergeben

Gölles: Essig, Balsam, Brände

Maschansker, Krummstiel, Schafsnase, Rosenapfel, Ilzer Weinler ... Apfelsorten, die seit langem in der Steiermark heimisch sind. Sie wachsen auf großen Bäumen, jeder von ihnen ein Individuum. Aus diesen kleinen Äpfeln macht man Saft und Apfelwein. Zum Essen erzeugt man lieber große, schön aussehende, aufgeblasene Früchte neuer Sorten auf leicht zu pflegenden Spindeln. Der Verbraucher zieht das äußerlich Schöne dem unansehnlichen Guten vor. Als dem Obstwirt Alois Gölles aus Riegersburg in der Südoststeiermark dies klar wurde, hatte er eine Idee: Warum nicht das Gute in eine andere, edlere Form bringen? Zum Beispiel Saft, Essig oder Schnaps? Der Erfolg gab ihm recht: Gölles ist heute einer der renommiertesten Brenner der Welt, seine Destillate führt jedes Spitzenrestaurant – sie sind teuer, aber ihren Preis allemal wert!

Ausgangsprodukt ist steirisches Obst, das durch die sonnigen Tage und kühlen Nächte ausgeprägte Aromen gewinnt: Statt wegen EU-weiter Überproduktion unverkäuflicher Tafeläpfel kultiviert Gölles wieder alte Apfelsorten, Kriecherl (wilde Zwetschgen), Williams-Birnen, Vogelbeeren, Holunder und Marillen. Nur erstklassige, gesunde, vollreife Früchte werden eingemaischt, sorgfältig vergoren und gebrannt. Die Fruchtdestillate reifen vorzugsweise in Glasballons – Gölles ist stolz auf seine Sammlung alter Ballons, allesamt Unikate. Manche Brände lagern in Holzfässern, gewinnen dort Farbe und neue Aromen. Holzfässer sind auch Basis für das Werden der einzigartigen Spezialität des Hauses, des Apfelbalsams. Dafür wird frisch gepreßter Saft stark eingedampft und im Holzfaß zu Wein und Essig vergoren. Nach mehreren Jahren Reife entsteht daraus ein dickflüssiger, hocharomatischer Würzbalsam, der sich übrigens bestens mit Kernöl ergänzt.

Inzwischen macht Gölles auch Beeren- und Fruchtessige, die in Edelstahl vergoren werden, spezielle Weinessige – aus Schilcher –, und Balsamweinessig aus einer Trockenbeerenauslese.

Heute feiert Maria Sammer in ihrem schönen, strohgedeckten Kellerhaus Geburtstag, den 62., zusammen mit all den Gästen, die an diesem herrlichen, sommerlichen Herbsttag zufällig auf ein Glas Uhudler (manche durchaus auch auf mehrere!) vorbeigekommen sind

Ein Hoch auf den Uhudler!

Das hohe Parlament in Wien mußte sich damit beschäftigen, bis um den Uhudler endlich keine Geheimniskrämerei mehr nötig war. Der rosafarbene Wein (Bild Seite 141, oben) mit dem unverwechselbaren, extraherben, extrafruchtigen Geschmack war nämlich bis 1992 verboten. Obwohl man immer schon aus den Trauben von Amerikanerrebsorten diesen herzhaften, süffigen Wein gekeltert hatte! Weil sie viel robuster sind, nutzte man sie im letzten Jahrhundert in Europa als resistente Unterlage für die nach der Reblauskatastrophe überlebenden Reben. Wer den Namen Uhudler für ihren Wein erfunden hat und das Märchen von seiner üblen Wirkung, weiß man nicht. Jedenfalls sah sich die Obrigkeit genötigt, das Volk davor zu beschützen. Schädliche Methylalkohole fänden sich darin, hieß es, man würde blind davon, sein Genuß mache aggressiv und schädige das Hirn. »Dummes Zeug«, sagt Maria Sammer, die ihr Kellerhaus von der Großmutter geerbt hat, »immer haben die Leut' den Uhudler hier getrunken. Die haben ja gar nix anderes gehabt!« Und sie sind allesamt, bekräftigt sie energisch, stets bester Sinne und völlig natürlich gestorben. Wie der alte Eremit, ein legendärer Typ mit Wallehaar und klugem Kopf (Seite 8), der bis zu seinem letzten Atemzug im höchsten Alter sich keineswegs mit einem Glas am Tag begnügt hatte.

Die Kellerhäuser von Heiligenbrunn, dem östlichsten Zipfel des südlichen Burgenlands, sind etwas Besonderes. Sie liegen außerhalb des Orts, ziehen sich einen langen Hügel mit Rebzeilen entlang, und ihr Name täuscht. Sie sind nicht in die Erde eingegraben, sie sitzen obendrauf: Unter tief heruntergezogenen Strohdächern weißgekalkte, niedrige Gebäude. Ein in Bau befindliches Haus läßt die Konstruktion (Bild ganz links) erkennen: Nackter Lehmboden und mit Lehm zugestrichene Holzwände halten die Bodenfeuchtigkeit und kühlen so die Luft. Ein ebenso raffiniertes wie simples »Schloß« erspart den Schlüssel. Heute nutzt man die Kellerhäuser als Buschenschank. Maria Sammer sperrt ihre zwei bei schönem Wetter täglich auf und bleibt, sogar im Winter, bis die Sonne untergeht.

1

BURGENLÄNDER KRAUTSUPPE

Natürlich schmeckt sie, wie jeder anständige Eintopf, immer besser, je größer die Portion ist, die man kocht, und sie wird mit jedem Aufwärmen herzhafter und deftiger.

Für sechs Personen:
200 g Feuerbohnenkerne oder Wachtelbohnen, Salz, 2 Zwiebeln, 2 EL Schweineschmalz, 1 kg Sauerkraut, 2 EL Delikateßpaprika, 1–2 TL Kümmel, 500 g Speck, 500 g Rindfleisch (Schulter), 2 Tomaten, Pfeffer, 2 hellgrüne Paprikaschoten, 4 luftgetrocknete Paprikawürste (Kolbasz), ½ Rezept Nockerl (Seite 118)

Die Bohnenkerne über Nacht einweichen, dann in Salzwasser weich kochen. Gehackte Zwiebeln im Schmalz andünsten, das Kraut gründlich untermischen. Erst wenn es überall von Fett überzogen glänzt, mit Paprika bestäuben und gut vermischen. Kümmel zufügen. Mit Wasser knapp bedecken. Das Speckstück und das Fleisch zufügen, ebenso die gehäuteten, grob zerschnittenen Tomaten. Salzen, pfeffern und zugedeckt leise eineinhalb Stunden köcheln. Die letzte halbe Stunde die abgetropften Bohnen mitkochen. Den in Streifen geschnittenen Paprika, die in Scheiben geteilten Würste sowie die Nockerl erst für die letzten fünf Minuten unterrühren.

Nach der herzhaften Mahlzeit mit Krautsuppe und Fettgebackenem verhilft ein Schnaps zu besserer Verdauung – er ist, wie alles hier, selbstgemacht, nämlich aus den Äpfeln genau jenes Baumes gebrannt, der den Schatten spendet

2

LANGÓS
FEUERFLECKEN

Eine Spezialität, die aus Ungarn ins Burgenland gekommen ist: ein Teigfladen aus Hefe- beziehungsweise Brotteig, der in Schweineschmalz gebacken und dann mit durchgepreßtem Knoblauch gewürzt wird. Paßt wunderbar zum Wein!

Für sechs Personen:
400 g Mehl, ½ Würfel Hefe (20g), ⅛ l Milch, ½ TL Zucker, 1 gehäufter TL Salz, 50 g Schweineschmalz, ca. ⅛ l lauwarmes Wasser, Mehl zum Bestäuben, Schmalz zum Ausbacken, Knoblauch

Das Mehl in die Rührschüssel geben, in eine Vertiefung in der Mitte die in der lauwarmen Milch aufgelöste und mit Zucker verrührte Hefe gießen und mit etwas Mehl verrühren. Zugedeckt eine Viertelstunde gehen lassen, bis sich dieser Vorteig verdoppelt hat. Dann unter stetem Rühren Schmalz sowie nach und nach so viel Wasser zufügen, bis ein weicher Teig entstanden ist. Zu einer Kugel formen, mit Mehl bestäuben und eine Stunde gehen lassen.
Tennisballgroße Portionen vom Teig zupfen, auf der bemehlten Arbeitsfläche zu fingerdicken Fladen ausrollen und in Schmalz schwimmend auf beiden Seiten golden ausbacken. Die heißen Fladen mit durch die Presse gedrücktem Knoblauch bestreichen und frisch verspeisen.

Die reifen Äpfel fallen einem geradezu in den Schoß. Die Wirtin stellt zum Wein einen Korb mit Paprika, Tomaten, Zwiebeln und Knoblauch auf den derben Holztisch, einen Schmalztopf dazu und Brot, und alle schmausen mit Lust

Blaufränkisch und Strohwein

Fröhliches Kindergeschrei hallt durch die Weinberge oberhalb der malerischen Kellergasse von Deutsch Schützen an der Pinka: Welschriesling für einen einfachen Schankwein des Arkadenhofs wird gelesen, da dürfen die Kinder mitmachen, angeleitet von Brunhilde Wachter (Bild unten), die für heute ihre Buschenschank geschlossen hat. Seit der junge Franz Wachter (Bild unten, an der Presse) in die Winzerfamilie Wiesler – ebenfalls Deutsch Schützen – eingeheiratet hat, werden die beiden Betriebe mit je etwa 3,5 Hektar zusammen bewirtschaftet, was, ebenso wie die gemeinsame Vermarktung, rentabler ist. Aus den Blaufränkischtrauben (in Württemberg heißt diese Rebsorte Lemberger) der besten Lagen beider Güter keltert er den Spitzenwein Béla-Jóska, den beiden Vätern Béla (Adalbert) Wachter und Jóska (Josef) Wiesler zu Ehren. Ein Teil des Blaufränkisch wird, wie auch eine Cuvée mit Cabernet Sauvignon, im Barrique ausgebaut. Alle Rotweine von Wachter/Wiesler sind, dank der mineralischen Böden und des heißen Klimas, sehr würzig, dicht, tiefgründig und kraftvoll, erinnern etwas an Rhône-Weine. Keine Kinderhände dürfen bei der Lese der 12 000 Kilo Goldburgertrauben helfen, aus denen eine seltene Spezialität des Arkadenhofs entsteht: Strohwein. Absolut makellose Trauben braucht man dafür. Sie werden sorgsam auf dem Dachboden auf Strohmatten ausgelegt, wo sie von Mitte September bis in den Februar hinein nachreifen. Dann ist ein erheblicher Anteil des Wassers in den Beeren verdunstet und der Zucker konzentriert – natürlich muß man immer wieder durchgehen und faule Beeren auslesen. Das Ergebnis: Ein Most mit einem Zuckergehalt von 175 Grad Öchsle! Daraus wird ein voller, süßer Dessertwein, der, weil die Trauben so früh gelesen wurden, eine wunderbar frische Säure besitzt.

»Schloß Bernstein«: das wohnliche Dornröschenschloß des englischen Patienten

Bis zum Horizont stellen sich dicht an dicht, unregelmäßig gegeneinander versetzt, erstaunlich rund geformte Kuppen und Berghöcker aneinander. Mal sind sie vom dunklen Grün der Wälder samten überzogen, dann kräuselt sich wieder als dunkle Linie nur Gebüsch ein Feld entlang. Dazwischen sind trutzige Burgen und malerische Ruinen gestreut, Ackerflächen als Farbflecken hingebreitet: strohgelb, wo das Korn längst heimgebracht ist, hoffnungsfroh grün, wo schon die Wintersaat keimt. »Bucklige Welt« heißt diese ursprüngliche, wilde Landschaft, die jedoch durchaus von Menschenhand gezügelt wirkt. Und auf einem dieser Buckel thront, nach allen Seiten grüßend, stolz Burg Bernstein.

Daß es die Hausherrin ist, die den Besucher in der Torhalle begrüßt, sagt ihm höchstens sein aufmerksamer Blick. Der wunderschöne Burggarten ist zu besichtigen, dessen bunte Vielfalt Graf Almásy zu danken ist, der ein passionierter Gärtner war und Pflegevater von Maria Gräfin de la Pace Kuefstein, die es in den Kriegswirren hierher verschlagen hat. Dessen Vater hatte die im Grenzland zwischen Ungarn und Österreich gelegene Burg Ende letzten Jahrhunderts gekauft. Und er hatte sie damals schon mit dem neuzeitlichsten Komfort, sogar Bäder, Öfen und doppelt verglaste Fenster, versehen. Sein Bruder übrigens war jener legendäre Afrikaforscher Ladislaus, dessen Wüstenabenteuer dem Film »Der englische Patient« zugrunde liegen. Als nach dem Krieg auch die Almásys vor der Frage standen, wovon sie leben sollen – Vermögen verloren, keine wirtschaftliche Basis mehr –, hatte der Graf die Idee: »Bisher haben sich unsere Gäste hier immer wohl gefühlt, vielleicht kommen jetzt auch welche, die dafür zahlen?«

Sie kamen, und sie tun es bis heute. Inzwischen hat mit Tochter Andrea Almásy und ihrem Mann Alexander Berger die nächste Generation das Zepter übernommen. Und längst hat sich eine eingeschworene Fangemeinde gebildet, die nur ungern diesen Geheimtip preisgibt. Nur zehn Zimmer stehen zur Verfügung, jedes mit erlesensten Antiquitäten eingerichtet, deren Kostbarkeit natürlich auch dem Gast behutsamen Umgang abverlangt. Überhaupt ist Bernstein kein Hotel, in dem man sich bedienen läßt. Man fühlt sich als privater Gast, auch mit seinen Pflichten, die ihm Rücksichtnahme auferlegen! Es gibt keine Schlüssel zu den Türen, keinen Fernseher, kein Telephon, Handy ist verpönt, und wer nachts Lust auf ein Spiegelei verspürt, geht selber in die Küche… Ansonsten sorgt Andrea für die Mahlzeiten. Den Speisezettel bestimmt das Angebot im Garten und auf dem Markt, die Weinliste befreundete Güter. Und gegessen wird mit den Gastgebern bei Kerzenlicht im prächtigen Rittersaal.

Mutter Maria Gräfin de la Pace Kuefstein

Tochter Andrea Almásy führt das Haus

zusammen mit Ehemann Alexander Berger

Worte in Kisuaheli auf der Tafel neben der Küchentür (unterstes Bild links) – sie sind kein Witz: Die Kinder von Andrea und Alexander Berger-Almásy lernen tatsächlich diese Sprache, weil sie es spannend finden, wenn niemand sie versteht. Die Liebe zu Afrika und zur Wüste hat Urgroßonkel Ladislaus ihnen schließlich vorgelebt. Ihm zu Ehren ist im ersten Stock ein kleines Museum eingerichtet (1. Bild rechts). Die Burganlage betritt man durch eine tiefe Torhalle. Die Gästezimmer sind durch die früheren Dienstbotenflure zu betreten (2. Bild, rechts), sie tragen die Namen derer, die darin wohnten. Zum Beispiel »Die Tanten« mit den hinreißenden Biedermeierbetten (Bild oben, Mitte) – dort steht auch aus Marmor die museumsreife »Dame auf der Recamière« von R. Monti (1842/43). Streifzüge durch die Burg führen zur Kapelle (2. Bild links) und enden stets im großen Rittersaal mit seinen kunstvollen Stuckarbeiten an der Decke und in den Fensternischen

1

GEFÜLLTE TOMATEN

Es ist nichts weiter als ein Rührei, in die gartenfrische, duftende Tomate gefüllt – das österreichische Wort »Eierspeis'« klingt viel liebenswürdiger! –, aber mit einer Borretschblüte, mit Pimpernell und Salbei geschmückt ist es eine hübsche wie wohlschmeckende Vorspeise.

Für vier Personen:
5 frische Eier, Salz, Pfeffer,
2 EL Butter, 1 Bund Schnittlauch,
4 feste, aber reife Tomaten

Die Eier verquirlen, mit Salz und Pfeffer würzen, in der heißen Butter stocken lassen, dabei rühren, damit schöne Flocken entstehen. Den in Röllchen geschnittenen Schnittlauch unterrühren.

Den Tomaten eine Kappe abschneiden, diese mit einem Löffel aushöhlen, innen salzen und pfeffern und schließlich mit dem Rührei füllen. Den Teller mit Kräutern schmücken!

2

FRITATTENSUPPE

Der Klassiker unter den Suppeneinlagen – in Süddeutschland eher als Pfannkuchen- oder auf gut schwäbisch als Flädlesuppe bekannt. Ein Rezept ist nicht nötig: übriggebliebene Pfannkuchen (Rezept zum Beispiel Seite 106) werden aufgerollt, in feine Scheiben geschnitten und in kräftiger Fleischbrühe serviert.

3

KABELJAU IN ESTRAGONSAUCE

Für vier Personen:
½ l Wasser, 1 Zitrone, 1 TL Pfefferkörner,
Salz, 1 Zwiebel, 1 Glas Weißwein,
4 schöne Stücke Kabeljaufilet (à 200 g),
2 EL Butter, 1 gestrichener EL Mehl,
150 g Sahne, frischer Estragon

Wasser mit einer in Scheiben geschnittenen Zitrone, Pfeffer, Salz, grob gewürfelten Zwiebel und etwas Weißwein eine halbe Stunde köcheln. In diesem Sud die Fischfilets etwa fünf Minuten sanft ziehen lassen. Für die Sauce aus Butter und Mehl eine Schwitze bereiten, mit einer Schöpfkelle Fischsud 20 Minuten durchkochen, schließlich die Sahne zufügen und weitere fünf Minuten köcheln. Mit Salz, Pfeffer, Zitronensaft würzen. Reichlich feingeschnittenen Estragon unterrühren.

1

2

3

5

4

4

REHRÜCKEN

Für eine halbrunde Rehrückenform:
4 Eigelb, 100 g Zucker, 100 g Butter,
80 g Schokolade, je 80 g grob gemahlene
Haselnüsse und Mandeln, 60 g Mehl,
1 Messerspitze Backpulver, 4 Eiweiß,
Butter für die Form
Schokoladenguß:
150 g Puderzucker, 4 EL Wasser,
150 g dunkle Kuvertüre

Die Eigelb mit Zucker und weicher Butter zu einer dicken, hellen Creme schlagen. Die flüssige, wieder abgekühlte Schokolade einarbeiten, schließlich Haselnüsse, Mandeln, Mehl und Backpulver unterziehen. Zum Schluß den steifgeschlagenen Eischnee unterheben. In eine gut ausgebutterte Rehrücken- oder Kastenform füllen. Bei 180 Grad 50 Minuten backen.

Für den Guß den Puderzucker im Wasser auflösen und fünf Minuten köcheln, die Schokolade darin auflösen und so lange mit dem Rührlöffel bearbeiten, bis die Masse dickflüssig und glatt ist. Gleichmäßig über den Kuchen gießen, ihn dafür auf Folie setzen, um herabtropfenden Schokoguß aufzufangen. Abgekühlten Guß kann man wieder erwärmen und erneut auf dem Kuchen verstreichen. Mehr Glanz bekommt der Guß, wenn man ihn am Topfrand mit einem Spatel immer wieder umwendet und verstreicht.

5

MOHNKUCHEN

Für eine kleine Kastenform:
100 g Butter, 50 g Zucker,
1 Tütchen Vanillezucker, 6 Eigelb,
150 g frisch gemahlener Mohn,
70 g geriebene Mandeln,
2 EL Mehl, Zimt, 2 Eiweiß,
Butter für die Form
Zitronenglasur:
200 g Puderzucker, 3–4 EL Zitronensaft

Butter, Zucker, Vanillezucker und Eigelb dick und hell schlagen. Mohn, Mandeln, Mehl und Zimt unterziehen. Den steifgeschlagenen Schnee behutsam unterheben. In eine gebutterte Form geben, bei 180 Grad 50 bis 55 Minuten backen (Stäbchenprobe!). Für die Glasur Puderzucker und Zitronensaft glatt rühren, den Kuchen damit dick und gleichmäßig überziehen.

WAS BIN ICH
HEITERES
BERUFERATEN
MIT
ROBERT LEMBKE
MÜNCHEN
2. 12. 1982

Das seltene Handwerk des Herrn Koo

Ein prall gefülltes »Schweinderl« durfte Josef Koo mit nach Hause nehmen, weil keiner in der Sendung »Heiteres Beruferaten« seinen Beruf erriet. Und man staunte, daß nach der Erfindung der Anilinfarben tatsächlich jemand das uralte Handwerk der Blaufärberei – auch nach dem Farbstoff Indigofärberei genannt – beherrscht und noch betreibt. Sein Vater hat 1920 damit angefangen, in derselben Werkstatt, in der Josef Koo noch steht. Er war überaus erfolgreich, beschäftigte fünf Angestellte. Aus blaugefärbten Stoffen wurde damals Arbeitskleidung hergestellt, Schürzen, Haushaltswäsche, alles, was strapazierfähig, robust und haltbar sein sollte.

Josefs Eltern waren noch Ungarn – erst 1921 wurde das Burgenland durch Votum der Bewohner Österreich zugeschlagen. »Da hammer Glück g'habt«, grinst er verschmitzt. Und dann hat der Vater ein zweites Mal Glück gehabt, nämlich in jenen wirren Zeiten den unerhörten Weitblick besessen, eine solch große Menge Indigo einzukaufen, daß auch der Sohn ihn sein Leben lang nicht verbrauchen kann. Dieser Vorrat ist eine Kostbarkeit: Denn der älteste Farbstoff der Welt, der ein so wunderschönes, sattes Blau ergibt, wird aus dem Indigostrauch hergestellt, der heute kaum mehr aufzutreiben ist. »Ich bin der letzte in Europa«, sagt Josef Koo, »was sonst als Blaudruck angeboten wird, ist alles anilingefärbt!«

Charakteristisch für blaugefärbte Stoffe sind die Muster: kleine Ornamente, Pünktchen, Blümchen, Ranken. Ehefrau Elisabeth zeigt eine Auswahl auf dem Bild. Sie werden mit Hilfe von eisenbeschlagenen Holzmodeln (Bild unten links) oder mit Walzen (Bild Mitte oben) als Wachsmuster auf weißen Stoff gedruckt. Dort bleibt der Stoff weiß, wenn er, um einen Träger gespannt (Bild unten rechts), in die Färbeküppen getunkt wird (Bild ganz links oben), immer wieder, bis die Farbintensität stimmt. Durch Waschen wird das Wachs entfernt. Und fertig sind die schönen Stoffe mit den klaren bäuerlichen Mustern, wie man sie von früher kennt.

Ferienparadies zwischen Reben und Puszta: der Neusiedler See

Ferienparadiese locken viele Menschen an. Da geht es dem Neusiedler See nicht anders als Mallorca, der Toskana oder der Provence – zumal das »Meer der Wiener« bereits Mitte des letzten Jahrhunderts als lockendes Ziel von ihnen entdeckt wurde, nur eine Bahnstunde südöstlich der Millionenstadt gelegen. Vor gut dreißig Jahren kamen die Deutschen dazu: Damals erfuhr die Region einen gewaltigen Schub, denn seit dem Untergang der k. u. k. Monarchie und der Volksabstimmung von 1921 galt das Burgenland, bis dahin zum Königreich Ungarn gehörend, als das Armenhaus Österreichs. Es konnte im Schatten der Grenze nicht von Entwicklungen profitieren, hatte vor allem keine Industrie. Viele Menschen waren ausgewandert. Nicht ohne Grund nennt man Chicago die größte Stadt des Burgenlandes...

Als nun die Touristen kamen, zeigte sich erstmals ein Silberstreif am Horizont: Die Familien rückten zusammen, machten ein oder zwei Zimmer für die Fremden frei. Da aber die bescheidenen, typischen Pusztahäuser – schilfgedeckt, ebenerdig und ohne Keller – nicht bequem genug waren, baute man neu: ziemlich einfache, wenig phantasiereiche Häuser und Bungalows, freilich angenehmer zu bewohnen. Und man investierte in schlichte Familienpensionen »mit fließendem Wasser«. Inzwischen hat man sie zum größten Teil mit Duschen versehen, sie prägen aber mit ihrem wenig ansprechenden Aussehen die Dörfer – die meisten sind gesichtslos, ohne Mitte, alles schön ordentlich betoniert, resopalisiert und eternitisiert. Steht doch noch irgendwo ein altes Burgenländerhaus mit dem typischen, barock geschwungenen Giebel, so ist das eine Rarität.

Doch man kann die ursprüngliche Faszination, die einstige Schönheit der Region noch finden: die unendlich scheinende, von keiner Erhebung begrenzte Weite der Landschaft im Seewinkel; den undurchdringlichen Schilfgürtel voller zwitschernder, röhrender, dommelnder, schlagender und quakender Vögel; und schließlich sogar gute, sorgfältig gekochte Gerichte in einigen ehrlichen Gasthäusern, wo man stolz die Kultur der burgenländischen, natürlich von Ungarn geprägten Küche pflegt. Allerdings muß man großzügig darüber hinwegsehen und -riechen, daß gleich nebenan Versorgungsstätten nach überhitztem und zu oft gebrauchtem Fritierfett stinken und dagegen offensichtlich immune Bustouristen mit elenden Pom-

Beständiger Steppenwind macht den Neusiedler See zum Dorado für Segler und Surfer. Das Ufer ist flach, also ist Vorsicht geboten!

Nur bei Podersdorf am Ostufer des Sees gibt es einen direkten Zugang zum See mit Strandpromenade. Stille Plätzchen sind hier selten

mes, Zigeunerschnitzeln, Pusztatöpfen und Hirtenspießen abfüttern.
Das Meer der Wiener leuchtet nicht adriatisch blau, sondern schimmert trüb braungrün – der Steppensee ist flach und sumpfig, kaum mehr als eineinhalb Meter tief. Außer der Wulka im Nordwesten münden nur wenige kleine Bäche hinein, einen Abfluß hat er nicht: Er wird durch Grundwasser gespeist. Und dies ist launisch, so daß der Seespiegel nach Jahreszeit und Niederschlagsmenge schwankt. Von 1855 bis 1868 war er gar vollkommen ausgetrocknet! Von seinen heute etwa 330 Quadratkilometer entfallen rund die Hälfte auf den bis zu drei Meter hohen Schilfgürtel – der stark wächst, noch vor hundert Jahren maß er nur ein Drittel der heutigen Fläche! Fast die Hälfte des Wassers verdunstet jedes Jahr, deshalb ist der Neusiedler See leicht salzig. Diese enorme Wasserverdunstung hat entscheidenden Einfluß auf das Klima, vor allem für den Weinbau: Im Herbst wirkt das Wasser als Wärmespeicher, schützt also vor Frost. Und zum anderen fördert die hohe Luftfeuchtigkeit die Bildung der Edelfäule, der Botrytis! Dieser Grauplz befällt bei feuchtwarmer Witterung die Trauben und zerstört die Beerenhäute, so daß an sonnigen, womöglich windigen Herbsttagen das Wasser aus den Beeren verdunsten kann; zu Rosinen eingeschrumpelt werden sie zu einem Konzentrat. Daraus werden dann jene Auslesen und Trockenbeerenauslesen gekeltert, für die das Burgenland berühmt, aber auch berüchtigt ist. Der Wein vom Westufer hatte seit Jahrhunderten einen hervorragenden Ruf – als »Ungarwein«! Am Ostufer, dem Seewinkel, gab es früher nur einen bedeutenden Weinort, Mönchhof, von den Zisterziensern des Klosters Heiligenkreuz im Wienerwald 1217 gegründet. Der Großteil der Böden dieses Gebietes war versalzen; auch die vielen »Lakken«, Tümpel und kleinen Seen, die dem Seewinkel seinen Namen gaben, enthalten reichlich Salze, manche sogar Schwefelverbindungen, weshalb sie intensiv duften – die Stinkerseen. Als in den fünfziger Jahren ein Verfahren entwickelt wurde, diese Böden zu entsalzen, konnte man plötzlich überall Wein anbauen – die Zunahme der Rebfläche

Durch den bis zu sechs Kilometer breiten Schilfgürtel führen »Kanäle«, damit das Schilf »geerntet« werden kann – für Matten und Dächer

Der Ausflug mit dem gemütlichen Pferdewagen läßt die Weite der Landschaft unmittelbarer erleben als das eigentlich zu schnelle Auto

Der Kalksteinbruch von St. Margarethen, bereits von den Römern angelegt, lieferte die Steine für den Stephansdom und Schönbrunn

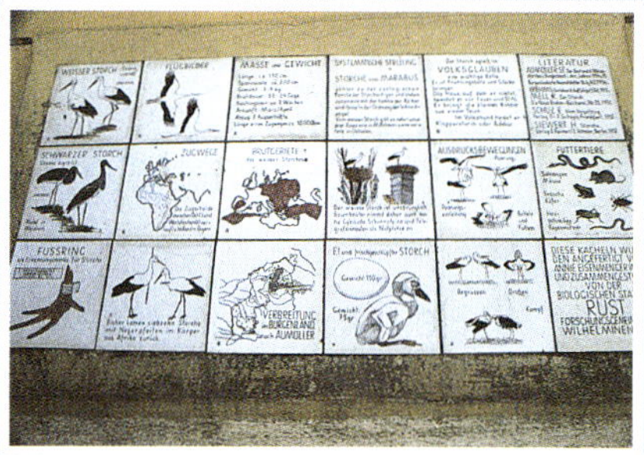

Der Storch, das Wahrzeichen von Rust, ist vom Aussterben bedroht. Sein komplizierter Lebenszyklus ist hier auf Fliesen festgehalten

Schloß Esterházy in Eisenstadt: Hier und auf Esterháza, südlich des Neusiedler Sees, war Joseph Haydn Hofkapellmeister

war gigantisch, ein rapider Preisverfall die Folge. Man suchte daher Erfolg in der Masse und belieferte die deutschen Supermärkte mit Billigware. Und panschte mit Glykol – für 5,99 DM konnte man damals »Trockenbeerenauslesen« kaufen, die, korrekt produziert, mindestens das Zehnfache hätten kosten müssen. Der Markt brach nach dem Skandal vollkommen zusammen.

Zunächst ging es den Winzern einfach schlecht – die meisten allerdings waren, da im Burgenland Realteilung herrscht, ohnehin nur Kleinstbesitzer und Wochenendwinzer. Viele Weinberge wurden stillgelegt, in den letzten Jahren zunehmend mit Mitteln der EU. Die wenigen Großbetriebe stellten auf trockene Weine um, die zum Essen immer beliebter wurden.

Einige Winzer hatten freilich die tradi-

Bilder unten: Die »Fischerkirche« ist das kulturelle Zentrum von Rust, eines der schönsten Städtchen Österreichs. Nach der Zerstörung durch die Türken 1532 wurde der Ort planmäßig wiederaufgebaut, die Renaissance- und Barockbauten haben die Zeitläufte wohlbehalten überstanden und wurden jüngst sorgfältig restauriert. Ein schönes Beispiel: Das kaisergelbe Bürgerpalais des Weinguts Feiler-Artinger. Gottes und weltlicher Schutz: Kruzifix und ehemaliges Wachthäuschen an der heute offenen Grenze zu Ungarn

Zwischen See und Leithagebirge ziehen sich lange Rebzeilen. Schon wenig Höhenunterschied hat Auswirkungen auf den Wein

Im heißen pannonischen Herbst kochen die Rotweintrauben, werden schwer und süß, was auch die Wespen zu schätzen wissen

Vier Fünftel der Reben des Burgenlandes sind weiß – eine zeitige Ernte bringt frische, trockene, die späte Lese edelsüße Weine

tionelle Qualität nie aufgegeben. Im Laufe der achtziger Jahre kamen neue Betriebe hinzu, die erstklassige Weine machten. Das waren neben den süßen Prädikatsweinen immer mehr Gewächse eines neuen, internationalen Stils – kräftige, gehaltvolle Chardonnays und Sauvignon Blancs, Weiß- und Grauburgunder, vor allem aber auch Rotweine, die nun wieder an Bedeutung gewannen: Blaufränkisch, St. Laurent und Zweigelt als erprobte Sorten, neu gepflanzt Cabernet Sauvignon, Merlot, Blauburgunder, sogar Syrah und Nebbiolo. Die Entdeckung des Ausbaus in kleinen, neuen, ausgebrannten, den »getoasteten« Eichenfässern (Barriques), und die im Bordeaux übliche Methode, verschiedene Rebsorten in einer Cuvée zu mischen, um die jeweiligen Vorzüge einzubringen, machten Furore.

Zehn Spitzenwinzer schlossen sich 1996 zum Verein »Renommierte Weingüter Burgenland« zusammen: die Weingüter Feiler-Artinger und Ernst Triebaumer in Rust; Gesellmann und Igler in Deutschkreutz im Mittelburgenland; Kollwentz-Römerhof in Großhöflein bei Eisenstadt; Alois Kracher mit seinem Weinlaubenhof in Illmitz (führend bei den edelsüßen Weinen); Krutzler in Deutsch Schützen (Südburgenland); Anita & Hans Nittnaus in Gols; Josef Pöckl in Mönchhof; Umathum in Frauenkirchen. Sie stellen höchste Anforderungen an ihre Weine, verkosten sie in verdeckten Proben, kritisieren dabei einander kollegial und konstruktiv und haben fest ihr Ziel im Blick: das Ansehen des burgenländischen Weins international zu heben!

Großes Bild: Eine phantasievolle Vogelscheuche – angenehm geräuschlos, im Gegensatz zu den Schießautomaten, die im Herbst Krawall machen. Bilder unten: Während der Lese findet sich nur ein kleiner Kreis des Vereins »Renommierte Weingüter Burgenland« im Restaurant »Taubenkobel« zur allmonatlichen Weinverkostung zusammen. Es werden Weine von Mitgliedern und anderen burgenländischen Winzern blind probiert und beurteilt – nicht selten bewertet ein Winzer dabei seinen Wein anders als im eigenen Keller!

1

2

Die Eselböcks: kreativ – aber bodenständig

Grafiker wollte Walter Eselböck eigentlich werden, mit Kunst zu tun haben. Aber dann aß er eines Tages bei Eckart Witzigmann in der Münchner »Aubergine«, und es traf ihn wie der berühmte »coûp de foudre«: Das war eine Art von Gastronomie, wie er sie großartig fand, so wollte er kochen können!
Es war natürlich ein eher tollkühner Sprung in ganz schön kaltes Wasser, als er 1984 zusammen mit Eveline, seiner Frau, in ihrem Wohnhaus ein Restaurant eröffnete! Aber sie waren damals jung genug für soviel Mut, sie 24, er drei Jahre älter. »Alles läßt sich lernen!« war ihr Motto. Sie krempelten die Ärmel hoch und bauten erst einmal ihr Haus entsprechend um. Vorn, wo sie bisher geschlafen hatten, wurde die Gaststube eingerichtet. Wenn man heute das elegante, großzügige Restaurant betrachtet, kann man kaum glauben, wie bescheiden die Anfänge einmal waren. Es ist über verschiedene Ebenen verteilt, mit erlesener Kunst an den Wänden, geschmackvollen, sehr präzise arrangierten Details – von den Tellern angefangen, oft für bestimmte Speisen eigens ausgewählt, bis zum phantastischen Weinkeller, der dekorativ in einen Restaurantraum einbezogen ist. Motor für beide: Lust am Kochen, die Freude, Gastgeber zu sein, und der Ehrgeiz, das Ziel zu erreichen – ganz oben, absolute Spitze zu sein. Sie haben es geschafft!

1
HENDLHAXL AUF SCHILFSPIESS

Mit diesem sogenannten Gruß aus der Küche wird der Gast schon mal auf das Menü eingestimmt: Die Keule eines jungen Hähnchens ist mit gehackten Oliven und Salbeiblättern in eine hauchdünne Speckscheibe gewickelt, auf einen Schilfhalm gespießt und knusprig gebraten. Das sieht nicht nur bildschön aus, es schmeckt auch köstlich, und die verschiedenen Konsistenzen vom zarten Fleisch, den knorpeligen Oliven bis zur knusprigen Hülle machen die Zunge neugierig.

2
MARINIERTE LACHSFORELLE AUF SELLERIEPÜREE

Roh, in Olivenöl und mit Gewürzen mariniertes Lachsforellenfilet ist auf ein federleichtes, duftiges Selleriepüree gebettet. Rohe Juliennes von der im eigenen Garten gezogenen Knolle sorgen für nussigen Biß, das gebackene Stück Karpfenfilet in der Mitte für zarte Knusprigkeit.
Der Karpfen stammt aus dem Neusiedler See. Selbst die Sommertrüffel, die in hauchdünne Scheibchen gehobelt den Teller schmückt, stammt aus heimischen Breiten: Sie wurde am Semmering gefunden.

»Ein »Taubenkobel« ist ein Taubenhaus. Rund um dem Neusiedler See sieht man noch hinter vielen Häusern welche stehen: schmale, weißgekalkte Türme, nicht höher als die niedrigen Häuser selbst, oben nach allen Himmelsrichtungen mit Einfluglöchern versehen. Nur wenige jedoch werden noch genutzt. Auch im Kobel am Eselböckschen Haus in Schützen wohnen keine Tauben mehr. Er bewacht den Garten, in dem man bei gutem Wetter wunderschön sitzen kann. Dann wird die gläserne Wand zum Haus vollständig beiseite geschoben. Verblüffend und sehr reizvoll, wie hier moderne Materialien und die traditionelle Bauweise eines alten Hauses aufeinandertreffen.

Mit Fleiß, pfiffigen Ideen, viel Charme und einem bei beiden sehr ausgeprägten Temperament. Der »Taubenkobel« der Eselböcks zählt heute zu den interessantesten Restaurants Österreichs. »Ich weiß gar nicht«, lacht Walter Eselböck, »ob ich lieber esse oder lieber koche.« Vieles hängt sicher von der augenblicklichen Befindlichkeit ab. Sein Küchenstil beispielsweise ändert sich immerzu: Gerade durchlebt er eine mehr asiatisch inspirierte Phase; aber nach ein paar Tagen Urlaub in der Toskana oder auf Kuba kommen eher mediterrane oder karibische Düfte hinzu. »Nur«, gibt er zu bedenken, »einfach wild drauflosexperimentieren verbietet sich in einem Restaurant.« Er besinnt sich kurz und setzt hinzu: »Leider! Aber auch kreative Ideen müssen schließlich an die Mitarbeiter weitergegeben werden, die Gerichte dann immer wieder abrufbar sein.« Auch eine Art von Kunst! Wenn man's genau betrachtet, ist er doch von seinem ursprünglichen Berufswunsch gar nicht weit entfernt…

1

HALÁSZLÉ

Natürlich darf in dieser Region die pannonische Fischsuppe nicht fehlen. Im »Taubenkobel« wird eine Luxusversion serviert, mit Krebsen aus der Wulka, Lachsforellen und Wels aus dem Neusiedler See und mit höchst akkurat in Rauten geschnittenen, natürlich geschälten gelben und roten Paprika. Der Knoblauchcroûton dazu verdient seinen Namen zu Recht und bietet einen kraftvollen Widerpart zur ebenfalls eindeutig abgeschmeckten Suppe.

2

ZANDERFILET AUF NUDELN

Inspiriert von den letzten Ferien in der Toskana richtet Walter Eselböck das Filet vom Zander (das natürlich aus dem See, nicht aus der Zucht stammt!) auf mediterrane Weise an: Es wird auf der Hautseite knusprig gebraten, dann auf feine Eiernudeln gebettet, die in Tomatenjus geschwenkt, mit gedünsteten Cocktailtomaten, einem duftenden Klecks Olivenpaste sowie mit einem fritierten Basilikumblatt geschmückt sind.

3

SAIBLINGSFILET MIT GESCHMORTEM RADICCHIO

Diesmal ist das Fischfilet auf der Unterseite behutsam gebraten, die Hautseite wurde mit in der Bratbutter gewendetem, feingehacktem Kerbel bestreut. Dazu gibt es geschmorten Chicorée, der eine zarte Bitterkeit mit sich bringt, und ebenfalls geschmorten Radicchio, dessen Würze mit etwas Balsamico gemildert ist. Ein kleiner Klecks würziges Kartoffelpüree rundet die unterschiedlichen Aromen ab und schafft Verbindung.

4

LAMM IM REISPAPIER

Ein prachtvolles Hauptgericht: Ein gebackenes Reispapierblatt ist der dramatische Untergrund für zweierlei Lammstücke. Der rosa gebratene Lammrücken wurde erst nach dem Garen in Scheiben geschnitten, das geschmorte Lammhäxle beziehungsweise Lammstelze, wie man in Österreich sagt, ist vom Schmorfond wie glasiert. Was man nicht sieht: Beides sitzt auf einem Eierschwammerlsterz – so heißt hier eine Art Polenta aus Maisgrieß, die mit gedünsteten Pfifferlingen vermischt ist. Fritierte Spinatblätter geben Farbe und Frische. Separat dazu wird ein Salat gereicht, aus in lange Streifen geschnittener Gurke, mit saurem Rahm und viel Knoblauch angemacht.

5

EIERLIKÖRSORBET MIT KASTANIENEIS

Als Erfrischung vor dem eigentlichen Dessert gibt es ein cremiges Sorbet. Was in dieser Zusammenstellung eher ungewohnt und verblüffend klingt, erweist sich auf der Zunge als überaus harmonisch. Wie Walter Eselböck die sanfte Konsistenz hinkriegt, bleibt sein Geheimnis.

6

WEINBERGPFIRSICH AUF SABAYON

Pêche Melba à la Taubenkobel – eine großartige Dessertidee meisterlich umgesetzt: Es ist eben eine geglückte Verbindung, der pochierte, wundervoll aromatische Pfirsich mit fruchtigem Himbeermark und cremiger Vanillesauce. Ein hauchzartes Gespinst von Zuckerfäden erhebt das Dessert auch zum optischen Kunstwerk.

Ein Ausflug in die »Dankbarkeit«

Der Großvater von Josef Lentsch, dem heutigen Wirt des liebenswerten Gasthauses mit dem entzückenden Namen in Podersdorf am Neusiedler See, hatte im Ersten Weltkrieg und der anschließenden Inflationszeit sämtliche Ersparnisse, die er als Kellner in Wien erarbeitet hatte, verloren. Damals schwor er sich, sollte er trotzdem je seinen Traum wahrmachen können, nämlich in seinem Heimatort ein Wirtshaus zu eröffnen, dann solle es »Zur Dankbarkeit« heißen. Er muß enorm fleißig gewesen sein, denn schon 1924 war es bereits soweit. Sein Sohn hat das Haus vergrößert. Und jetzt ist der Enkel dran. Er ließ die alten Stuben mit den schönen Kachelöfen liebevoll renovieren, die ursprünglichen Möbel aufarbeiten (gottlob hat man sie bei den Modernisierungsarbeiten in den sechziger Jahren nicht ruiniert!). Bei schönem Wetter sitzt man aber lieber im Schatten der gewaltigen Kastanien und Nußbäume im Garten und läßt sich die herzhaft, nach ungarischer Art gewürzten, handfesten Gerichte schmecken. Dazu gibt's entweder einen Wein aus dem familieneigenen Gut oder von befreundeten Winzern, wie den Velichs. Zum Essen einen knochentrockenen Welschriesling, Pinot gris oder Traminer, und später, zum Dessert, kann man eine der beachtlichen Beerenauslesen des Hauses kosten.

1

3

2

4

1
JIDDISCHE HÜHNERLEBER

Für sechs Personen:
2 große Zwiebeln, 2 EL Gänseschmalz, 2–3 Knoblauchzehen, 500 g Hühnerleber, 2 EL getrockneter Majoran (oder 1 Sträußchen frisches Kraut), Salz, Pfeffer, ½ Glas Neusiedler Trockenbeerenauslese, Gänseschmalz zum Bedecken

Die Zwiebeln fein würfeln und im Gänseschmalz nur zart bräunen. Knoblauch sowie die sorgfältig geputzten, gehäuteten und in Stücke geschnittenen Lebern zufügen. Unter Rühren braten, bis die Lebern steif geworden sind, den Majoran zufügen, alles salzen und pfeffern. Mit dem Wein benetzen und einige Minuten dünsten, bis alles gut miteinander verschmurgelt ist. Mit dem Pürierstab oder im Mixer pürieren, in Tontöpfchen füllen und mit einer dünnen Schmalzschicht überziehen, die die Creme konserviert. Mit geröstetem Brot zum Aperitif servieren.

2
RINDERZUNGE MIT KRENVINAIGRETTE
RINDERZUNGE MIT MEERRETTICHVINAIGRETTE

Für vier Personen:
ca. 300 g geräucherte oder gepökelte Rinderzunge, in hauchdünnen Scheiben, 4 EL Weißweinessig, 1 EL Senf, Salz, Pfeffer, 6 EL kaltgepreßtes Öl (Sonnenblumen- oder Oliven-), Kren-, bzw. Meerrettichwurzel zum Reiben

Die Zunge auf Vorspeisentellern verteilen. Mit der Krenvinaigrette beträufeln: dafür Essig, Senf, Salz, Pfeffer und Öl mit dem Schneebesen oder einer Gabel cremig aufschlagen. Kren, auf deutsch Meerrettich, großzügig darüberreiben.

3
KUKURUZSUPPE

Für vier bis sechs Personen:
2 EL Butter, 1 EL Mehl, ¼ l Fleischbrühe, 300 g junge Maiskörner (Kukuruz), Salz, Pfeffer, eine Spur Nelkengewürz und Piment, 100 g Rahm (fette, saure Sahne), je 2 EL winzige Würfel von roter, gelber und grüner Paprika

In der Butter das Mehl andünsten, mit Brühe ablöschen, 15 Minuten köcheln. Die Maiskörner zufügen – drei Eßlöffel als Einlage beiseite stellen. Mit Salz, Pfeffer, Nelke und Piment würzen, den Rahm unterrühren. Die Suppe pürieren. Paprikawürfel und Maiskörner zufügen und heiß servieren.

4
HALÁSZLÉ
UNGARISCHE FISCHSUPPE

Für sechs Personen:
ca. 3 kg Flußfisch (z. B. Waller/Wels, Hecht, Karpfen, Zander, Forelle) mit Köpfen und Gräten, 3 Zwiebeln, 2 EL Schweineschmalz, 1 gehäufter EL Delikateßpaprika, 2 Tomaten, 2 Knoblauchzehen, 1 TL Pfefferkörner, 2 Lorbeerblätter, 1 Bund Suppengrün, Salz, 2–3 EL Weinessig, Petersilie

Die Fische filieren; aus Köpfen und Gräten einen Sud kochen: Gehackte Zwiebeln in heißem Schmalz andünsten, mit Paprika bestäuben und durchschwitzen. Gehäutete, entkernte Tomaten mitdünsten. Knoblauch durch die Presse hinzudrücken. Köpfe und Gräten, Gewürze sowie das gehackte Suppengrün zufügen. Mit zwei Liter Wasser auffüllen. Leise eine knappe Stunde köcheln. Durch ein Sieb filtern, den Sud mit Salz und Essig abschmecken. Das in Streifen oder Würfel geschnittene Fischfilet einlegen. Fünf Minuten sanft köcheln, mit gehackter Petersilie bestreut servieren.

5
GEBRATENER ZANDER MIT PAPRIKABUTTER

Für zwei Personen:
2 schöne Stücke Zanderfilet, griffiges Mehl zum Wenden, 2 EL Butterschmalz, Salz, Pfeffer, 75 g Butter, 2 Knoblauchzehen, 2 EL Delikateßpaprika

Die Fischfilets in Mehl wenden, im heißen Butterschmalz rasch auf beiden Seiten kroß braten, dabei salzen und pfeffern. Die Butter mit durchgepreßtem Knoblauch, Salz und Paprika verrühren und wieder kalt stellen. Zum Servieren ein Stück Paprikabutter auf den Fischfilets zerschmelzen lassen.

6
NUSS-NOUGAT-KNÖDEL MIT SOMLOER NOCKERLN

Der Somloer (sprich Schomloer) Wald ist eine jenseits der Grenze gelegene Region, aber auch ein ungarischer Familienname, den man um den Neusiedler See häufig antrifft. Nockerln sind ein zartes Biskuitgebäck, gefüllt mit Vanille- und Schokocreme. Das Rezept dafür soll Geheimnis bleiben. Die Nuß-Nougat-Knödel gehen so:

Für sechs Personen:
1 Rezept Grießmasse (Seite 233), 100 g Nougatmasse, 4 EL Zucker, 100 g gemahlene Haselnüsse

Den Teig wie beschrieben anrühren und quellen lassen. Knödel formen, jeweils einen Würfel Nougat hineinstecken. Die gefüllten Knödel in leise siedendem, gezuckertem Wasser garziehen lassen. Die Knödel kurz abtropfen, noch heiß im gerösteten Haselnußmehl wenden, das nach Belieben mit Zucker vermischt ist. Dazu passen eine Fruchtsauce, Himbeermark, Marillen- oder Zwetschgenröster.

5

6

Erlebniswelt Hochgebirge

Von der Plattform der Franz-Josefs-Höhe aus hat man einen eindrucksvollen Blick auf den größten Gletscher der Ostalpen, die Pasterze. 1856 war der Kaiser hier – Majestät waren fit, sind in vier Stunden von Heiligenblut heraufgestiegen! Steinern, in Lederhosen und Lodenjacke, wendet er dem Naturschauspiel den Rücken zu – als Photomotiv, mit dem Großglockner, Österreichs höchstem Berg, und dem Gletscher im Hintergrund!

Ein Gletscher ist verdichteter Schnee, fließt in Megazeitlupe unter dem eigenen Druck ins Tal. Der Schnee, der auf die Hohe Riffl im »Nährgebiet« des Gletschers fällt – bis zu 10 Meter im Jahr! –, wird innerhalb von 15 Jahren zu Eis, fließt hinab und schmilzt nach etwa 500 bis 600 Jahren im sogenannten »Zehrgebiet« am Ende des Gletschers ab. Dessen Größe schwankt erheblich: Zu Kaisers Besuch war die Pasterze 160 Meter dicker und reichte das Mölltal hinunter bis zum heutigen Margaritzen-Stausee. Hoch über diesem steht das Glocknerhaus, unten liegen vom Gletscher polierter Fels und heruntergeschobene Geröllmassen.

Im Tal die gotische Kirche von Heiligenblut, hoch vor dem Glockner aufragend. Von hier bis auf die Edelweißspitze mit ihrem wehrhaft wirkenden Haus, dem höchsten Punkt der Großglockner-Hochalpenstraße, sind es noch fast 1300 Höhenmeter. Dort kann man sich über den »Nationalpark Hohe Tauern« informieren. Der Schutz der hochalpinen Natur durch den Alpenverein war seit dem ausgehenden 19. Jahrhundert immer wichtiger geworden, denn der Berg-

Familie Ebner aus Heiligenblut bewirtschaftet die Knapp-Alm an der Franz-Josefs-Höhe

Gebratene Wurst mit gutem Sauerkraut und erstklassigen, knusprigen Bratkartoffeln

Wurst, Käse und eine sensationelle Butter, selbstgemacht oder von hiesigen Bauern

tourismus nahm rasch zu. Ein weitsichtiger Alpenfreund, der Villacher Holzindustrielle Albrecht Wirth, kaufte bereits 1914 knapp 41 Quadratkilometer Berglandschaft und schenkte sie dem Alpenverein mit der Auflage, es »für ewige Zeiten als Naturschutzgebiet der spekulativen alpinen Fremdenindustrie zu entziehen«. Man sieht, das Thema ist nicht neu…

Und trotzdem baute man eine Straße in den Nationalpark: Der leidenschaftliche Alpinist und Ingenieur Franz Wallack stellte sie mitten in der Wirtschaftskrise, zwischen 1930 und 1935, mit rund 3200 Arbeitern, wenigen Maschinen und viel Einfühlungsvermögen für die alpine Landschaft in 26 Baumonaten fertig! 120 000 zahlende Besucher, die die Refinanzierung der Kosten garantieren sollten, erwartete er jährlich; er wurde damals für verrückt erklärt – heute sind es zehnmal so viele!

Am Hochtor, der eigentlichen Paßhöhe zwischen Salzburger Land und Kärnten, wurde im Mittelalter Gold geschürft. Um die 3500 Bergleute förderten im Tauerngebiet im Jahr 1557 für den Salzburger Erzbischof 863 Kilo zutage!

Der Tauernpaß war damals nach Brenner und Katschberg die wichtigste Überquerung in den Ostalpen – von der Handelsmetropole Venedig nach Salzburg, Passau, Pilsen und Prag, den Umschlagplätzen im östlichen Mitteleuropa. Aus dem Süden kamen Seide und Gewürze, Wein, Glas und Früchte, aus dem Norden Pelze, Salz und Holzwaren. Der »Saumhandel« (von lat. sauma = Spezialsattel für Lasten) war bestens organisiert: Auf schmalen »Saumpfaden« trugen »Saumrösser« ein »Roßsaum« (= 168 kg) Waren oder zwei »Lageln« (= flache Fäßchen) von zusammen 125 Liter Fassungsver-

Von der 1997 traditionell erbauten Holzhütte genießt man eine herrliche Aussicht

Die possierlichen Murmeltiere sind überall, Gemsen und Steinböcke entdeckt man selten

mögen für Wein oder Salz. Die »Säumer« schafften im Schnitt 35 Kilometer am Tag, waren damit schneller und geländegängiger als Fuhrwerke. Kam ein Schneesturm, wartete man in einem der »Tauernhäuser« auf Wetterbesserung: Hier gab es kein luxuriöses Hospiz auf der Paßhöhe, sondern sechs Gasthäuser mit Herberge in den Talausgängen, die von dafür verpflichteten und zur Entschädigung steuerlich gut gestellten Wirten betrieben wurden.
Die Versorgung der Gäste ist heute wie damals gewährleistet: Gewaltige Mengen müssen heraufgeschafft und – ohne die Natur zu belasten – auch wieder entsorgt werden. Die Restaurants und Jausenstationen locken mit niedrigen Preisen und bieten entsprechende Qualität. Doch fettige Wiener Schnitzel aus Putenfleisch und pampfige Nudeln finden regen Zuspruch… Erstaunlich, daß die Gäste das akzeptieren und nicht lieber auf der Knapp-Alm einkehren, wo es beste Bauernprodukte zu höchst akzeptablen Preisen in schönster Umgebung gibt!

»Nationalpark Hohe Tauern«: parkähnlich im gebräuchlichen Sinne ist er nicht, vielmehr möglichst unberührte Natur, ein abgeschlossenes Gebiet, in dem Menschen, Pflanzen und Tiere im Gleichgewicht leben. Dieses ist niemals starr, sondern immer in Bewegung. Was wir heute als alpine Landschaft genießen, haben Generationen von Bergbauern geschaffen, mit Almen und schönen Häusern, deren Formen und Materialien sich über die Jahre zu bewähren hatten. Wie auch die Pflanzen sich anpassen: Kurze Stiele, kleine Blätter, schnelles Wachstum und große Blüten sind charakteristisch für die Gebirgsflora. Lärchen trotzen auch rauhesten Bedingungen

Der »Gannerhof«: Tradition und Herzlichkeit

Im Brotregal duftet das frisch gebackene Brot

Als Nunhof wurde der stolze »Gannerhof« in Innervillgraten 1719 gebaut. So nannte man damals die Lehenshöfe, die das Recht hatten, Steuern einzuziehen. Der letzte Besitzer jedoch, das »Gannerle«, verspielte Haus und Hof beim »Rumpeln«. Des einen Pech war des anderen Glück: So kam der Hof 1879 in den Besitz der Familie Mühlmann.

Alois Mühlmann hat ihn Ende der siebziger Jahre geerbt; da gehörten, nach vielerlei Erbteilungen, nur noch zwei Hektar Ackerland dazu: Zum Leben zuwenig, aber zum Sterben zuviel. Aber der Lois, wie ihn alle nennen, war guten Mutes. Zuerst hat er ganz langsam das Haus renoviert. Außen hat er es gar nicht verändert, auch der schöne alte Flur, die »Labe«, und das »Garn'l«, die Stube, sind original geblieben, aber in die zwei Etagen hat er, eigenhändig, elf Gästezimmer eingebaut. Und als im Nachbarort ein ebensolches Bauernhaus abgerissen werden sollte, hat er es Balken für Balken abgetragen und hinter seinem Haus wieder aufgestellt. Da steht es nun, als sei es niemals anderswo gewesen, wie ein Zwillingsbruder (großes Bild). In Photoalben ist alles festgehalten. Und unter der Jahreszahl 1980 steht: »Der Bauer wird doch Wirt!« Das war ganz schön mutig damals. Das schmale Tal in Osttirol liegt fernab der Touristenströme in jenem Zipfel Österreichs, der vom übrigen Tirol durch die Zillertaler Alpen und Hohen Tauern abgetrennt ist. Dazwischen schiebt sich obendrein ein Ausläufer vom Salzburgerland, das hier, was kaum jemand weiß, mit Italien ein Stückchen gemeinsame Grenze hat.

Monika, Lois' Frau, hat ihn bestärkt. Eigentlich hatte sie ja schon immer Köchin werden wollen, aber leider nur eine Lehrstelle als Kellnerin bekommen. Es wurde also zunächst ein Koch eingestellt. Aber als der eines Tages einfach wegblieb, weil sie nie mit ihm zufrieden war, mußte sie selbst an den Herd. Da hat sie die Friteuse aus der Küche ausgebaut und sich eine neue Speisekarte, andere Rezepte, vor allem Beilagen ausgedacht. Gottlob hatte sie noch manche Spezialitäten aus der Küche ihrer Großmutter in Erinnerung. Auch aus Büchern hat sie sich vieles beigebracht und durch Probieren bei Kollegen. »Von der Frau Bacher in Mautern«, erzählt Monika, »habe ich viel gelernt.« Das meiste aber, und das zeigen ihre Gerichte deutlich, entwickelt sie durch phantasievolles Experimentieren selbst.

Der Lois ist natürlich trotzdem auch Bauer geblieben. Das ererbte Land gibt nicht nur Futter für die vierzig Hühner und sechzig Kaninchen, die ihrerseits Eier und Fleisch für die Gäste liefern, sondern auch Platz für Erdäpfel (Kartoffeln), Karotten (Möhren), weiße Rüben,

Durch die Tür geht's in die Stube. Rechts der Brotbackofen, der noch gemütliche Wärme ausstrahlt

sogar Bohnen und empfindlichere Gemüse, weil die Sommer hier zwar kurz, dafür von südlicher Wärme sind. Im Gemüsegarten wachsen Kräuter und Salat. Wildkräuter, Schwammerl und Beeren sammeln sie selbst im Wald, und alles übrige liefern die Bauern im Villgratener Tal – nicht nur deren Spezialitäten vom Lamm, auch Butter, Käse und Speck. »Uns ist die Zusammenarbeit mit den Bauern wichtig«, sagt Lois, »natürlich gibt's bei uns nichts aus der Fabrik!« Daß seine Leidenschaft dem Wein gehört, verrät die Weinkarte, ein dickes Buch mit einer intelligenten Auswahl unter den besten Gütern des Landes. Jeder Wein und seine Produzenten sind darin kenntnisreich beschrieben, und die meisten Weine werden sogar glasweise ausgeschenkt!

1

PRESSKNÖDEL AUF FRISCHEM KRAUTSALAT

Die Tiroler Spezialität sieht immer wieder anders aus (siehe auch Seite 231). Monika Mühlmann nimmt statt Graukäs' Bauernkäse aus ihrem Tal und serviert den Preßknödel nicht in der Suppe, sondern auf lauwarmem Krautsalat aus frischem, nicht aus eingelegtem, gesäuertem Kraut.

Für sechs Personen:
200 g Knödelbrot (altbackene Semmeln in dünnen Scheiben), ca. 1/10 l lauwarme Milch, 250 g gekochte Kartoffeln, 2 Eier, 2 EL Mehl, 150 g geriebener Bergkäse, Salz, Pfeffer, Muskat, Liebstöckel, Öl zum Braten
Krautsalat:
800 g Weißkraut, 2 EL Butter, 1/8 l Weißwein, Salz, Pfeffer, Basilikumblätter

Das Knödelbrot mit Milch anfeuchten und durchziehen lassen. Die Kartoffeln reiben, mit den Eiern, Mehl und Käse untermischen. Die Masse mit Salz, Pfeffer, Muskat und feingeschnittenem Liebstöckel würzen. Flache Küchlein (Bouletten) formen, in heißem Öl (neutrales Pflanzenöl) auf beiden Seiten schön knusprig braten.
Das Weißkraut fein hobeln, in heißer Butter andünsten, mit Wein benetzen, salzen und pfeffern. Nur kurz köcheln, es muß unbedingt Biß behalten! Feingeschnittenes Basilikum unterrühren.

2

REHCARPACCIO MIT EIERSCHWAMMERLN

REHCARPACCIO MIT PFIFFERLINGEN

Für vier Personen:
200 g kleine Eierschwammerl (Pfifferlinge), 2 EL Olivenöl, Salz, Pfeffer, Petersilie, 400 g schieres Rehfleisch aus der Keule, Walnußöl, Pfeffer, Balsamico-Essig, gereifter Bergkäse

Die Pilze putzen, im heißen Öl andünsten, salzen, pfeffern und mit Petersilie würzen. Das Fleisch sorgfältig von Sehnen und Häuten säubern und flach streichen. Die Pilze darauf verteilen, das Fleisch fest aufrollen und in Klarsichtfolie wickeln, dabei schön rund formen, damit man gleichmäßige Scheiben abschneiden kann. Im Gefrierfach anziehen lassen, bis es fest wird. Mit der Maschine dünn aufschneiden. Auf eingeölten Tellern anrichten. Großzügig mit Walnußöl einpinseln, pfeffern und mit Balsamico beträufeln. Zum Servieren mit fein geraspeltem Käse bestreuen.

3

LAMMLEBER MIT BIRNE

Für zwei Personen:
200 g Lammleber, 1 reife Birne, 2 EL Butterschmalz, Salz, Pfeffer, 1/8 l Lammfond, 2 EL Butter, Dost

Die Leber in dünne Scheibchen, die Birne mit Schale quer in etwas dickere Scheiben schneiden. Beides in rauchend heißem Schmalz blitzschnell anbraten, dabei salzen und pfeffern. Beiseite stellen, den Bratensatz mit Fond loskochen. Mit Butter aufmixen und mit zerzupften Dostblättchen (wilder Majoran) würzen. Über die Lamm- und Birnenscheiben gießen und rasch servieren.

4

SCHLIPFKRAPFEN

Nudelteig:
150 g Weizenmehl, 150 g Roggenmehl, Salz, 1/4 l Wasser, Butter und geriebener Käse zum Bestreuen
Kartoffelfüllung:
200 g gekochte Kartoffeln, 150 g Topfen (Magerquark), 100 g Graukäse (siehe Seite 240/241), 1 Zwiebel, 2 EL Butter, Majoran

Aus Mehl, Salz und soviel Wasser wie nötig einen festen Teig kneten. Zur Rolle formen und eine halbe Stunde ruhen lassen. Scheiben davon abschneiden, mit dem Nudelholz dünn ausrollen, jeweils einen Löffel Füllung daraufsetzen, zusammenklappen und halbmondförmige Krapfen ausstechen. Die Ränder gut zusammendrücken. In Salzwasser sanft ziehen lassen, bis die Krapfen oben schwimmen. Mit brauner Butter und geriebenem Käse servieren.
Für die Füllung die Kartoffeln noch heiß durch die Presse drücken, mit Topfen, zerbröseltem Käse und fein gewürfelter, in Butter weich gedünsteter Zwiebel mischen. Mit reichlich Majoran würzen.

5

LAMMBEUSCHEL MIT SAUERKRAUTRÖSTINCHEN

Wer Innereien liebt, für den ist ein Beuschel stets eine begehrenswerte Delikatesse. Wichtig dafür: absolut akkurates Arbeiten, die Lunge muß säuberlich von Röhren und Häuten befreit sein. Und man darf mit Gewürzen nicht sparen, sollte kräftig mit Säure und Schärfe für Charakter sorgen. Im »Gannerhof« ist das Beuschel mutig mit Curry gewürzt, das bekommt ihm gut!

Lammbeuschel:
Lunge und Herz vom Lamm, Suppengemüse: Lauch, Möhre, Sellerie, 2 Lorbeerblätter, 2 Thymianzweige, je 1/2 TL Pfeffer- und Wacholderbeeren, Salz, 2 EL Butter, 1 EL Mehl, 1 EL indisches Currypulver, 1 Glas Weißwein, 200 g Rahm (saure Sahne 30 %), Essig zum Abschmecken
Sauerkrautröstinchen:
250 g gekochte Kartoffeln, 1 Zwiebel, 2 EL Butter, 300 g Sauerkraut, 1 Ei, Salz, Pfeffer, Butterschmalz zum Braten

Lunge und Herz waschen, mit zerkleinertem Suppengemüse und Gewürzen in einen Topf geben, mit Wasser bedecken. Die Lunge mit einer Untertasse beschweren, damit sie unter der Oberfläche bleibt. Eineinhalb Stunden kochen, das Herz bereits nach 30 Minuten herausnehmen. Beides sorgfältig von Häuten, Sehnen und Röhren befreien und in sehr feine Streifen schneiden.
In einem zweiten Topf das Mehl in der Butter anrösten, das Currypulver mitdünsten, mit Wein sowie knapp einem halben Liter Kochsud ablöschen, nach einigen Minuten auch den Rahm angießen. Die Sauce 20 Minuten leise köcheln, bis sie dicklich wird. Kräftig abschmecken, Lunge und Herz darin durchziehen lassen.
Für die Röstinchen geriebene Kartoffeln, in Butter geröstete Zwiebel, gehacktes Sauerkraut und Ei zum Teig mischen, abschmekken und Küchlein formen. In Butterschmalz knusprig braten.

6

STROGANOFF VOM LAMM

Für vier Personen:
400 g Lammfilet, 2 EL Butterschmalz, Salz, Pfeffer, 1 Schalotte, 1 Knoblauchzehe, 1 cm Galgantwurzel (aus dem Asienladen), 1/4 l Lammfond, 100 g Rahm (saure Sahne 30 %), Basilikum

Das Fleisch in dünne Scheiben schneiden, portionsweise in sehr heißem Fett blitzschnell anbraten, salzen und pfeffern, dann beiseite stellen. Im Bratfett die feingewürfelte Schalotte und Knoblauch andünsten, gehackten Galgant zufügen, mit Fond und Sahne ablöschen und cremig einkochen. Die Sauce aufmixen, eventuell zusätzlich durch ein Sieb passieren, kräftig abschmecken. Das Fleisch darin erwärmen und mit Basilikum garniert servieren. Dazu passen feine Bandnüdelchen.

Es ist nur ein Drittel der Wahrheit, wenn man sagt, die Hauptrolle auf dem Speisezettel von Monika Mühlmann spielt das Fleisch der Villgratener Lämmer. Tatsächlich weiß sie für jedes Stück eine andere Zubereitung, mit der sie seine besonderen Vorzüge herausholen kann. Selbstverständlich auch aus den Innereien: Lunge und Herz ergeben ein delikates Beuschel, in dem eine Prise Curry überrascht, und die zarte Leber wird, sekundenschnell gebraten, zur schmelzenden Delikatesse. »Aber eigentlich ist Würzen kaum nötig«, lacht Monika, als sei ihre Kochkunst gar nicht ihr Verdienst, »die Tiere fressen soviel Kräuter auf den Wiesen, da stecken die Gewürze schon im Fleisch!« Die Pensionsgäste vom »Gannerhof« können täglich zwischen drei Menüs wählen: Neben dem Lamm-Menü gibt es auch eine vegetarische Speisenfolge, weil Monika Gemüse mindestens genauso liebt. Und ein Menü mit all den wunderbaren Spezialitäten Osttirols, wie Schlipf- und Schlutzkrapfen und Knödel jeglicher Art, die herzhaften Gerichte, die die Nähe zu Südtirol zeigen und beweisen, daß es nicht viel mehr zur guten Küche braucht, als ein bissel Mehl und eine Portion Phantasie

1

2

3

4

5

6

1

LAMMKOTELETTS IN QUENDELSAUCE

Quendel ist wilder Thymian, den man, wenn man die Augen aufmacht, auch bei uns überall auf höher gelegenen Wiesen findet. Mit seinen hübschen blauen Blüten duftet er nicht nur, er ist auch überaus dekorativ.

Für vier Personen:
1 längs halbierter Lammrücken, ohne Mittelknochen, Salz, Pfeffer, Olivenöl
Quendelsauce:
1 Zwiebel, 50 g Butter, 1 Sträußchen Quendel, ⅛ l Lammfond, 1 Glas Weißwein

Das Fleisch mit Salz und Pfeffer würzen, in Olivenöl rundum kräftig anbraten, danach bei 150 Grad im Backofen 20 Minuten ziehen lassen. Erst dann in Koteletts aufschneiden und servieren.
Für die Sauce feingewürfelte Zwiebel in wenig Butter andünsten, Quendel zufügen, Fond und Wein angießen und um die Hälfte reduzieren. Mit dem Pürierstab aufmixen, dabei die kalte Butter einarbeiten, bis die Sauce glänzt. Abschmecken!

2

MANDELKNÖDEL MIT SCHWARZBEERSABAYON

MANDELKNÖDEL MIT HEIDELBEERSABAYON

Für vier bis sechs Personen:
1 Rezept Topfenknödel (Seite 97), statt Haselnüssen mit geriebenen Mandeln, 1 Eiweiß, ca. 50 g Strudelteig (Seite 42), Butterschmalz zum Ausbacken
Schwarzbeersabayon (Heidelbeersabayon):
3 Eigelb, 3 EL Zucker, ½ l Heidelbeersaft (Reformhaus)

Den Teig wie angegeben zubereiten und zu Knödeln formen. Sie durch verkleppertes Eiweiß ziehen und im hauchdünn ausgerollten, in feinste Streifen geschnittenen Strudelteig drehen, bis sie davon wie paniert sind. In heißem Butterschmalz golden ausbacken, bis die Teigstreifen golden und knusprig sind.
Für den Sabayon Eigelb mit Zucker im Wasserbad heiß schlagen, langsam den Heidelbeersaft einarbeiten. In Suppentellern servieren, mit den knusprigen Knödeln sofort zu Tisch bringen.

3

MOHNNUDELN MIT ZIMTPARFAIT

Für vier bis sechs Personen:
1 Rezept Mohnnudeln (Seite 71), 50 g frisch gemahlener Mohn, 50 g Zucker zum Wälzen
Zimtparfait:
Siehe Rezept Moccaparfait (Seite 176) – statt Kaffeepulver 1 TL gemahlener Zimt

Die Mohnnudeln, wie im Rezept beschrieben, ganz frisch zubereiten. In einer Pfanne auf mittlerem Feuer im mit Zucker vermischten Mohn wälzen, bis sie völlig vom gezuckerten Mohn überzogen sind, der Zucker schmilzt und der Mohn duftet.
Für das Zimtparfait genauso vorgehen, wie fürs Moccaparfait beschrieben, statt Kaffeepulver Zimt unter die Eiermasse rühren. Mit heißen Mohnnudeln und Zwetschgenröster (Seite 49 oder 75) anrichten. Monika Mühlmann dekoriert den Teller mit einem Halbmond aus Kakaopulver, das sie über eine entsprechende Schablone auf den Tellerrand siebt – der zarte Bitterton paßt gut zum Süßen!

Vom quer verlaufenden Pustertal geht es kurz vor der Grenze zu Italien rechts ab ins wildromantische Villgratental im Defereggengebirge, das hier zwei- bis dreitausend Meter hochsteigt. Innervillgraten, das vorletzte Dorf im Villgratental, liegt auf 1400 Meter Höhe. Dieser Zipfel von Osttirol war lange genug so abgelegen, daß seine Idylle intakt geblieben ist. Die Bauernhäuser sind liebevoll gepflegt, üppig der Geranienschmuck

Aus ihrer Wolle und den Fellen werden die vielfältigsten Dinge hergestellt: Matratzen, Betten, Decken, Stoffe – was den übrigen Einwohnern ebenfalls Arbeit gibt. Die Vermarktungsgesellschaft mit Namen »Villgratener Produkte« ist längst etabliert. Man ist stolz auf das kürzlich fertiggestellte eigene Gebäude, in dem Werkstätten und ein geräumiger Laden untergebracht sind. Inzwischen gibt es sogar in Kitzbühel ein zweites Ladengeschäft

Die Bauern allerdings haben es von jeher schwer gehabt. Für Ackerbau sind die Felder zu steil und steinig. Wer das wenige, das man zum Leben brauchte, selbst erzeugen konnte, war froh. Möglichkeiten zum Geldverdienen gab es kaum. Vor zehn Jahren haben sich die Bauern zusammengetan und auf Schafzucht spezialisiert. Die Weiden sind gut dafür geeignet. Die Tiere liefern Milch für Käse und Fleisch

Die bäuerlichen Produkte aus Lammfleisch und Schafmilch, die handgestrickten Socken und all die anderen Wollprodukte, von geknüpften oder gewobenen Teppichen bis zum natürlichen Bettzeug, sind hier wie im Kitzbüheler Laden sehr begehrt. Ganz neu ist die Idee mit den schafwollenen Dämmstoffen für den ökologischen Hausbau, die von naturbewußt denkenden Bauherren zunehmend geschätzt und eingesetzt werden

Salzburg ohne Touristen: »Das Pfefferschiff« in Söllheim

Salzburg ist eine Großstadt, führt ein eigenständiges Leben mit allen Einrichtungen, die für das Wohl der Bewohner nötig sind: Läden und Märkte, Behörden und Kliniken, Kirchen, Schulen und Universität, Bars und Kneipen, Cafés und Restaurants. Salzburg ist aber auch Festspielstadt und internationales Touristenziel, hält bereit, was die vielschichtige Klientel wünscht: Hotels und Pensionen, Bühnen- und Konzerthäuser, Fiaker und Folklore, Souvenirs und Kitsch auch für sie, Cafés, Kneipen, Restaurants und Bars…

Diese Salzburger Mischung ist einmalig auf dieser Welt. Die an Kirchen und Schlössern, Brunnen und Plätzen reiche Residenzstadt der kunstsinnigen und baufreudigen Fürsterzbischöfe mag manchmal oberflächlich glänzen, fasziniert aber immer mit barockem Lebensgefühl. Hier der irdische Prunk der Gegenreformation, dort inniger Glaube; hier die heitere und empfindsame Virtuosität Mozarts und die erdenschwere Inbrunst des Jedermann, dort die Eischneeleichtigkeit der Nockerln und die Turbulenz der Getreidegasse – Salzburg hat ein weites Herz!

1

WEISSE TOMATENMOUSSE

Für vier bis sechs Personen:
1 kg reife Tomaten, 2 Stengel Basilikum, 2 Stengel Petersilie, Salz, 5 Blatt Gelatine, ⅛ l Sahne

Die Tomaten grob zerschneiden und mit Kräutern und Salz im Mixer fein pürieren. Durch ein Haarsieb abtropfen. Einen halben Liter dieses Saftes aufkochen, die eingeweichte Gelatine darin auflösen. Abkühlen, dafür in einer Schüssel auf Eis stellen und mit dem Schneebesen schlagen, bis die Masse hell und schaumig wird und sich verdreifacht. Die geschlagene Sahne unterziehen und in Portionsgläser verteilen.
Klaus Fleischhaker serviert die Mousse mit einer Kapuzinerblüte dekoriert als sogenannten Gruß aus der Küche.

2

KRÄUTERCARPACCIO MIT KARTOFFELKÄS'

Für vier bis sechs Personen:
400 g sorgsam parierte Rinderlende, 100 g Pesto (Seite 117), Olivenöl
Kartoffelkäs':
200 g Kartoffeln, 100 g Topfen (Magerquark), 100 g Sauerrahm, 1 große Zwiebel, 2–3 EL Butter, 1 Thymianzweig, Salz, Pfeffer

Das Fleisch quer einschneiden, so daß es aufgeklappt eine große, rechteckige Fläche bildet. Mit Pesto bestreichen, aufrollen und in Folie einwickeln. Im Gefrierfach fest werden lassen, dann läßt sich die Rolle schön in hauchdünne Scheiben schneiden. Akkurat auf mit Öl eingepinseltem Teller anrichten. Für den Kartoffelkäs' die frisch gekochten Kartoffeln heiß durch die Presse drücken, mit Quark, Rahm, der feingewürfelten, in Butter weich gedünsteten Zwiebel (dabei mit Thymian würzen!) mischen und mit dem Schneebesen aufschlagen. Mit Salz und Pfeffer würzen. Den Kartoffelkäs' nicht mehr stehenlassen, sondern sofort servieren – nur so ist er duftig und locker!

1

2

Wem der Trubel zuviel wird, findet in unmittelbarer Umgebung Ausflugsziele, Schlösser, Seen, Restaurants. Zum Beispiel das »Pfefferschiff« in Söllheim. Der merkwürdige Name geht auf eine wunderschöne Geschichte zurück: Ein junger Handelsgehilfe, Johann Anton Kaufmann, erwarb für geringes Geld ein nach Ostindien ausgelaufenes Schiff, das längst überfällig war, wofür man ihn auslachte. Doch er betete zu seinem Namensheiligen, Antonius von Padua – und siehe da, das Schiff kehrte heim, den Bauch voller Pfeffer und anderem wertvollen Gewürz, und er ward reich. Da baute er seinem Heiligen ein Kirchlein, sich ein Schloß und dem Kaplan ein »Stöckl« – und darin befindet sich jetzt das entzückende Restaurant. Seit 1991 wirken im »Pfefferschiff« Petra und Klaus Fleischhaker. Das Haus wurde dafür behutsam von Grund auf renoviert, dabei die schönen Fußböden, Öfen und Türen sorgsam erhalten. Tischwäsche, Geschirr, Besteck und Gläser wurden sorgfältig aufeinander abgestimmt, schaffen eine gelassen-festliche Atmosphäre. Die fröhliche, aufmerksame Bedienung unter Leitung von Petra Fleischhaker – die übrigens aus Baden stammt – und die auf österreichischen Produkten und Traditionen basierende, intelligente, moderne, leichte und erfindungsreiche Küche von Klaus Fleischhaker, der in aller Welt und auf allen Meeren gekocht hat, haben die Salzburger rasch erobert: Die 45 Plätze (innen, ebenso viele unter alten Nußbäumen im Garten) sind meist ausgebucht!

1
2
3
4

1

LACHSTATAR IM STRUDELBLATT

Für vier bis sechs Personen:
200 g Graved Lachs, 200 g ausgelöstes, gegartes Krebsfleisch (zum Krebsekochen siehe Seite 106), je 2 EL winzig fein gewürfelte Möhre, Lauch und Sellerie (blanchiert), Zitronensaft, Salz, Pfeffer, 2 EL Olivenöl
Kräuterschaum:
10 Sauerampferblätter, 150 g Joghurt, 100 g Crème fraîche, Salz, Pfeffer, Cayennepfeffer

Lachs und Krebsfleisch mit einem großen Messer fein hacken, dabei mischen. Die Gemüsewürfel einarbeiten, mit Zitrone, Salz, Pfeffer, Olivenöl würzen.
Für den Kräuterschaum den Sauerampfer mit Joghurt im Mixer innig pürieren, auf langsamer Stufe, damit der Joghurt nicht gerinnt. Durch ein Sieb passieren und mit Crème fraîche aufmixen, die Sauce kräftig abschmecken.
Klaus Fleischhaker formt das Lachstatar mit einem Suppenlöffel zur Nocke, richtet sie auf Kräuterschaum an und garniert mit Klecksen von schaumig geschlagenem Sauerrahm sowie einem mit Sesam bestreuten und hellblond gebackenen Fisch aus Strudelteig.

2

REINANKENFILET IN TRÜFFELSAUCE

Für vier bis sechs Personen:
4–6 schöne Reinanken- (hochdeutsch Renken-)filets mit Haut, Olivenöl zum Braten, Salz, Pfeffer
Trüffelsauce:
¼ l Fischfond, ⅛ l Weißwein, 1 kleine Zwiebel, 2–3 Champignons, 3 Petersilienstengel, 2 EL gehackte schwarze Trüffel, 75 g Butter, Salz, Pfeffer

Die Fischfilets auf der Hautseite in heißem Öl knusprig braten, dabei die Fleischseite salzen und pfeffern. Für die Sauce Fond und Wein mit gehackter Zwiebel, Pilzen und Petersilienstengeln etwa 20 Minuten köcheln. Durch ein Sieb filtern, mit den Trüffeln aufkochen und schließlich die Butter untermixen und die Sauce damit binden. Mit Salz und Pfeffer abschmecken.
Zum Fisch schmecken ein Kartoffelpüree, das mit Olivenöl aufgeschlagen ist, und gebratene Kopfsalatherzen.

3

BLUNZENGUGLHUPF

Für vier bis sechs Personen:
400 g frische Blutwurst (möglichst ohne Grieben), Majoran, Petersilie, Muskat, Salz, Pfeffer, Cayennepfeffer, 3 Eiweiß, Butter und Brösel für die Form
Kartoffelterrine:
1 kg mehlige Kartoffeln, Salz, Pfeffer, Muskat, Butter zum Braten

Die Blutwurst aus dem Darm lösen, in einer Schüssel mit feingehacktem Majoran, Petersilie, Muskat, Salz und Pfeffer sowie einem Hauch Cayennepfeffer würzen. Eiweiß steif schlagen und behutsam unterziehen. Die Masse in eine große Form oder in mehrere Portionsförmchen füllen, die mit Butter ausgestrichen und mit Bröseln ausgestreut sind. Im Wasserbad im 200 Grad heißen Backofen etwa 20 (Portionsförmchen) bis 45 Minuten stocken lassen.
Für die Terrine die rohen Kartoffeln fein reiben, gut ausdrücken, mit Salz, Pfeffer und Muskat würzen. In eine mit Alufolie ausgelegte Form geben. Im Wasserbad bei 200 Grad 45 Minuten garziehen lassen. Zum Servieren in Scheiben schneiden, in Butter auf beiden Seiten golden braten. Außerdem schmeckt dazu Stöckelkraut (Rezept Seite 91).

4

PREISELBEERSCHMARRN

Für vier bis sechs Personen:
200 g Mehl, ½ l Milch, Schale und Saft von je 1 Zitrone und Orange, 8 Eier, 1 Prise Salz, 2–3 EL Zucker, 2–4 EL Butter, 4–6 EL eingemachte Preiselbeeren (siehe Tip), 4–6 EL Puderzucker
Vanilleeis:
½ l Milch, 1 Vanilleschote, ⅛ l Sahne, 4 Eigelb, 1 ganzes Ei, 125 g Zucker

Mehl und Milch glatt quirlen, dabei mit Zitronen- und Orangensaft und -schale würzen. Eier, Salzprise und Zucker nach Geschmack mit dem Löffel unterrühren, nicht mit dem Schneebesen arbeiten, sonst wird die Masse zu schaumig.
In einer eisernen, ausreichend großen Pfanne – sie sollte nicht mehr als zentimeterhoch mit Schmarrnteig gefüllt werden, sonst lieber portionsweise arbeiten! – etwas Butter haselnußbraun werden lassen. Schmarrnteig einfüllen, im 200 Grad heißen Ofen aufgehen lassen. Erst dann pro Portion einen Löffel Beeren darauf verteilen, mit Puderzucker bestäuben und noch einmal im Ofen kurz karamelisieren, bevor der Schmarrn mit zwei Gabeln zerrissen wird.
Für das Vanilleeis die Milch aufkochen, die Vanilleschote darin ziehen lassen, das Mark herauskratzen und in die Milch rühren. Die Sahne zufügen und erneut aufkochen. Eigelb und ganzes Ei mit dem Zucker im Wasserbad heiß und dick schlagen, die kochende Vanillemilch unterrühren. Kalt schlagen und in der Eismaschine gefrieren.
TIP: Die Preiselbeeren macht Klaus Fleischhaker natürlich selber ein. Rohe Beeren mit der gleichen Menge Zucker in der Küchenmaschine rühren, bis der Zucker völlig aufgelöst ist. In peinlich saubere Schraubgläser füllen, nach 14 Tagen erst verwenden. Stets kühl aufbewahren – so bleiben die Beeren lange frisch!

Schwarzenberg: Idylle im Bregenzerwald

Das Voralpenland zwischen Bodensee und Arlberg war vor tausend Jahren ein undurchdringliches, vollkommen bewaldetes, unbesiedeltes Gebiet – im Westen mit sanften Kuppen und Hochflächen, aber tiefen, unwegsamen Schluchten, im dem Arlberg zugewandten Teil mit hohen, steilen Bergen: der Bregenzer Wald (dortselbst in einem Wort geschrieben). Um ihn urbar zu machen, siedelten die Grafen von Bregenz, Montfort und die Habsburger bis ins vierzehnte Jahrhundert hinein freie Bauern an, gebirgserfahrene Leute aus dem Wallis. Die Walser bauten Straßen, rodeten den Wald, legten Weiden an und führten die Alpwirtschaft ein. Im Hinterwald entstand die »Bauernrepublik« mit vielen Freiheiten, eigener Verwaltung, Gerichtsbarkeit und Steuerhoheit. Schwarzenberg, ein Marktflecken zwischen Wäldern und Wiesen, war jahrhundertelang wichtigster Umschlagplatz des Bregenzerwalds, man traf sich hier zwischen Vorderwald, Hinterwald, Allgäu und Rheintal – im Schnittpunkt der Handelswege zwischen Bodensee und Tirol, Oberschwaben und Graubünden –, die nächsten bedeutenden Märkte waren Chur und Ravensburg.
Um die Kirche gruppierten sich sechs Gasthöfe mit Banklizenz – die Wirte hatten das Recht, Geld an die Bauern

Prächtig verziert: Eingangstür des Gasthauses »Zum Hirschen«

Klassizistische Beschläge zeugen von Reichtum und Geschmack

Die Tür des Gasthauses »Schäfle«, derzeit nicht in Betrieb

Kirchhof, Häuser und Scheunen – alles paßt harmonisch zusammen

zu verleihen, wurden reich und haben sich gegenseitig mit der Pracht und Ausstattung ihrer Häuser übertrumpft. Im Erdgeschoß des »Hirschen« kann man heute noch die Abfolge von Stuben erkennen, in denen die Händler ihre Waren anboten und Geschäfte machten. Tonangebend waren Einheimische, die sogenannten »Käsegrafen«, die den Käse hier erstanden und in Mailand gewinnbringend verkauften, wo sie standesgemäß wohnten und auch ihre Loge in der Scala hatten. Aus Italien brachten sie Textilien, Salz und Wein in den Wald. Auch die Familie Fetz zählte zum erlesenen Kreis der Käsegrafen. Sie besitzt die schönsten Gasthäuser am Platz. Hans Fetz hat den »Hirschen«, seiner Tante gehört das »Schäfle«, das vollkommen intakt ist – als ob morgen wieder eröffnet würde! –, aber nicht betrieben wird, weil sie es in ihrem hohen Alter nicht mehr schafft.

Fortsetzung auf Seite 178

Der Brunnen in Schwarzenberg markiert die einstmals wichtigste Straßenkreuzung des Bregenzerwalds. Rechts davon das Gasthaus »Zum Hirschen« mit dem charakteristischen Dach, das eine optimale Ausnutzung erlaubt. Die traditionelle Holzbauweise ist nicht nur schön, sondern praktisch: Sie garantiert eine schnelle Erwärmung und isoliert dennoch ausgezeichnet. Der Blumenschmuck fällt üppig aus, weil die Luft feucht und die Sonne kräftig ist

Die Kirche zur Heiligen Dreifaltigkeit ist umgeben vom Friedhof mit seinen typischen eisernen Grabkreuzen. Manche sind schlicht, andere kunstvoll geschmiedet, und an einigen verraten reiche Vergoldungen, daß es sich um wohlhabende Leute handelt, die hier liegen – Wirte oder Händler. Den Hochaltar der Kirche schmückt ein Bild von Angelica Kauffmann, deren Vater aus Schwarzenberg stammte, die hier aufwuchs und nur zufällig in Chur geboren wurde

1

KARTOFFELCREMESUPPE

Hauchdünne, knusprig gebackene Scheibchen von Artischocken, Kartoffeln und Möhre in der Suppe geben ihr Farbe und Biß.

<u>Für vier bis sechs Personen:</u>
200 g Kartoffeln, 1 Zwiebel, 1 Lauchstange, 2 EL Butter, 1 l Gemüse- oder Geflügelbrühe, etwas Majoran, ein Stückchen Zitronenschale, Salz, Pfeffer, 200 g Sahne

Die Kartoffeln würfeln, mit in Ringe gehobelten Zwiebeln und feingeschnittenem Lauch (nur das Weiße!) in der Butter andünsten. Mit Brühe auffüllen, Majoran und Zitronenschale zufügen, salzen und pfeffern. Zugedeckt eine halbe Stunde weichkochen. Durch ein Sieb passieren, die Sahne angießen. Fünf Minuten im offenen Topf köcheln, mit dem Mixstab aufschlagen.

2

TAFELSPITZGELEE MIT ZWIEBELCONFIT

<u>Für acht bis zehn Personen:</u>
ca. 600 g gekochter Tafelspitz, je 1 Tasse blanchierter winziger Würfel von Möhre, Sellerie und dem Grünen vom Lauch, 3–4 Cornichons, 3–4 EL winzige Kapern, ca. ½ l kräftige Rinderbrühe, 5 Blatt Gelatine, Salz, Pfeffer, Essig zum Nachwürzen
<u>Zwiebelconfit:</u>
2 gehäufte EL Zucker, 2 EL Olivenöl, ½ l Rotwein, 500 g Zwiebeln, je 2 Thymian- und Rosmarinzweige, 2–3 zerdrückte Knoblauchzehen

Das Fleisch in kleine Würfel schneiden, mit den Gemüsen, gewürfelten Cornichons und Kapern mischen und in eine Kasten- oder Dreiecksform füllen. Die eingeweichte Gelatine in der heißen Brühe auflösen, schön säuerlich abschmecken, die Form damit auffüllen. Über Nacht fest werden lassen. Zum Servieren stürzen, in Scheiben schneiden und mit dem Zwiebelconfit anrichten.
Dafür in Ringe gehobelte Zwiebeln im Öl andünsten, mit Zucker karamelisieren und mit Rotwein ablöschen. Kräuter und Knoblauch zufügen, salzen und pfeffern. Ohne Deckel köcheln, bis kaum mehr Flüssigkeit vorhanden ist. Heiß in ein Schraubglas füllen und mindestens eine Woche lang durchziehen lassen.

3

PERLHUHN MIT KRÄUTERN

Im »Hirschen« wird das Perlhuhn in zwei Gängen serviert: Zuerst kommt es in der Bratenreine als ganzer Braten auf den Tisch, wo das zarte Brustfleisch ausgelöst und mit etwas Bratenjus dem Gast vorgelegt wird. Dazu gibt es im Ofen gebratenes Gemüse und *Schwarzplentene*, das sind Buchweizenschnitten. Das restliche Perlhuhn geht wieder zurück in die Küche und kehrt in einer asiatischen Variante zurück: jetzt knusprig geröstet und mit einer nach Ingwer duftenden, sojawürzigen Sauce.

<u>Für zwei bis vier Personen:</u>
1 Perlhuhn, Salz, 1 Strauß aus Thymian, Rosmarin, Petersilie und Lorbeer, Olivenöl, je 1 EL Koriander-, Wacholder- und Pfefferkörner, 75 g luftgetrockneter Bauchspeck in hauchdünnen Scheiben
<u>Schwarzplentene (Buchweizenschnitten):</u>
¼ l Milch, ¼ l Wasser, 200 g geschrotetes Buchweizenmehl, 2 gehäufte EL Parmesan, Salz, 1 EL Butter

Das Huhn innen salzen, mit der Hälfte der Kräuter füllen und in Form binden. Mit Olivenöl einpinseln und, Brust nach unten, in eine mit Öl ausgestrichene Bratenreine setzen. Gewürze und die restlichen Kräuter drum herum streuen. Im 250 Grad vorgeheizten Ofen zuerst 30 Minuten anbraten, ab und zu mit dem inzwischen ausgetretenen Bratenfett begießen. Auf den Rücken drehen, die Hitze auf 150 Grad reduzieren, das Perlhuhn mit den Speckscheiben belegen und weitere 30 Minuten garziehen lassen. Vor dem Anschneiden noch 10 Minuten ruhen lassen.
Für die Schwarzplentenen Milch und Wasser aufkochen, Buchweizenschrot, Parmesan und Butter einrühren, dabei salzen. So lange rühren, bis die Masse sich vom Topfboden löst. Knapp zentimeterhoch in eine flache Form streichen und abkühlen lassen. Zum Servieren in Rauten oder Würfel schneiden und in Butter aufbraten.

4

MOCCAPARFAIT

<u>Für sechs Personen:</u>
2 ganze Eier, 1 Eigelb, 90 g Zucker, 1 gehäufter EL löslicher Kaffee, 1 dl Moccalikör, 400 g Sahne
<u>Whiskysauce:</u>
3 Eigelb, 2 EL Zucker, ¼ l Sahne, 1 Vanilleschote, 3 EL Whisky

Die ganzen Eier mit dem Eigelb im Wasserbad heiß und dick rühren, dabei den Zucker, zum Schluß auch das Kaffeepulver zufügen. Kalt rühren, dann den Likör (der Alkohol macht das Parfait besonders cremig) und die geschlagene Sahne unterziehen. In eine Kastenform füllen und gefrieren.
Für die Sauce die Eigelb mit Zucker wieder heiß und dick rühren. Die Sahne aufkochen, die Vanilleschote darin ziehen lassen, schließlich das Mark auskratzen und in die Sahne rühren. Die heiße Vanillesahne zur Eiercreme gießen, unter Rühren erhitzen, bis die Sauce bindet, erst jetzt den Whisky einrühren und abkühlen lassen.
Küchenchef Pölz gestaltet das Parfait zu einer prachtvollen Kaffeemühle, die er kunstvoll verziert. Man kann das Parfait jedoch auch einfach in Scheiben auf Tellern anrichten und mit der Whiskysauce umgeben. Wer mag, verziert mit Tupfern von Cassissauce und Himbeermark.

Der Wirt und sein Koch, Franz Fetz mit Jochen Pölz: Ihre Idee ist ebenso einfach wie erfolgreich – das Bodenständige mit Internationalem verbinden, keine hinterwäldlerische, sondern eine weltoffene Küche

Die holzgetäferten Gasträume strahlen Wärme aus, die Ausstattung ist alpenländisch gediegen, aber nicht tümelnd

Für den »Hirschen« stimmt, was Goethe für Faust erkannt hat: »Was du ererbt von deinen Vätern hast, erwirb es, um es zu besitzen«: Das 250 Jahre alte Haus fordert Fingerspitzengefühl und Improvisationsgabe bei Reparaturen und Anpassung an die heutigen Erfordernisse. Franz Fetz muß daher vieles selbst erledigen, weil er es Handwerkern nicht anvertrauen mag. Seine Frau Alexandra ist ihm dabei verständige Stütze.

Wer guten Käse aus dem Bregenzerwald kaufen will, muß ins Käsegeschäft von Maria Vögel in Schwarzenberg gehen – sie gilt als beste Käsekennerin in Vorarlberg! Natürlich hat sie eine große Auswahl verschieden lang gelagerter, etwa 30 Kilogramm schwerer Laibe des »Bregenzerwälder Bergkäse« aus silofreier Rohmilch mit höchstens kirschkerngroßen Löchern. Mindestens sechs Monate muß er reifen, aber erst mit anderthalb Jahren hat er sein volles, nussiges Aroma entwickelt, ist gleichzeitig mild und würzig! Er darf sich »Alpkäse« nennen und schmeckt noch süßer, wenn er auf der Sommeralpe (Alm) zwischen Ende Mai und Mitte September hergestellt wurde. Maria Vögel führt auch den hiesigen »Emmentaler«, 80 bis 90 Kilo schwere Laibe mit größeren Löchern, fest und aromatisch. Und den kleinlöchrigen, 3,5 Kilo schweren »Rässkäs«! Im Alemannischen bedeutet »räss« so viel wie »scharf«. Vorsicht: Beim Genuß eines ausgereiften Rässkäs' hebt es einem die Schädeldecke …

Fortsetzung von Seite 175

Den »Hirschen« mit seinen 50 Plätzen (im Gastgarten nochmal so viele) und vierzehn mit erlesenen Möbeln eingerichteten Zimmern hat Hans Fetz 1975, in vierter Generation, von seinem Vater übernommen. Der traumhaft schöne vordere Teil des Hauses stammt aus dem Jahre 1757, der Festsaal hinten mit reichgestalteter Decke kam 1892 dazu. Die Gaststuben sind eigentlich ein Museum. »Die Tische sind schwer, aus massivem Kirschholz und teilweise eingelegt mit Schieferplatten – die waren nicht zum Anschreiben, sondern stellten Macht und Reichtum dar: Je schwerer ein Tisch, desto bedeutender sein Besitzer!« erklärt Hans Fetz. Die Wandtäfelung aus Arlenholz (Latschen), der Boden aus Buchenriemen, die wunderschönen Beschläge aus Messing: eine Ausstattung, die für die Herren gedacht war, für Händler und Reisende – die Bewohner von Schwarzenberg selbst, gar die Bauern, hatten keinen Zutritt. »Hartholzmöbel waren Bauern verboten, die durften nur Fichte haben!« erzählt Fetz. Erst um die Mitte des letzten Jahrhunderts wandelten sich die Sitten, und es begann ein Gasthausbetrieb im eigentlichen Sinne.

Zunächst hatte Fetz den »Hirschen« geführt wie sein Vater, dann aber schnell gemerkt, daß ein Gasthaus im klassischen Sinn keine Zukunft mehr hatte. Also setzte er auf Seminare. Hinter dem

Der Almabtrieb oder die »Viehscheid«, wie es hier heißt, ist der Höhepunkt des Jahres: Glücklich kommt man von der Alpe herunter, hat einen Sommer lang Käse gemacht und (hoffentlich) damit ordentlich Geld verdient. In Schwarzenberg ist dieses Fest noch weitaus ursprünglicher als in vielen Tiroler Gemeinden, wo ein Riesenrummel herrscht und alles für die Touristen arrangiert zu sein scheint. Hier hingegen schmücken sich Senn und Bäuerin für sich, für ihr eigenes Lebensgefühl. Unten links: An den Talhängen werden die Wiesen zwischen Feuchtgebieten gemäht, das Gras zu Heu getrocknet für die Winterzeit – im Vorderen Wald sind die Hänge relativ sanft, im Hinteren dagegen wird es sehr steil und schroff. Vor dem Arlberg selbst dann die berühmten Wintersportorte Lech – die »Post« genießt bei Feinschmeckern einen guten Ruf! – und Zürs: ehemals nur eine Ansammlung von Sennhütten. Heute im Sommer ein echtes »Kuhdorf«, im Winter für die wohlhabenden Skiläufer aus aller Welt in Betrieb!

alten Haus wurde ein neues gebaut, mit Komfort, modernster Technik und Schwimmbad. Damit hat Fetz nun rund ums Jahr Kundschaft: im Frühjahr und Spätherbst Seminare; im Sommer bis in den Herbst hinein Wander- und Kulturtouristen, die zur »Schubertiade« kommen, dem Musikfestival, das im Frühsommer zwei Wochen in Feldkirch stattfindet, im Herbst in Schwarzenberg; Mitte September lockt der Almabtrieb mit dem großen Markt; und von Dezember bis in den Februar hinein regiert auch hier der Wintersport.

Hans Fetz hat dann noch etwas gewagt: Er wollte nicht lokale Spezialitäten bieten, sondern eine Speisekarte, die der weltläufigen Geschichte des »Hirschen« und seiner Stellung als erstem Haus am Platz entspricht. Mit Jochen Pölz engagierte er einen jungen Koch, der beim Jörg Wörther in Zell am See, bei Harald Wohlfarth in Baiersbronn und Albert Bouley in Ravensburg gelernt hat. So ißt man in den »Bregenzerwaldstuben« jetzt leicht, modern und mit asiatischem Touch: »98 Prozent der Gäste finden es toll, sind begeistert von der Bekömmlichkeit des Essens, von den vielseitigen Aromen!« schwärmt Jochen Pölz. Und Hans Fetz ergänzt: »Gute Wäldlerkost gibt es doch überall, zu uns kommt man eben, wenn man etwas Besonders will.« Fürwahr, der »Hirschen« ist ein besonderes Haus – wer einmal hier war, wird gern wiederkommen!

Ein Rheinwein aus Österreich

Damit kann man selbst ausgepichte Weinfreunde verblüffen: Daß auch in Vorarlberg, außerhalb der klassischen Anbaugebiete Österreichs, Wein gedeiht, den man mit Lust trinken mag – das weiß kaum jemand. Viel ist es nicht mehr: Von rund 40 Hektar Rebfläche, die es einst hier gab, sind heute keine drei mehr im Ertrag. Nachdem die Stücke durch Erbteilung für eine vernünftige Bewirtschaftung zu klein geworden waren, hat man meist Bauland daraus gemacht. Ein Teil ist auch der Rheintalautobahn zum Opfer gefallen.

Franz Nachbaur in Röthis, einem kleinen Ort im Rheintal zwischen Dornbirn und Feldkirch, ist von den vier Winzern in Vorarlberg mit eineinhalb Hektar der größte. Das Weinmachen hat er hauptsächlich vom Vater gelernt. Hinzu kam nur noch ein Praktikum im Pfälzer Wachenheim sowie ein Lehrgang in Klosterneuburg. Aber seine Weine sind respektabel! Nachbaur setzt auf Qualität, arbeitet bewußt ökologisch, läßt die Rebzeilen grün, schneidet das Gras um die Stöcke von Hand und mulcht. Auf Herbizide und Insektizide verzichtet er. Seine Lagen sind dafür günstig: häufig Föhn, selten Nebel und stets ein sanfter Wind, der die Trauben schön durchlüftet und trocken hält. Seine Weißburgunder und Chardonnay sind Weine von anspruchsvoller Kraft, mit einer interessanten, zitronenwürzigen Frucht. Zunehmend ist ihm Blauburgunder wichtig. Grappa, Obstbrände und ein ausgezeichneter Apfelmost (also Apfelwein) runden die Palette ab.

Goldener Oktober in der Wachau

Ganze 33 Kilometer entlang der Donau dürfen sich »Wachau« nennen – eine der berühmtesten Weinlandschaften der Welt ist nur ein winziger Abschnitt am 2850 Kilometer langen Strom! Entsprechend klein ist das Weinbaugebiet, in dem einst rund dreißig der wichtigsten deutschen Klöster ihre Winzerhöfe hatten (die meisten stehen heute noch): 1450 Hektar, knapp halb so groß wie der Rheingau. Während dort fast die ganze Fläche mit dem »König der Weißweine«, dem Riesling, bestockt ist, sind es in der Wachau nur zwölf Prozent – aber die haben den besten Ruf! Wichtigste Rebsorte ist hier der Grüne Veltliner, den die Gäste als einfachen Trunk schätzen. Allerdings kommt längst nicht jedes Achtel tatsächlich aus der Wachau – Massenware ist anderswo billiger... Und der größte Teil des jungen, noch gärenden

Die stillen Gassen von Dürnstein: Bei Ausflugswetter nicht so verträumt!

Das Blau der barocken Pfarrkirche von Dürnstein: Kontrast zum Herbstlaub

Ein Strohkranz ersetzt hier den Buschen und zeigt an, daß »ausgesteckt« ist

Die Wehrkirche von Weißenkirchen: stolzes Wahrzeichen des schönen Ortes

Dürnsteiner Donaublick: Von der puttenbekrönten Terrasse der Kirche aus

Mittelalter, Renaissance und Barock verschmelzen zu romantischer Szenerie

Die Winzer feiern bei Wein und Bier, die Touristen lieber beim »Sturm«

Weins, des »Sturm« (Federweißer), den die weinseligen Touristen so lieben, stammt aus dem Burgenland.
Der Kenner wird sich ohnehin an Flaschenweine halten – und staunen, welch große Auswahl die Gasthäuser, Restaurants und Weinschänken anbieten. Oft werden sogar große Weine glasweise ausgeschenkt, wodurch man leicht zu jedem Gang den passenden Wein trinken und sich obendrein einen guten Überblick verschaffen kann.

Freilich: Im Herbst, der goldenen Zeit der Lese, werden die hübschen Städtchen der Wachau von einer Flut von Ausflüglern überschwemmt! Auf den Donauschiffen, in den Gassen und Kneipen geht's laut und oft recht derb zu, die Radler geben den Ton an, obwohl das Fahren auf den an sich gut ausgebauten, aber oft neben der lauten Straße verlaufenden Wegen dann wenig Spaß macht; und die Winzer haben während der Lese ohnehin keine Zeit.

Besser kommt man später, wenn die Tage trüb und neblig werden: Das mittelalterlich-barocke Dürnstein, wo der englische König Richard Löwenherz 1193 gefangen saß, bis er seinen ihn suchenden Sänger Blondel an der Stimme erkannte und sich bemerkbar machen konnte, gewinnt dann einen romantischen Zauber, den das leuchtende Blau der Pfarrkirche, des früheren Augustinerchorherrenstiftes, in fröhlicher Diesseitigkeit unterstreicht.

Ein Stern geht auf: Nigl

Das unscheinbare Dorf Priel liegt auf einer Hochebene, umgeben von Äckern und Obstgärten. Hier hatten die Eltern Nigl einen gemischten Betrieb, mit drei Hektar Weinbergen bei Krems und Senftenberg. Die Trauben wurden an die Genossenschaft geliefert.
Martin Nigl hatte schon als Kind gern dem Vater in den Weinbergen geholfen, und mit zwölf Jahren wußte er, daß er Winzer werden würde. So absolvierte er die Weinbauschule Klosterneuburg, kehrte 1986 nach Hause zurück: Das Vieh wurde aufgegeben, ein Keller mit moderner Technik und Edelstahltanks gebaut – ab jetzt wurde selbst gekeltert und Wein gemacht! Reben wurden zugekauft und gepachtet. Der Rebschnitt zielt auf Mengenbegrenzung und Qualität, wichtiger aber ist das Entfernen von Trauben Ende August, Anfang September, wodurch die verbleibenden besser versorgt, die Inhaltsstoffe konzentriert und die volle physiologische Reife erreicht wird. Das Säuregerüst bleibt erhalten, aber nicht spitze Apfel-, sondern reife Weinsäure: »Ich ziehe den biologischen Säureabbau am Weinstock vor«, schmunzelt Martin Nigl. Seine Grünen Veltliner und Rieslinge, die je 40 Prozent ausmachen, behalten durch den Ausbau im Edelstahltank diese frische Säure, die, gepaart mit üppigem Alkohol (oft wird erst nach Mitte November gelesen!), eine Rundheit schafft, die für Nigl-Weine typisch ist.
Martin Nigl vinifiziert alle Lagen getrennt: Die Senftenberger – Hochäcker, Piri und Kirchenberg – haben Urgestein, die Weine also ähnlichen Charakter wie die Wachauer; auf den Lößböden von Krems werden sie breiter – dort stehen neben Veltliner auch Chardonnay und Sauvignon. Qualitätsstufen werden nicht angegeben, absolute Spitze bezeugen die Zusätze »Alte Reben« und »privat«.
Nigls bewirtschaften inzwischen 15 ha Weinberge, neueste Errungenschaft, aus Starhembergschem Besitz: das »Weinhaus« mit dem Kirchenberg in Senftenberg (Bild oben rechts) – »eine Lebensaufgabe«, sagt Martin Nigl, denn nur das Dach ist noch intakt, alles andere recht ruinös: »Aber die alten Weinstöcke an den Mauern tragen jedes Jahr gesunde, gehaltvolle, unglaublich reife Trauben!«

Martin und Christine Nigl
1995

Wien – Stadt der Kunst, der Lebenslust und der Vergänglichkeit

Genauso wichtig wie der Inhalt ist für Wien und die Wiener die Form. Alles wird inszeniert, nichts darf nur einfach dasein oder geschehen. Deshalb wurde und wird wohl in keiner anderen Stadt der Welt so viel geredet und debattiert über die Darstellung des Lebens: die Kunst. Oper, Operette, Theater, Musical und Kabarett sind selbstverständliche Institutionen des öffentlichen Lebens. Was hier stattfindet, ist Tagesgespräch – Wien ist neugierig und nimmt Anteil! Man geht in Ausstellungen und Vernissagen; Sonderausstellungen und die klassischen Museen – mit den unermeßlichen Schätzen der ebenso kunstsinnigen wie sammelwütigen Habsburger – sind vollkommen in das gebildete Bewußtsein des auch für witzige Arrangements (etwa im MAK, dem Museum für angewandte Kunst) seit ein paar Jahren wieder offenen Bürgertums integriert.

Stattfinden tut dies alles in meist prachtvoll gestalteten Gebäuden, deren Entstehungsgeschichte ihrerseits von reger Anteilnahme der Bevölkerung und heißen Auseinandersetzungen begleitet waren. Heftig erregten die Oper, das Burgtheater und schließlich vor hundert Jahren der »Tempel für die neue Kunst« die Gemüter, die »Secession« von Joseph Maria Olbrich (großes Bild)! Aufgeschlossene Industrielle stifteten diesen dekorativen Protest den Künstlern, die gegen die Hohlheit und Langeweile des Historismus aufbegehrten und sich vom offiziellen Kunstbetrieb absetzten (lat. secessio = Abspaltung). Heute ist der Bau unumstrittenes Wahrzeichen des kunstsinnigen Wiens.

Die neue künstlerische Form der Secessionisten, anderswo Jugendstil genannt,

gewann dank eines genialen Architekten rasch eine für die soeben durch Eingemeindung auf das Dreifache gewachsenen Metropole prägende Bedeutung: Otto Wagner – 1841 geboren und damit kein jugendlicher Bilderstürmer, sondern bereits ein reifer Mann – baute mit der Stadtbahn ein Gesamtkunstwerk von höchstem Rang! Diese erste Schnellbahn, eine wahrhaft weltstädtische Anlage aus Brücken, Tunneln, Mauern, Geländern und Bahnhöfen (ein optisches Kleinod die Eingangspavillons am Karlsplatz, Bild links unten), wurde Basis eines inzwischen leistungsfähig ausgebauten Verkehrssystems, durch das die Innenstadt von Wien, der 1. Bezirk, von allen Wohngebieten aus schnell erreichbar ist: Dadurch verkam die Stadtmitte, anders als in den meisten Großstädten, nicht zu einem abends öden Büro- und Einkaufszentrum, sondern blieb das pulsierende Herz mit allen neben Oper und Theater wichtigen gesellschaftlichen Einrichtungen – Cafés, Bars, Clubs, Restaurants, Hotels, Kinos.
Auch Wohnhäuser entstanden im neuen Jugendstil – besonders prächtig die beiden Häuser von Otto Wagner an der linken Wienzeile (Bild links, oben), nur ein paar Schritte von der Secession entfernt. Deren Kuppel aus dreitausend

eisernen und vergoldeten Lorbeerblättern wird im Volksmund das »goldene Krauthappel« (Kohlkopf) genannt, was schon auf den nahen Naschmarkt hindeutet: den Bauch von Wien!
Hier gibt es weiß Gott alles, was man an Viktualien nur begehren kann! Und zwar in einer typisch wienerisch multikulturellen Vielfalt und einer Qualität, die man in Deutschland kaum kennt, zumindest nicht in dieser Fülle und, zum Beispiel bei Fleisch, dieser Präzision der Zurichtung. Geselchtes (Speck), Würste, junge und gereifte Käse, Eingelegtes und Konfitüren, Fisch, Fleisch, Wild und Geflügel aus allen Teilen des Landes! Neben dem internationalen Angebot kaum Waren von Großbetrieben, sondern von Bauern, kleinen Winzern und Brennern, Metzgereien, Almkäsereien, Gärtnereien und diversen Spezialisten. Marktgeschrei wie im Orient – viele Türken! Die Marktweiber haben eine derbe Gosch'n – wer nicht gleich kauft oder dumm fragt, wird in Grund und Boden geschimpft; vor allem samstags, wenn es

Wer sich nicht vom verlockenden Angebot des Naschmarkts an Gemüse und Würsten, Fleisch und Fisch, Trockenfrüchten und Frischobst, Kräutern und Gewürzen über die Maßen verführen lassen will, sollte satt sein, erst dem Namen der Lokalität Reverenz erweisen und naschen: dill- und knoblauchwürzig prickelnde Salzgurken am Stand von Leo Strmiska (wie man diesen Namen wohl ausspricht?) – oder von seinem Sauerkraut, das er in milder und herzhafter Variante lautstark anpreist! Hier gibt es Wurstsemmeln, dort Schinken- oder Brimsenschnitten, weiter hinten, bei den Türken, Döner (aus echtem Fleisch, nicht aus sägespänetrockenem Hack) oder ein Gemüsesandwich: herrlich knackige Zucchini und Paprika in Pittabrot

hektisch zugeht und die Massen sich nur mühsam durch die Gassen schieben. Dann kommen zu den fest installierten noch mobile Händler: Türken mit Sonderangeboten und Bauern, vor allem aus dem unerschöpflichen Waldviertel, mit eigenen Erzeugnissen.

Dahinter der Flohmarkt: ebenso bunt und stimmungsvoll, Menschen aus aller Herren Länder. Da gibt es Spezialisten für bestimmte Artikel und Universalisten mit ganzen Nachlässen. Ein Hauch von Melancholie schwebt über den Dingen, mit denen andere gelebt haben, die einmal geliebt wurden, die an längst dahingegangene Menschen erinnern. Memento mori – allgegenwärtig in Wien die Mahnung an den Tod, immer präsent die Ahnung vom Ende der Liebe. Trauer, Wehmut und Seelenschmerz – Gefühle oder Stimmungen, die der Wiener mit nachdenklicher Freude genießt, ohne die es kein Wiener Lied gäbe: »Sag zum Abschied leise Servus.« Auch Liebesleid und Tod erhalten in Wien ihre künstlerische Form und Inszenierung.

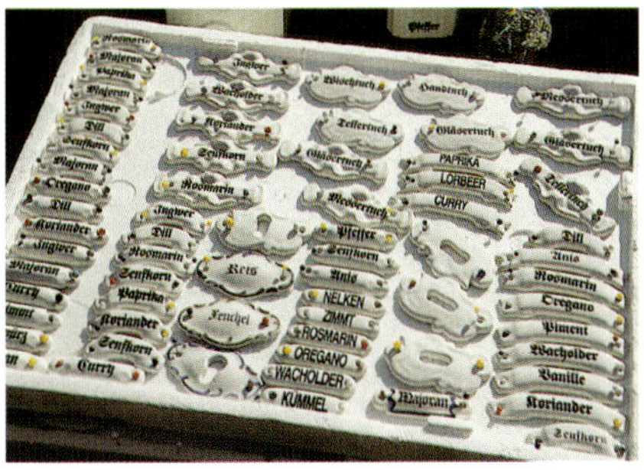

Hinter dem Naschmarkt ist jeden Samstag Flohmarkt – vom abgetragenen Pelzmantel für ein paar Schillinge bis zu wirklich wertvollen Antiquitäten kann man alles finden: Gebrauchsartikel von jenseits des ehemaligen Eisernen Vorhangs, Ersatzteile für Autos, Jugendstillampen, Gläser oder Gemälde. So manches »Alte« ist allerdings nicht antik: Vor allem aus den östlichen Ländern – Glas aus Böhmen! – kommen Fälschungen; selbst plumpe Nachahmungen von Gallé-Vasen werden als echt angeboten und finden sogar Käufer. Aber kann es nicht ein Glück sein, eine kaum kratzende Violine, eine Mini-Guckkastenbühne, eine Serie Knöpfe oder ein einst innig geliebtes Schweinderl zu entdecken und der Vergessenheit zu entreißen?

XIX. Döbling.
Pfarr-
Platz.

Mythos »Heuriger«

»Die Achteltrinker sind die größten Säufer«, spricht die Großmutter am Nebentisch zu ihrem Enkel, der ihr seit einer Stunde – für seine zwölf Jahre erstaunlich brav und mit ungewöhnlicher Geduld, natürlich Apfelsaft im Glas, beim Weintrinken Gesellschaft leistet. Und sie begründet ihre These auch: »Weil – ma nimmt an Schluck, des is' z'wenig, und da trinkt ma's Glas schnell ganz aus.« Dabei verfolgt sie befriedigt, wie ihr leeres Viertelkrügerl gegen ein volles getauscht wird. »Gemma«, ruft ihr Nachbar, einen Tisch weiter, der Kellnerin zu, »trink'ma no a Achtel!«
Wer sich als Fremder in Wien aufmacht, den Mythos des »Heurigen« zu ergründen, stößt nur auf Rätsel. Klar ist: Der Begriff »Heuriger« bezeichnet nicht nur den Wein von heuer, also der letzten Ernte, sondern auch die Stätte, an der man ihn verkosten kann, zusammen mit einer Jause, einem Imbiß also. Weiter stellt er fest: Es muß nicht immer Wein der letzten Ernte sein, in manchen »Heurigen« serviert man auch erlesene, gereifte Tropfen.
Trotzdem gilt: Es hat jeder Wiener seinen »Lieblingsheurigen«, auf den er schwört. Aber dessen Wein kann ruhig absolut alltäglich sein, selbst Büfett oder Ausstattung nicht weiter rühmenswert. Warum er gerade diesen besonders liebt, weiß er meist selber nicht zu sagen. Es ist eben sein Heuriger!
Die Stimmung? Miesepeter wird man bei einem »Heurigen« nie finden, tatsächlich sind die Menschen fröhlich dort, heiter, guter Dinge. Und nicht selten singen am Ende alle mit, wenn jemand das Akkordeon anstimmt.
Beim Heurigen sitzt das Volk beim Wein. Es hockt, wie im berühmten Klischee, der Herr Kammersänger neben dem Fiakerkutscher, die Frau Professor bei der Zugehfrau, alt neben jung, arm bei reich – und zwar völlig zweckfrei. Denn nicht einmal, um seinen Durst zu stillen, kommt man hierher, oder, weil man Hunger hat, sondern, weil's »a Hetz is«, einfach ein Vergnügen. So sitzen sie alle – Touristen mit den Einheimischen – friedlich beieinander, beim »Mayer am Pfarrplatz« etwa, dem Klassiker unter den Heurigen (Bilder von oben). Wir lieben besonders den »Hengl-Haselbrunner« in der Iglaseegasse, weil er hübsch ist, fabelhafte Weine hat, gute Atmosphäre und ein erstklassiges Büfett. Wegen der Weine lohnt sogar die weite Fahrt zum allerdings eher derben »Laterndl Pfaffl« nach Korneuburg, was auch für den »Wieninger« in Stammersdorf gilt, dessen grandiose Chardonnays kein Geheimtip sind. Gemütlicher ist es hingegen beim »Muth« in der Heiligenstädter Probusgasse. Und um die Ecke, in der Armbrustergasse, sitzt man sogar bildschön beim mit Biedermeiermöbeln eingerichteten »Zimmermann«.

Brotaufstriche gehören unbedingt zum Glas Wein: Liptauer (vorne links) und Krentopfen (S. 52), Quargelbutter (Harzer mit Butter und Kümmel) sowie gehacktes Ei mit Schnittlauch

WINTER

Kaffeehäuser und Beisln.
Deftige, bürgerliche und luxuriöse Genüsse.
Berge, Schnee und Brände

Touristenfreuden: Fiakerfahrt durch Wien

Schön: alte Ladenschilder

Susi Böck vom »Roten Wolf«

Gehört zum Wiener Kaffee: ein Glas Wasser

»Walter Bauer«: Kreative Wiener Küche

Gemütlich: Tiroler Zirbelstube

Winterliches Ausflugsziel: die Ötztaler Berge

Wien, Rathausplatz: Eislauf für jedermann

Herzhaft: reifer Graukäs' aus Tirol

Schloß Schönbrunn und das Rindfleischparadies

Im Kupfertopf wird das Rindfleisch an den Tisch gebracht, bedeckt mit Brühe, die es warm und saftig hält, mit Markknochen und Gemüse: Links oben der berühmte Tafelspitz (der längst nicht überall wirklich einer ist), daneben das von einer saftigen Gallertschicht durchzogene Schulterscherzl (Schulternaht), darunter links ein Beinfleisch, der Wiener liebstes Gustostückerl, und schließlich der herzhafte Kruspelspitz, der mit dem charakteristischen weißen »Kruspel« vom Schulterblatt gelöst wird. Alle Stücke mit den Beilagen auf der zweiten Doppelseite des Buches!

Dem Wiener ist selbstverständlich, was gar manchem deutschen Schöngeist unziemlich erscheint: Die unmittelbare Nachbarschaft von erhabener Kunst und sinnlicher Tafelfreude. In Wiens 13. Bezirk, dem vornehmen Hietzing, liegt das »Hietzinger Bräu« gleich neben dem Schloß Schönbrunn, und wer sich an dessen erlesenen Schönheiten erfreut hat, mag sich in jenem genüßlich laben. Eva und Ewald Plachutta übernahmen das repräsentative Gasthaus 1987 von der Ottakringer Brauerei. Als Mitbesitzer des klassischen Restaurants »Drei Husaren« in der Innenstadt hatte Plachutta jede Menge Erfahrung mit der Wiener Gastronomie – aber ahnte doch nicht, was er in die Wege leitete!
Zufällig hatte er gerade »Tafelspitz für den Hofrat« von Joseph Wechsberg gelesen, ein Gustostückerl, ein Leckerbissen der kulinarischen Literatur. Er wollte versuchen, die dort geschilderte Kultur des zerstörten Restaurants »Meissl & Schadn« wiederzubeleben: gekochtes Rindfleisch, in seiner Brühe und mit den entsprechenden Beilagen. Alle Freunde rieten ihm ab, er selbst war sich nicht sicher: Würden die Leute das noch schätzen? Sein Konzept schlug ein, mit unglaublichem Erfolg! Zwölf Sorten gekochtes Rindfleisch bekommt man heute im »Hietzinger Bräu«! Daß es einst 24 Sorten waren, erklärt sich, so Plachutta, von selbst: »Früher mußte man ganze Rinderhälften kaufen. Die wurden von den Köchen zerlegt, und jedes einzelne Stück mußte an den Gast gebracht werden. So entstand zwangsläufig Vielfalt, die Wiener Rindfleischkultur – eigentlich müßte es ja Siedfleischkultur heißen!« Heute wird jedoch anders vermarktet: »Wir bekommen die besten Stücke in gewünschter Menge!« 60 Ton-

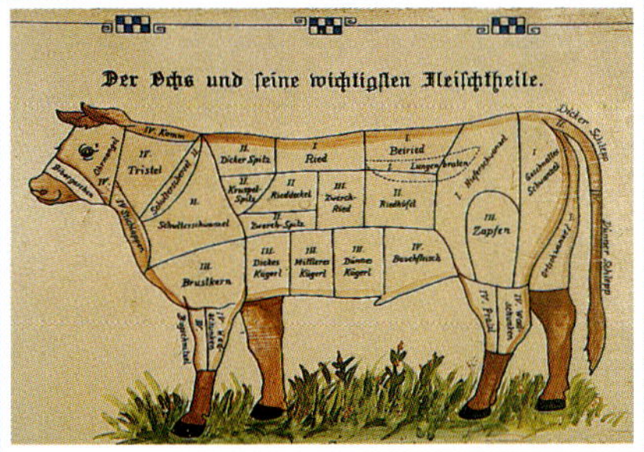

Eva und Ewald Plachutta mit Sohn Mario vor dessen Restaurant in der Wollzeile. Dort geht es städtisch, jung und hektisch zu, während in Hietzing im gediegen-bürgerlichen Bräu noch ein wenig Kakanisches zu schweben scheint. Das Zerlegen des Rindes nach Wiener Art ist eine Kunst, die nur noch wenige Fleischhauer beherrschen. Großes Bild: Die Adler auf den Obelisken stammen von Napoleon – »Mi störn s' net«, hat Franz Joseph gemeint, »und den Leuten gfalln s'!«

GESOTTENES RINDFLEISCH WIENER ART

Ganz gleich, welches Stück vom Rind gekocht werden soll – es wird stets auf die gleiche Art angesetzt: auf Knochen gebettet, damit das Wasser zirkulieren kann, und mit reichlich Pfefferkörnern. Im »Hietzinger Bräu« kommt sonst nichts hinzu – in einem Restaurant herrschen andere Regeln. Im Haushalt darf man die Brühe natürlich mit Wurzelwerk – von Karotten (Möhren), Lauch, Petersilienwurzel bis zur Zwiebel – und Gewürzen, Lorbeer, Piment und Salz, aromatisieren. Die Fleischstücke haben je nach Struktur und Faserverlauf unterschiedliche Garzeiten.

Für sechs bis acht Personen:
1 Stück Rindfleisch (mindestens 2 kg),
3–4 Markknochen, 2 Zwiebeln,
1–2 Bund Suppengrün, Salz,
1 EL Pfefferkörner, 2 Lorbeerblätter
Cremespinat:
1 kg Spinat, Salz, 1 Zwiebel,
2 Knoblauchzehen, 2 EL Butter,
ca. ⅛ l Sahne, Pfeffer, Muskat
Röstkartoffeln:
800 g am Vortag gekochte Kartoffeln,
3–4 EL Öl, Salz, Pfeffer
Apfelkren:
2 Äpfel, Zitronensaft, 3–4 cm Meerrettichwurzel, Salz, Zucker, 1 EL Öl
Schnittlauchsauce:
100 g frisches Weißbrot, ⅛ l Milch,
2 rohe Eigelb, 2 gekochte Eigelb,
½ TL Senf, Salz, Pfeffer, Zucker,
Zitronensaft, ¼ l Öl, Schnittlauch

Das Fleisch in einem Suppentopf aufsetzen, dabei auf die leeren Markknochen betten, so daß es nicht mit dem Topfboden in Kontakt kommt. (Tip: Die Markknochen zuvor in Eiswasser legen, so wird das Mark schön weiß und läßt sich leicht aus den Knochen drücken. In eiskaltem Wasser aufbewahren, zum Servieren in ein wenig heißer Brühe ganz kurz ziehen lassen.) Die Zwiebeln ungeschält halbieren, auf der heißen Herdplatte (ein Stück Alufolie unterlegen) schwarz rösten. Zusammen mit Wurzelwerk, Salz und Gewürzen in den Topf füllen. (Tip: schöne Mittelstücke des Wurzelgemüses abschneiden, erst später hinzufügen, damit sie zum Servieren knackig sind.)
Mit Wasser auffüllen, langsam zum Kochen bringen. Nach dem ersten Aufwallen den Deckel auflegen, nunmehr auf sanftem Feuer zwei bis drei Stunden (je nach Fleischsorte) ziehen lassen.
Spinat verlesen, Stiele abknipsen, gründlich waschen, in Salzwasser blanchieren. Mit Butter andünsten. Sahne angießen, einige Minuten köcheln. Mit Salz, Pfeffer und Muskat würzen, im Mixer fein pürieren.
Kartoffeln grob raffeln, portionsweise in Öl braten, dabei immer wieder mit der Bratschaufel wenden, damit sie überall knusprig werden. Salzen und pfeffern.
Apfelkren: Die Äpfel schälen, entkernen und fein reiben, sofort mit Zitronensaft mischen. Meerrettich schälen, ebenfalls fein reiben und unterrühren. Mit Salz und Zucker würzen, schließlich Öl unterrühren.
Schnittlauchsauce: Das Brot entrinden, zerkrümeln und mit Milch anfeuchten. Mit rohem und gekochtem Eigelb im Mixer mit Senf, Salz, Pfeffer, Zitronensaft und Zuckerprise mixen, dabei Öl zufließen lassen. Abschmecken, Schnittlauch unterrühren.

nen im Jahr, weil das Imperium Plachutta noch zwei weitere Betriebe umfaßt, von Sohn Mario geleitet, in Nußdorf und in der Wollzeile (1. Bezirk). Seine Händler lassen das Fleisch drei Wochen als Rinderhälfte abhängen, lösen es dann erst aus. Er kennt sie seit Jahren, sie garantieren beste Qualität.
Wie das Fleisch zubereitet wird, ist ein Geheimnis Plachuttas, das nicht verraten wird – »ganz einfach, aber man muß halt drauf kommen!« lacht er. Jedenfalls sieden die verschiedenen Fleischstücke gemeinsam in der leise blubbernden, wunderbar aromatischen Brühe – allerdings verschieden lang –, und doch hat jedes einen eigenen Charakter: dieses saftiger, jenes würziger, ein anderes zart wie Butter und jenes wiederum mit kräftigem Biß. »Jeder hat sein Gustostückerl!«, freut sich Ewald Plachutta, »aber wer einen Kruspelspitz ißt, findet darin gleich dreierlei Mürbheit und Geschmack!« Es kommt eben nicht nur darauf an, das Fleisch richtig zuzubereiten, es ist auch eine Kunst, das richtige Stück zu bestellen! Der Wechsbergsche Hofrat aß jeden Tag Tafelspitz, das benachbarte Hieferschwanzl verachtete er: »Da hätten s' mir gleich ein Kalbskotelett anbieten können!«
Gleiches hätte vielleicht Kaiser Franz Joseph gesagt, der sich jeden Samstag sein Gustostückerl servieren ließ, natürlich Tafelspitz. Seine einfach eingerichteten Räume im Schloß Schönbrunn bestaunen die Touristen nicht weniger als die wunderschönen, prachtvollen, aber nie aufprunkenden Zimmerfluchten der Maria Theresia, die das bereits bestehende Schloß 1744 bis 1749 zu ihrer Familienresidenz ausbauen ließ. Maria

Theresia, Erbtochter Kaiser Karls VI., war Erzherzogin von Österreich, seit 1740 Königin von Böhmen und Ungarn. Ihr Mann, Herzog Franz Stephan von Lothringen, wurde 1745 Kaiser, doch dem Volk galt sie als die wahre Kaiserin: Eine barocke, strenggläubige, tatkräftige, liebevolle und mütterliche Frau – sie hatte mit ihrem Franz 16 Kinder! –, die sich mit klugen Beratern zu umgeben wußte. In ihrer (und ihres Sohnes) Regierungszeit wurden die Staatsfinanzen in Ordnung gebracht, die Verwaltung zentralisiert, die Leibeigenschaft aufgehoben und die allgemeine Schulpflicht eingeführt: »Aufgeklärter Absolutismus.« Außerdem verheiratete sie ihre Kinder meisterhaft, so daß ein Flechtwerk von Beziehungen die Politik stabilisierte – *tu felix austria nube!*

Schönbrunn spiegelt perfekt die Wesensart der »Kaiserin«: maßvoll in den Proportionen, ohne imposantes Brimborium, fröhlich und strahlend im kaiserlichen Gelb der Habsburger. Ihr Vater hatte geplant, das Schloß größer als Versailles zu bauen, dort, wo nun die Gloriette steht (Bild Seite 192/193) – erinnernd an einen Sieg über Friedrich den Großen, der aber den Verlust Schlesiens nicht verhinderte. Das Geld hatte dafür nicht gereicht. Maria Theresias bescheideneres Schönbrunn mit seinen Galerien und Gärten, Laubengängen und Brunnen aber wurde der kunstsinnigen Familie ein fast biedermeierlich anmutendes, wohnliches Zuhause: Mozart saß als Sechsjähriger auf Maria Theresias Schoß, und ihre Kinder musizierten miteinander. Solche Hausmusik wurde 50 Jahre später in bürgerlichen Familien üblich und verhalf Wien zu seinem Weltruf als Musikstadt: Haydn, Mozart, Beethoven, Schubert, Brahms, Mahler, Schönberg, Webern und Berg, Johann Strauß Vater und Sohn, Franz von Suppé und Léhar – was wäre Wien ohne sie und sie ohne Wien? Richard Strauss liebte Wien, komponierte zwar das Ballett »Schlagobers«, aber nie das geplante »Beinfleisch«. »Schade«, zitiert Wechsberg einen Richard Strauss bewundernden Wiener Musikkritiker: »Ein Tongemälde über das Beinfleisch hätte sogar die transzendente Schönheit von Tod und Verklärung übertroffen.«

Wien, Wien, nur du allein…

Der Wiener liebt sich und die Welt und will von der Welt geliebt werden. Deshalb sind die Wiener freundlich: Es ist – jedenfalls für Ausländer – der reinste Genuß, in Wien zu Gast zu sein!
Wien ist eine internationale Stadt, Drehscheibe zwischen Ost und West, zwischen Balkan und Mitteleuropa. Aus dem letzten Jahrzehnt des alten begibt sich Wien dynamisch in das erste des neuen Jahrhunderts und Jahrtausends… Nichts von selbstmitleidigem Gejammere, Aufbruch ist angesagt in dieser Stadt, die so lange als neutraler Vorposten des Westens gegen den Kommunismus vor sich hin schlummerte. Wien ist wie in seinen besten Zeiten, Tradition und Moderne umarmen sich leidenschaftlich – bewußt und doch voller Lust!
In jedem Führer steht, was Wien alles ist: eines der Kunst- und Museumszentren der Welt, ihr theatralischer und musikalischer Nabel, die Geburtsstätte der Psychoanalyse, Heimat der Lipizzaner und der Sängerknaben, des Opernballs und der Heurigenseligkeit. Touristenziel für Bildungs- oder Wochenendreisen (wobei man kulinarisch nicht auf seine Kosten kommt, weil dann alle guten Restaurants geschlossen sind), zum Shopping sogar zum Erlebnisurlaub – am Donaustrand, im Kurzentrum Oberlaa, im Prater oder in Parks, Wein-, Tier- und Botanischen Gärten, im Wienerwald.
Die ehemalige Hauptstadt der Donaumonarchie als belebtes Museum: Kernstück natürlich die Innenstadt mit Steffel (Stephansdom), Hofburg und Kirchen, Adelspalais, Höfen, Plätzen, Denkmälern. Der monumentale Ring, der an

Stelle der Befestigungsanlagen unter Franz Joseph gebaute Prachtboulevard, in üppigstem Historismus – Parlament, Burgtheater, Universität, Bibliotheken, Rathaus, Museen, Oper, Volksgarten, Hofburg und Heldenplatz.

Die heutige Hauptstadt Österreichs, in der ein Fünftel der Landesbevölkerung fast ein Drittel des Bruttosozialprodukts erwirtschaftet, ist Sitz der Staatsgremien und Administrationen, Presse, Rundfunk und fast allem, was in Österreich Macht und Einfluß hat. Ein effektiv geleitetes Gemeinwesen mit guter Infrastruktur, lobenswerten sozialen Einrichtungen, vielen städtischen Wohnungen (mit äußerst günstigen Mieten für ein Viertel aller Haushalte!) und dennoch der geringsten Pro-Kopf-Verschuldung aller Millionenstädte Europas…

Golden leuchtet der Helm der Pallas Athene vor dem Parlamentsgebäude im Abendlicht. Auf dem Rathausturm hält der 3,40 Meter große »Rathausmann« das Banner. Ganz links die Renaissance-Fassade der Franziskanerkirche, daneben das Burgtheater und darunter Lobmeyer in der Kärntner Straße, feinste Gläser und Porzellane. Oben links das berühmte »Hotel Sacher«, darunter die Fiaker am Stephansdom. Links das moderne Haashaus mit dem Westwerk des Stephansdoms, darunter das von Friedensreich Hundertwasser gestaltete Kraftwerk. Oben Mitte die Fassade der Karlskirche von Vater und Sohn Fischer von Erlach, rechts daneben der Innenraum mit der von J. M. Rottmayr ausgemalten Kuppel. Und schließlich das marmorne Denkmal für Mozart auf dem alten St. Marxer Friedhof

Der »Grünauer«: das vollkommene Beisl

Was ist ein Beisl? »Eine bescheidene Gaststätte«, sagt das Österreichisch-Deutsche Wörterbuch. Doch es ist viel mehr: Es ist, so wie das Kaffeehaus oder der Heurige, die Wohnstube des Wieners ist, sein Eßzimmer. Im Beisl fühlt er sich daheim, alles – vom Stammplatz bis zum Begrüßungsritual – ist wohl vertraut, auch auf dem Teller muß er keine Experimente fürchten, wie etwa in einem auf Zeitgeist ausgerichteten Restaurant. Ein Beisl bietet keinen eleganten Rahmen, darf ruhig einfach sein: eher solide und zweckmäßig eingerichtet, gern ein bissel g'schlampert und abgenutzt, gemütlich! Schließlich verbringt mancher in seinem Beisl oft mehr Zeit (jedenfalls in wachem Zustand) als daheim. »Manche Stammgäste«, erzählt Beislwirt Martin Grünauer, »sind zwei-, dreimal in der Woche hier. Und einer«, fügt er hinzu und lacht, »hat auf seine Visitenkarte drucken lassen: ›Falls nicht daheim – beim Grünauer erreichbar!‹«

Manche suchen in ihrem Lieblingsbeisl die Küche ihrer Kindheit: Die typischen Altwiener Großmutterrezepte, nach denen eine Paradeis-(Tomaten-)sauce mit Mehl verstärkt gehört oder man Fisolen (grüne Bohnen) in einer hellen Schwitze anrichtet. Andere wollen einfach nur anständig essen. Und dann gibt es Beisln, bei denen einem das Herz aufgeht. Der »Grünauer« in der Hermanngasse im 7. Bezirk ist so eins: Fröhliche Atmosphäre und trotz des Trubels, der meist herrscht, ein gelassener, liebenswürdiger Empfang. Dazu ein sensationell bestückter Weinkeller, eine Speisekarte, die zwischen Tradition und Pfiff genau die richtige Waage hält, und: das beste Wiener Schnitzel der Stadt! Aus erstklassigem Kalbfleisch, versteht sich, in absolut makellosem, stets frischem Fett gebacken, die sogenannte »Panier« (die Bröselhülle sieht man auf österreichisch sozusagen als Harnisch an) zart, knusprig und jene typischen Schlotterfalten werfend, die als Qualitätsmerkmal gelten; dazu ein Erdäpfel-Vogerl-Salat (Kartoffel- mit Feldsalat), wie er sich gehört: saftig, würzig, delikat. Oder einen Gurkensalat mit Dille – der Dill ist in Österreich weiblich.
Eigentlich wollten Brigitte und Schwägerin Martha als Beislwirtinnen gar nicht so viel Aufwand treiben. Als sie das Gasthaus der Eltern Grünauer übernahmen, stellten sie sich vor, »ein Koch sollte alles machen, und wir kümmern uns um den Rest…« Doch bald übernahmen sie lieber selber den Herd, damit es wieder so schmeckte wie zuvor bei der (Schwieger-)Mama.
Martins Leidenschaft, der immer mehr die große, spannende Welt der Weine entdeckte, lockte die Weinfexe und Feinspitze herbei – so nennt man in Wien anspruchsvolle Genießer. Wie gut, daß Paul Schaschl, Ober und Sommelier, dem Wirt im Zweitberuf auch auf diesem Gebiet das Wasser reichen kann!

Die beiden Frauen, Brigitte Grünauer (links) und ihre Schwägerin Martha, führen das ehemalige Beisl der Eltern gemeinsam, »wir verstehen uns besser als ein Ehepaar!« Ehemann und Bruder Martin (vorn) kann nur abends helfen: Er arbeitet eigentlich als Chauffeur im Wirtschaftsministerium. So hat der Ober Paul Schaschl nicht nur den Service im Griff, sondern betreut auch den mit 180 Weinen formidabel bestückten Keller

Ein perfektes Wiener Schnitzel hat eine dünne, knusprige »Panier«, die gleichmäßig golden und – besonders wichtig! – niemals fettig ist (großes Bild). Brigitte Grünauer schwört, der Rücken vom Kalb ist am besten dafür geeignet

Sie schneidet dünne Schmetterlingsschnitzel daraus, das heißt eine Scheibe wird quer so durchgeschnitten, daß sie noch an ihrer Breitseite zusammenhängt. Das Fleisch nun behutsam klopfen, salzen und pfeffern

Die gewürzten Fleischscheiben rasch in Mehl wenden, alles überschüssige Mehl gründlich abschütteln, bis nur noch ein hauchzarter Film übrigbleibt. Man nimmt hierfür glattes, (also normales) kein griffiges Mehl

Anschließend wird das Fleisch durch verquirltes Ei gezogen. Auf keinen Fall sollten die Eier aufgemixt sein, es genügt vollkommen, wenn man sie mit einer Gabel kurz aufschlägt

Das Fleisch in Semmelbröseln wenden. Es darf jetzt nicht mehr liegen, muß unverzüglich ins leise aufrauschende Fett: halb Tafelöl, halb Butter- oder Schweineschmalz

Das Schnitzel darf nur fast im Fett versinken. Damit auch die Oberfläche davon erreicht wird, immer wieder an der Pfanne rütteln. Das Schnitzel schließlich einmal umwenden

1

KÄFERBOHNENSALAT

Käferbohnen sind die großen Kerne der rotblühenden Feuerbohnen, die ihre schöne lila Farbe mit den schwarzen Flecken leider nach dem Kochen verlieren. Frische Bohnenkerne, die man im Herbst bereits ausgelöst auf dem Markt kaufen kann, sind in spätestens einer halben Stunde gar. Man kocht sie, wie andere Bohnenkerne auch, in Salzwasser, mit etwas Knoblauch und Bohnenkraut. Getrocknete Bohnen brauchen länger. Besonders gut paßt zu den mehligen, schmackhaften Hülsenfrüchten eine Buttermilch-Kernölvinaigrette:

Für vier bis sechs Personen:
1 TL scharfer Senf, 3 EL Essig, Salz, Pfeffer, 2 EL Sauerrahm (10 %), 2–3 EL Buttermilch, 4 EL Kürbiskernöl

Alle Zutaten mit einem Schneebesen verquirlen und abschmecken. Über gekochte Käferbohnen oder andere Hülsenfrüchte gießen und ziehen lassen.

2

ROTE-RÜBEN-SUPPE

Für vier bis sechs Personen:
500 g rote Rüben (rote Beten), 125 g Schalotten, ½ l Rinderbrühe, 1 kleine Kartoffel (oder 1 EL Mehl) zum Binden, Salz, Pfeffer, Essig zum Abschmecken, 4 EL geschlagene Sahne, Kren (Meerrettichwurzel) zum Garnieren

Die roten Beten schälen, würfeln, mit den gehackten Schalotten und der zerkleinerten Kartoffel in der Brühe weich kochen. Mit dem Pürierstab glatt mixen, abschmecken. In Suppentellern servieren, mit einem Klecks Schlagsahne und frisch geriebener Meerrettichwurzel garnieren.

3

ERDÄPFELGULASCH

Für vier bis sechs Personen:
50 g Hamburger Speck (fester, luftgetrockneter Bauchspeck), 2 EL Schweineschmalz, 200 g zentimetergroß gewürfelte Zwiebeln, 1 EL Tomatenmark, 1 TL Delikateßpaprika, 3–4 Knoblauchzehen, Salz, ½ TL Kümmel, 1 TL getrockneter Majoran, 3 Lorbeerblätter, 1 kg festkochende Kartoffeln (Sieglinde), ½ l Rinderbrühe, je ½ rote, grüne und gelbe Paprikaschote, 4 geräucherte, grobe Bauernwürste, Essig, Ketchup

Den Speck fein würfeln und im Schmalz sanft ausbraten. Zwiebeln zufügen, wenn sie glasig sind, das Tomatenmark unterrühren. Paprika darüberstäuben, Knoblauch hineinpressen, Salz, Kümmel, Majoran und Lorbeer in den Topf geben. Geschälte, halbierte oder sogar geviertelte Kartoffeln zufügen, Brühe angießen und einen Schuß Wasser, bis alles nur knapp bedeckt ist. Eine halbe Stunde köcheln, bis die Kartoffeln gar sind. Für die letzten fünf Minuten in Würfel geschnittene Paprika und Wurstscheiben zufügen. Noch einmal abschmecken, mit einem Schuß Essig und einem Löffel Ketchup für die Süße. In tiefen Tellern servieren.

4

STEIRISCHES WURZELFLEISCH

Brigitte Grünauer nimmt dafür Schweinehals – sie liebt das Rezept aber auch mit Lammfleisch oder mit Spanferkel.

Für vier bis sechs Personen:
1 kg Schweinehals (Nacken), 1 Zwiebel, 1 Bund Suppengrün, 1 EL Pfefferkörner, Salz, ½ TL Piment, 2 Lorbeerblätter
Außerdem:
gelbe Rüben, Möhren, Sellerie, Lauch, Kren (Meerrettichwurzel)

Das Fleisch wie für eine Brühe aufsetzen: mit gewürfelter Zwiebel, Suppengrün und Gewürzen von Wasser bedeckt langsam zum Kochen bringen und unterhalb des Siedepunkts eineinhalb bis zwei Stunden ziehen lassen. In Scheiben aufschneiden und in tiefen Tellern anrichten. Mit Brühe bedecken, reichlich in Julienne geschnittenes, blanchiertes Gemüse darüberhäufen und großzügig mit nicht zu fein gehobelten Meerrettichraspeln bestreuen.

5

MOHNPALATSCHINKE

Dafür braucht man hauchdünne Pfannkuchen (Palatschinken) – Brigitte Günauer rührt einen Teig an, der so dünn ist wie flüssige Sahne. (Rezept Seite 97). Sie erhitzt in ihrer Eisenpfanne, die sie für nichts als für diesen Zweck benutzt, nur wenig Butter oder Schmalz, schwenkt die Pfanne, wenn sie wirklich heiß genug ist, bis sie gleichmäßig von einem Fettfilm ausgekleidet ist, gießt rasch eine Kelle Teig hinein und schwenkt wieder, bis er den Boden der Pfanne hauchzart überzieht – überschüssiger Teig wird sofort abgegossen. Sobald der Teig am Pfannenrand braun wird, löst sie ihn, wendet den Pfannkuchen in der Luft und stürzt ihn alsbald auf den Teller – das geschieht auf hoher Flamme und dauert keine 45 Sekunden. Die Palatschinke wird mit Mohncreme gefüllt (Rezept Seite 70), einmal zur Hälfte, dann zum Viertel zusammengeschlagen und mit einer Sauce serviert, für die Sauerrahm mit Zucker und Rum glatt gequirlt wurde.

1
2
3
4
5

Kaffeehauskult

Ein Wiener Kaffeehaus ist nicht allein ein Ort, um Kaffee zu trinken. Die Qualität eines Cafés mißt man eher am Angebot der Zeitungen, den Gästen, am Personal. Früher, das weiß man spätestens seit Friedrich Torberg, saßen – nein wohnten! – in den Kaffeehäusern die Intellektuellen, die Dichter und die Denker. Um ihren ungeheizten Stuben zu entfliehen, kostenlos die Zeitungen zu studieren und um an ihren Dichterkollegen die Wirkung ihrer neuesten Aphorismen, Pointen und Sottisen zu testen. Vielleicht sind die Poeten unter den Gästen seltener geworden – Kaffeehäuser indes sind weiterhin eine Wiener Institution, die Einheimische wie Touristen gleichermaßen lieben. Auch, weil man in den meisten Kaffeehäusern durchaus vernünftig zu kleinem Preis ganztägig speisen kann!
Ortsfremde laufen Gefahr, verachtungsvolle Blicke serviert zu bekommen,

wenn sie einfach »Kaffee« bestellen. Ein bissel präziser möcht's schon sein: Man sollte also wissen, daß eine kleine oder große Tasse Kaffee mit Milch ein »kleiner oder großer Brauner« ist. Als »Schwarzer« kommt dasselbe ohne Milch; und wer lieber Sahne mag, muß »Obers« (flüssig) oder »Schlag« (geschlagen) ordern. Fortgeschrittene können Kaffeevarianten lernen, von der »Melange« angefangen (Milchkaffee mit Schlagsahnehäubchen) über den »Einspänner« (Kaffee im Glas mit geschlagener Sahne obenauf) und »Fiaker« (dasselbe mit einem Schuß Rum) bis zum »Türkischen Kaffee« (im Kupferkännchen mit Zucker gekocht) und mehr. Zum Kaffee gehört stets ein Glas Wasser. Der türkische Brauch, den Mund nach jedem Schluck Kaffee mit frischem Wasser zu reinigen, hat in Wien bis heute überlebt. Kein Wunder bei der fabelhaften Wasserqualität!

Unter der Woche ist das »Café Bräunerhof« in der Stallburggasse mitten im Antiquitätenviertel ein stilles Kaffeehaus mit großartigem Zeitungsangebot; man kann frühstücken, mittags sehr anständig warm essen, sich zwischendurch mit frischem Apfelstrudel, Mohn- oder Nußkuchen stärken. Beim dritten Besuch erkennt einen der »Herr Ferdinand«, ein Ober von aufmerksamer Beflissenheit, als Stammgast, für den er sogar am Wochenende noch ein Plätzchen findet: Dann ist der Laden verblüffenderweise voller junger Menschen, die kommen, weil ein Trio wehmütige, aber lautstarke Kaffeehausweisen spielt. Und weil Trio und Gäste sich gegeneinander durchzusetzen suchen und dabei unablässig die Kaffeemühle schrillt, herrscht ein grandioses Getöse – und alle finden's herrlich

Das Café »Sperl« ist eines der schönsten. Es liegt etwas abseits, man muß es gezielt aufsuchen, nach einem Bummel über den Naschmarkt etwa oder dem Besuch im Kulturhistorischen Museum. In den Fensternischen sind die Sitzpolster mit schwelgerischem Samt bezogen, drei gewaltige Billardtische bieten Beschäftigung, wem das Zeitungsangebot nicht reicht. Angenehm: das Café »Weimar« bei der Volksoper (großes Bild)

Für d
feinsten Tort
Wiens ist d
»Konditorei Ob
laa« berühmt (kl
nes Bild, ganz unte
die Filiale am Neu
Markt). Eine Auswahl d
unwiderstehlichsten: (v
links) dick mit Kakao
stäubt: Nußtorte mit Butt
creme; trotz Pistaziencreme fed
leicht: Mozarttorte; die Kurbadtor
völlig ohne Mehl! Die Sachertorte
hier mit Marillenröster gefüllt, und
Punschtorte duftet nach Rum. Die na
den Jahreszeiten dekorierten Schaufens
des »Demel« am Kohlmarkt (2. Bild v
oben) sind legendär und oft Tagesgesprä
Das weltberühmte Café ist meist von Touristen
belagert, daß man nur mit Geduld einen Platz
gattern kann. Aber es lohnt, schon wegen des Kaffe
der absolute Spitze ist! Ein Klassiker unter den Kon
toreien ist der »Heiner«. Mehr ein Kaffeehaus, und zu
von der grandiosen Sorte, ist das marmorgetäfelte »C
Schwarzenberg« am gleichnamigen Platz (ganz obe

K.u.K. HOFZUCKERBÄCKER
L. Heiner
CAFE KONDITOREI

Café

Konditorei
Neuer Markt
16

Bei einem Wirt zu Gast: »Walter Bauer«

Wer die Hürde geschafft hat, sich rechtzeitig einen der wenigen Tische zu reservieren, dem ist ein genußreicher, vergnüglicher Abend garantiert! Denn Walter Bauer, der liebenswürdige Patron des kleinen Restaurants, das schlicht seinen Namen trägt, wird mit seiner Mannschaft alles dransetzen, daß er sich wohl fühlt.

Sein Lokal, von angenehm unaufdringlicher Eleganz und einer erfrischend lockeren Atmosphäre, ist kein Weihetempel, in dem voll Ehrfurcht der großen kulinarischen Gottheit gehuldigt werden soll, sondern ein Ort fröhlichen Genießens. »Mir gefällt dort das absolute Stilgefühl«, bringt es ein Freund auf den Punkt, »keine Mätzchen, kein modischer Schnickschnack, keine albernen

Übertreibungen. Es stimmt alles: Ambiente, Essen, Service, und am Ende sogar die Rechnung!«

Bereits der Gruß aus der Küche, der den Gast auf das Menü einstimmen soll, kommt mit einem Augenzwinkern auf den Tisch: eine Puppenportion Leberkäs' oder ein Paar Mini-Wiener (Frankfurter) Würstchen – so entzückend wie witzig und köstlich!

Walter Bauer ist in der Gastronomie aufgewachsen: Die Großeltern hatten ein Gasthaus in Wien. Deshalb war sein Berufsweg vorgezeichnet: Er hat eine Kochlehre absolviert, sich als Küchenchef, später auch als Restaurantchef einen Namen gemacht, aber immer mit dem Ziel, eines Tages zurückzukehren ins Gasthaus der Familie, das inzwischen die Eltern übernommen hatten. Das ging jedoch nicht gut: Er wollte den Umbau zum Toprestaurant wagen, der Vater aber nicht mitmachen. So griff Walter Bauer sofort zu, als ihm die hübschen Räume in der Sonnenfelsgasse im Herzen Wiens angeboten wurden. Das war natürlich Glück.

LEBERKÄS' À LA BAUER

Als »Gruß aus der Küche« serviert Walter Bauer eine Scheibe Leberkäs – also das, was man in Bayern oder Schwaben Fleischkäs' nennt – wie an der Würstchenbude auf einem Pappteller mit Papierserviette. Allerdings ist der Leberkäs' im Bonsaiformat nicht nur absolut frisch, saftig und lauwarm, sondern auch von fabelhaftem Geschmack. Und der Senf dazu ist mit winzig fein gehackten Frühlingszwiebeln und mit vielen Kräutern pfiffig angemacht.

Der zweite Glücksfall begegnete ihm in der Gestalt seines Schulfreundes Christian Domschitz. Der hatte nach seiner Kochlehre lange in der Schweiz gearbeitet und war nun Feuer und Flamme, mit Walter Bauer etwas Neues aufzubauen. »Klassische Küche – aber feiner, leichter, mit persönlichen Akzenten, das wollten wir bieten«, erzählt Domschitz und strahlt, weil er weiß, daß ihnen das gelungen ist, während Walter Bauer ergänzt: »Und dazu einen interessanten Weinkeller aufbauen!«
Da lächelt Robert Hrachowina, der Oberkellner (großes Bild links), fein und legt auf die Weinkarte, einen gewichtigen Folianten, jetzt noch ein hübsches, kleines Büchlein: »Ein Schnäpschen?« Unglaublich, diese Auswahl, sorgsam geordnet, von A wie Apfel, über D wie Dirndl (Kornelkirsche), E wie Elsbeere und R wie Rum (aus Haiti, Guyana und Mauritius) bis zu Z wie Zwetschke – der Gast hat die Qual…

Das Lokal »Walter Bauer« ist winzig: höchstens 30 Plätze an sechs bis sieben Tischen, die in dem kleinen, verwinkelten Gastraum mit dem schönen Deckengewölbe so geschickt plaziert sind, daß man das Gefühl von Weite empfindet und sich nicht beengt fühlt. An den Wänden schöne Bilder. Der Weinkeller ist die Schatzkammer des Hauses, zu Recht Walter Bauers ganzer Stolz!

RUSTER
Ausbruch
Satz
BEERENAUSLESE
TRAMINER
14,5%VOL - SÜSS - e 0,375 l

1

2

3

1

GEBACKENE SCHWEINSOHREN

Eine umwerfende Sache: das weichgekochte Öhrchenfleisch mit der Panierkruste. Die quer aufgeschnittene Rolle sieht entzückend aus und schmeckt großartig.

Für sechs Personen:
15 Schweinsohren, 2 Bund Wurzelwerk (Suppengrün), Salz, 1 EL Pfefferkörner, 2–3 Lorbeerblätter, Essig, Mehl, 2 Eier und Semmelbrösel zum Panieren, Schmalz zum Backen
Gurken-Kipfler-Salat:
500 g Kipfler Kartoffeln (Bamberger Hörndl), 1 Salatgurke, 1 Zwiebel, 1 EL Senf, Salz, Pfeffer, 3 EL Weinessig, 4 EL Olivenöl

Die Ohren mit gehacktem Wurzelwerk, Salz und Gewürzen mit Wasser bedeckt aufsetzen, Essig zufügen. Etwa zwei Stunden leise weich kochen, bis sich die Knorpel leicht mit einer Nadel durchstechen lassen. Noch heiß das Fleisch von den Knorpeln lösen, auf ein Küchentuch legen und zu einer Roulade aufrollen. Einen halben Tag kalt stellen, bis die Rolle fest geworden ist. In kleinfingerdicke Scheiben schneiden, in Mehl wenden, durch verquirltes Ei ziehen und in Semmelbröseln wenden. In heißem Schmalz schwimmend golden backen.
Für den Salat die Kartoffeln gar kochen, noch heiß pellen, mit der in Scheiben gehobelten, geschälten Gurke mischen. Mit einer Marinade aus sehr fein gehackter Zwiebel, Senf, Essig, Salz, Pfeffer und Öl anmachen.

2

SZEGEDINER KRAUT MIT HUMMER

Eine wirklich originelle Idee, statt mit Schweinefleisch diesen ungarischen Klassiker mit edlem Hummer zuzubereiten!

Für vier bis sechs Personen:
2 Hummer à 600 g, 150 g Butter, 1 Zwiebel, 2 Knoblauchzehen, 2 Thymianzweiglein, 800 g Spitzkraut (Filder Kohl), ¼ l Sahne, Salz, Pfeffer, 1 Prise Zucker, 1 Spritzer Apfelessig

Die Hummer kopfüber in kochendes Salzwasser tauchen, auf kleinem Feuer zehn Minuten ziehen lassen. Das Fleisch auslösen. Die Karkassen (Schalen) zerkleinern, in Butter mit den Gewürzen anrösten, durch ein Sieb filtern und abkühlen lassen. Das Kraut von Strünken befreien, in feine Streifen schneiden. Sahne mit Hummerbutter aufkochen, das Kraut in dieser Sauce bißfest kochen. Mit Salz, Pfeffer, einer Zuckerprise und Essig würzen. Das Hummerfleisch im Kraut erwärmen.

3

ERDÄPFELNUDELN MIT BLUNZEN

Für vier Personen:
300 g mehlige Kartoffeln, 100 g griffiges Mehl, 2 EL Grieß, 1 EL Butter, 1 Ei, Salz, 2 EL Butter, 2 EL Schweineschmalz, 200 g Blutwurst (Blunzen), Liebstöckel

Kartoffeln kochen, pellen, abkühlen lassen, erst dann passieren, mit Mehl, Grieß, flüssiger Butter und Ei zu einem Teig mischen, dabei salzen. Zwischen den Handflächen schmale, lange makkaroniähnliche Nudeln formen, in Salzwasser kochen. Vor dem Anrichten in einer Mischung aus heißer Butter und Schweineschmalz schwenken. Blutwurst aus der Haut lösen und in einer Pfanne rösten. Wie einen Sugo auf den Nudeln anrichten, mit gehacktem Liebstöckel bestreuen.

4

ANGUSFILET AUF MARKSAUCE

Natürlich stammt das Fleisch aus Österreich, aus einer Zucht im Waldviertel.

Für sechs Personen:
1 kg Rinderfilet, Salz, Pfeffer, 2 EL Öl, ½ l Rinderfond, 6 EL Portwein, ¼ l Rotwein 120 g ausgelöstes Rindermark
Kochsalat:
2 Salatköpfe (Kopfsalat), 1 Zwiebel, 4 EL Olivenöl, ¼ l Sahne, 1 EL Butter, 120 g Erbsen, Salz, Pfeffer, Muskat, Cayennepfeffer

Das Fleisch sorgfältig häuten, salzen und pfeffern und im heißen Öl rundum anbraten. In der Pfanne ins 130 Grad warme Rohr stellen und so lange nachziehen lassen, bis die Sauce fertig ist.
Dafür Fond, Portwein und Rotwein um die Hälfte einkochen und abschmecken. Das Mark in Scheiben schneiden und kurz darin ziehen lassen. Das Fleisch schräg in dicke Scheiben aufschneiden und auf heißen Tellern anrichten. Mit einem Teil der Sauce überziehen, dabei die Markscheiben hübsch verteilen.
Die äußeren Salatblätter in feine Streifen schneiden. Mit der feingewürfelten Zwiebel in zwei Eßlöffeln Öl andünsten. Sahne angießen, aufkochen. Butter und Erbsen einrühren und abschmecken. Fünf Minuten köcheln, bis die Erbsen gar sind. Die Salatherzen halbieren, im restlichen Öl anbraten, dabei salzen. Unter die Erbsen mischen und alles einige Minuten durchschmurgeln.

Großes Bild: Zum Dessert serviert Walter Bauer einen Süßwein aus seinem reichhaltigen Angebot. Dazu passen winzige, höchst delikate Petits fours

4

Imbiß-Kultur

Wer sucht, der findet auch in Wien Fast food amerikanischer Art. Aber warum danach suchen? Wo man doch an jeder zweiten Straßenecke etwas zu essen bekommt, schnell und individuell zubereitet und deshalb gut! Keine Systemgastronomie, sondern Selbstgekochtes in den Kaffeehäusern. Während der Ladenöffnungszeiten belegte Brote hier, Schinkensemmeln dort, kleine warme und kalte Gerichte zum Glas Wein. Und fast rund um die Uhr »Burenhäutl« oder »Haaße«, Bauernwürste oder Heiße, an einem der Stände in den Parks und auf den Plätzen der Innenstadt – jeder Wiener hat seine Lieblingsbude! Über ihre Qualität läßt sich streiten – der eine mag's fettig, der andere lieber knackig. Auch kein Fast food, sondern eine Wiener Spezialität sind jene Würstchen, die anderswo Wiener, in Wien aber Frankfurter heißen und vorzugsweise zum Gabelfrühstück, also dem zweiten, gegessen werden. Dazu gibt's eine resche Semmel oder ein Stangerl und »an Siaßn oder an Schorfn«, Senf nämlich.

Im »Schwarzen Kameel«, dem früheren »Stiebitz«, gibt es die besten Schinkenweckerl der Stadt – drei bis vier herrlich saftige Beinschinken werden hier Tag für Tag per Hand dafür aufgeschnitten! Dazu trinkt man ein Achtel Wein, ein Glas Champagner oder Bier – ein Krügerl (½ l), ein Seidel (¼ l) oder »an Pfiiiff« (⅛ l). Im Restaurant nebenan gibt's allerlei Wiener Speisen; der »Herr Marder«, der elegante Oberkellner, kennt seine Stammgäste mit Namen!

»Trześniewski« mag unaussprechlich sein, der Imbiß ist unvergleichlich! Alle Häppchen sind mit gehacktem Ei bestrichen: Ei mit Krabben, Sardinen, Matjes mit und ohne Zwiebel, Gurke, Paprika …

STEIRER
ECK

»Steirereck«: Luxus in Perfektion

Wien, die Weltstadt, beherbergt mit dem »Steirereck« auch ein Restaurant von urbanem, von weltstädtischem Format: in einem prachtvollen Bürgerhaus der Jahrhundertwende mit gradliniger klassizistischer Fassade, am Ufer des Donaukanals, elegante Räume, formvollendet eingerichtet, erlesen ausgestattet, exquisite Küche, ein großartiger Keller. Was sich heute als lichter Wintergarten präsentiert, war früher der »Schanigarten« – so nennt man es in Wien, wenn vor dem Haus, meist nur durch ein paar Blumenkübel von den Passanten abgeteilt, Tische aufgestellt sind (»Schani, trag den Garten aussi« heißt es in einem Wienerlied). Der Name leitet sich von Gianni (verballhornt zu Schani) Tarroni ab, der als erster – schon im Jahr 1750 – die Lizenz dazu erhalten hatte.

Mit einem solchen Schanigarten hat hier alles einmal angefangen: Margarete und Heinz Reitbauer, ein strebsames junges Paar, träumten in der kleinen, bescheidenen, nur gepachteten Pension bei Turnau am Pogusch in der Steiermark, immer davon, einmal etwas »Eigenes« zu haben. Als eines Tages ein Gast aus Wien ihnen das Lokal an der Weißgerberlände vermittelte, griffen sie zu: Ein schönes Gasthaus, mit Schanigarten! »Steirereck« nannten es die Reitbauers, eingedenk ihrer Herkunft.

Das ist jetzt fast dreißig Jahre her. Eine lange, natürlich auch eine harte Zeit – wie es eben ist, wenn man etwas aufbauen will. Wie oft standen beide Reitbauers selber in der Küche, obwohl sie Angestellte hatten, weil Not am Mann war! Aber sie waren ehrgeizig, fleißig, sie hatten Ideen, und sie hatten Glück.

Bald fand zu ihrer Mannschaft Helmut Österreicher, ein junger Koch, sensibel, neugierig, aber bei aller Lust an kreativer Phantasie mit beiden Beinen auf dem Boden. Mit ihm zusammen entwickelten die Reitbauers eine »Neue österreichische Küche«, die für die gesamte Gastronomie im Land prägend wurde. Angeregt wurden sie dazu von Eckart Witzigmann in München. Bei ihm, im legendären »Tantris«, hatten sie

Fortsetzung auf Seite 218

1

2

1
ARTISCHOCKE MIT KÄSETASCHERL

Eine gekochte, halbierte Artischocke dient hier als Halter für die einzelnen Käsetaschen: Sie sind zwischen die Blätter gesteckt. So kann man bissenweise die Konsistenzen abwechseln – knuspriger Teig und zartes Artischockenfleisch.

Für vier Personen:
2 Artischocken, Zucker, Zitronensaft, Salz, 8–16 Frühlingsrollenhüllen (je nach Größe, aus dem Asienshop), 200 g junger Bergkäse, 1 Kräuterstrauß: Petersilie, Kerbel, Estragon, 1 Ei

Die Artischocken in Wasser, das mit Zucker, Zitronensaft und Salz gewürzt ist, in 15 Minuten gar kochen. Längs halbieren und mit Käsetascherl besteckt servieren. Dafür die Teighüllen nebeneinander ausbreiten, in Quadrate von etwa 8 cm schneiden. Käse würfeln, mit gehackten Kräutern mischen und darauf verteilen. Mit verquirltem Ei einpinseln, zu Dreiecken zusammenklappen, auch die Oberfläche mit Ei einpinseln und auf einem mit Backpapier belegten Blech im 220 Grad heißen Ofen 8 bis 10 Minuten hell backen. Dazu gibt es zwei Saucen-Dips: Eine Vinaigrette mit winzigen Würfelchen von Möhren, gelben Rüben, Sellerie und Kräutern. Und ein Senf-Dip aus süßem Senf, Olivenöl, Zucker und mildem Essig.

2
KALBSBEUSCHEL

Einfachste Hausmannskost im Luxusrestaurant – das ist durchaus nicht paradox, vielmehr ist die korrekte Zubereitung so aufwendig, daß man sich andernorts kaum mehr die Mühe macht…

Für sechs bis acht Personen:
1,5 kg Lunge und Herz vom Milchkalb, 500 g Wurzelwerk, 3 Lorbeerblätter, 1 Thymianzweig, je 1 TL Pfeffer- und Wacholderkörner, 1–2 EL Apfelessig, 2–3 Zwiebeln, 3 EL Butter, 1 EL Mehl, 1 TL Zucker, 1 Glas Rotwein, Beuschelkraut (alles fein gehackt): 2 Essiggürkchen, 1 EL Kapern, 1–2 Sardellenfilets, 3–4 Petersilienstengel, 1 Bund Schnittlauch, abgeriebene Zitronenschale. Sowie 3 EL Sauerrahm

Die Lunge einige Stunden wässern, dann mit dem Herz, grob zerkleinertem Wurzelwerk (jeweils zwei bis drei Eßlöffel in feine Streifen schneiden und beiseite legen), Gewürzen und Essig mit Wasser bedeckt aufsetzen. Leise etwa eineinhalb Stunden garziehen lassen. Die Lunge mit einem Teller beschweren, damit sie unter der Oberfläche bleibt. Das Herz bereits nach einer halben Stunde herausnehmen. Die Lunge sorgfältig putzen: Röhren, Häute, Knorpel und Sehnen entfernen. Dann wie das Herz in feinste Streifen schneiden.
Für die Sauce feingewürfelte Zwiebeln in Butter andünsten. Mehl anstäuben und durchschwitzen, mit Zucker bestreuen und karamelisieren. Rotwein und einen halben Liter Sud angießen. Etwa 20 Minuten leise köcheln, die Gemüse- und Fleischstreifen zufügen. Ebenso das sogenannte Beuschelkraut und den Sauerrahm. Dazu: Semmelknödel (Rezept Seite 224 oder 238).

3

SCHULTERSCHERZL IN LAUCHBUTTER

Schulternaht heißt bei uns das schmale, längliche Stück aus dem Vorderviertel vom Rind mit der charakteristischen Gallertnaht in der Mitte, die es beim Kochen so wunderbar saftig hält. Es wird so gekocht, wie auf Seite 195 beschrieben. Die grellgrüne Lauchbutter gelingt nur mit einem Gerät, das mit hoher Geschwindigkeit Lauch und Butter zerkleinert und emulgiert – manches läßt sich eben in einer Haushaltsküche nicht nachmachen. Dazu serviert Helmut Österreicher eine blendend weiße Markscheibe und kerniges Wurzelgemüse. Getrennt dazu Röstkartoffeln, wie sie sich gehören: knusprig und resch, wie man hier sagt.

3

4

ZANDERFILET MIT SARDELLE

Die Hautseite des Filets wurde längs ein paarmal eingeritzt, »geschröpft«, wie Helmut Österreicher sagt, und dann langsam in heißem Öl kroß gebraten. Dabei durchdringt die Hitze das zarte Fleisch von unten und gart es besonders schonend. In die Hautritzen sind Sardellenfilets gesteckt, die mit ihrer Würze dem milden Zander so viel Kraft verleihen, daß die beigesellte Sauce aus Kalbsjus, die obendrein nach Salbei duftet, durchaus einen Widerpart findet. Angerichtet ist der Fisch auf einem Bett von Mangoldgemüse, dazu gibt es duftige, knusprige Kartoffelgnocchi.

4

5

WACHTEL AUF INGWERROTKRAUT

Die Wachtel ist entbeint – eine Aufgabe, die einige Übung erfordert – und dann ist sie auf komplizierte Weise gefüllt: Eine in Armagnac gebadete Zwetschge ist auf eine Zimtstange gespießt, darüber ein ausgehöhlter Cox-Orange-Apfel geschoben und alles miteinander schließlich in die ausgebeinte Wachtel gesteckt. Sie wurde dann im Ofen gebraten und mit orientalisch gewürztem Fond immer wieder überglänzt; auf dem Teller dann mit Sesamsamen bestreut. Das Wachtelpaket sitzt auf einem Bett von Rotkraut, das mit geriebener Ingwerwurzel, etwas Thaicurrypaste und mit Honig asiatisch gewürzt ist.

5

Fortsetzung von Seite 215
gesehen und geschmeckt, wie wichtig es ist, die regionale Küche nicht zu leugnen, sondern einzubeziehen, mehr noch: darauf aufzubauen, wenn man Neues schaffen will; und daß man dann nur noch die besten Zutaten, wegen des kurzen Wegs möglichst von heimischen Produzenten, Bauern und Gärtnern, so sorgfältig und exakt wie irgend möglich zubereiten muß, um ein glänzendes Ergebnis zu erzielen.
Längst ist das »Steirereck« mit Helmut Österreicher als Küchenchef das wichtigste, wie der Gault Millau schreibt, das »erste Restaurant Österreichs«. Es ist kulinarischer Wegbereiter und Fackelträger zugleich. Wann immer in Wien ein wichtiges weltpolitisches oder kulturelles Ereignis stattfindet, von der OPEC, der Atomkontrollbehörde, der UNO oder anläßlich des Vorsitzes der EU, präsentiert sich das Land Österreich wie die Stadt Wien selbstverständlich mit seinem kulinarischen Paradepferd. In Österreich tut man sich gottlob nicht schwer, Genuß und Kultur denselben hohen Stellenwert einzuräumen.
Ein Restaurant wie das »Steirereck« mit seiner langen Tradition, dem zielstrebigen, aber auch ganz geduldigen Aufstieg, Schritt für Schritt bis zur absoluten Spitze, ist wahrlich einzigartig. Es ist die absolute Perfektion, mit der hier die große gastronomische Oper inszeniert wird, die staunen macht, weil sie unzählige Details beachtet und bis in kleinste Kleinigkeiten stimmt. Das beginnt bei der Ausstattung, die mit kostbaren alten Möbeln, Gemälden und geschickt plazierten Säulen genau jenen Grad an Pracht vermittelt, der Festlichkeit verbreitet, aber nicht erdrückt. Natürlich sind Wäsche, Silber, Gläser und sämtliche Gerätschaften der Tischkultur vom Allerfeinsten. Aber weil das gesamte Personal nicht nur perfekt geschult und aufmerksam, sondern dabei heiter und gelassen ist, fühlt sich sogar ein vom Prunk womöglich eingeschüchterter Gast nicht fehl am Platz!
Man kann zum Gabelfrühstück kommen oder nach dem Theater zum Souper – für alle, die sich noch nicht in die große Oper trauen, führt man auch gern einmal das intimere Kammerspiel auf. Mit einem Bein sind die Reitbauers wieder an ihren Ausgangspunkt zurückgekehrt: Am Pogusch haben sie ein zweites »Steirereck«, nämlich ein Landgasthaus, eröffnet. Dort inszenieren sie nun ländliche Kultur, aber selbstverständlich mit der ihnen eigenen Perfektion.

1

1
KOKOSAUFLAUF MIT KOKOSEIS

Für sechs Personen:
Auflauf:
1 EL Butter, 1 gestrichener EL Mehl, ⅛ l Milch, 135 g Kokosraspel, 1 EL Rum, 1 Tütchen Vanillezucker, 2 Eigelb, 3 Eiweiß, 50 g Zucker, 1 EL Speisestärke, Butter und Zucker für die Förmchen
Kokoseis:
125 g Kokosraspel, ¼ l Milch, 60 g Zucker, 35 g Trockenmilchpulver, 2 EL Kokoslikör, 125 g Mascarpone
Passionsfruchtsauce:
5 Passionsfrüchte, 3–4 EL Zucker, ca. ⅛ l Wasser

Butter schmelzen, Mehl darin anschwitzen, Milch angießen und aufkochen, Kokosraspel, Rum und Vanillezucker zufügen. Etwas abkühlen und die Eigelb einrühren; vollkommen kalt werden lassen, bevor der mit Zucker steifgeschlagene Eischnee untergezogen wird. In gebutterte, mit Zucker ausgestreute Förmchen füllen (nur zu zwei Dritteln – die Masse geht auf!) und bei 180 Grad im Backofen im Wasserbad pochieren.
Für das Eis die Kokosraspel auf ein Blech breiten und im Backofen golden rösten. Milch und Zucker aufkochen, die Raspel zufügen und zwei Stunden darin ziehen lassen. Das Milchpulver (sorgt für besonders cremige Konsistenz) zufügen und erneut aufkochen. Nach dem Abkühlen durch ein feines Sieb filtern, mit Kokoslikör und Mascarpone verrühren. In einer Eismaschine gefrieren.
Für die Sauce das Fleisch aus den halbierten Früchten kratzen, mit Zucker und Wasser aufkochen und durch ein Sieb streichen.

2
DESSERT VOM APFEL

Große Patissierskunst aus dem Luxusrestaurant. Von Patissier Bernd Stroissmüller für dieses Bild kreiert: Eine Apfeltorte, deren Mürbteigdeckel mit Apfelbalsamessig beträufelt ist; die Fülle besteht aus karamelisiertem Apfelkompott. Die Mohnfüllung der Kartoffelknödel ist mit weißer Schokolade gestützt, die dann fester bleibt, wenn sie in Sonnenblumenöl goldbraun gebacken werden. Sie sind mit Puderzucker bestäubt und sitzen in einer Sauce aus Granatapfelsaft, der mit Agar Agar leicht gebunden ist. Die Apfelscheiben dazu sind in Wetters Apfelsaft (Seite 220) pochiert, dabei mit Zimt, Zitronenschale und Nelken gewürzt. Und dazu gibt es noch ein gefrorenes Apfelparfait.

2

Brände & Säfte

Reinhard Wetter ist ein Verrückter – ein Fanatiker der Kunst des Brennens und des Saftens. Ein eigenes Museum hat er eingerichtet im sorgfältig renovierten Keller seines Hofes in Missingdorf, genau auf der Grenze vom nördlichen Wein- zum Waldviertel. Neuestes Objekt: eine fahrbare Drei-Kessel-Dampfbrennanlage. Ein Jahr hat er gearbeitet und viel Geld investiert, ehe sie wieder in hellem Glanz und voll funktionstüchtig erstrahlte: ein Museumsstück!
Überhaupt nicht museal geht es in den Arbeitsräumen des Wetterschen Hofes zu: Hier herrscht moderne Technik! Gebrannt wird mit einer Wasserbad-Brennanlage, deren Temperatur auf Zehntelgrade genau geführt werden kann. Jedem Rohbrand folgt ein sehr langsamer Feinbrand – so erhält Wetter das ganze Aroma aus der Maische. Wenn man mit ihm und seiner Frau Helga, die den Vertrieb organisiert, die Brände probiert, riecht und schmeckt man sofort die Frucht, so klar und rein sind sie! Größten Wert legt Reinhard Wetter auf erstklassige Rohprodukte – die erzeugt er selbst: acht Hektar verschiedene Sorten Äpfel, drei Hektar Birnen, weiterhin Marillen, Pfirsiche, Holunder, Zwetschken. Dank heißer Tage, kühler Nächte und frostfreiem Oktober können die Früchte bei gutem Säuregehalt sehr reif werden.
Den Hof haben seine Eltern in mühsamer Landarbeit erwirtschaftet und angelegt, zunächst Äpfel. Davon konnte man leben, doch in den achtziger Jahren verfielen die Preise; außerdem kellern die jungen Leute ihr Obst nicht mehr ein, sondern kaufen kleine Mengen spontan. Der Direktverkauf ließ nach, und Wetter mußte sich etwas Neues einfallen lassen. 1988 kelterte er erstmalig selbst Saft, füllte tausend Flaschen, die nach drei Wochen ausverkauft waren. Heute preßt er verschiedene, meist sortenreine Apfel- und Birnensäfte, die 35 000 Flaschen werden ihm aus der Hand gerissen! Wer einmal seinen Saft probiert hat, wird keinen anderen mehr trinken wollen: Ein Geschmack, wie wenn man in einen frischen Apfel oder eine Birne beißt! Kein karamelbrauner, sondern ein hellgrüner Saft. Wie er das schafft? Nur absolut erstklassiges, vollreif gepflücktes Obst, naturrein. Der Rest – einfach, aber arbeitsintensiv – wird nicht verraten …

WETTER

1

GRATINIERTER KALBSKOPF

Dafür braucht man die Maske vom Kalbskopf, die man beim Metzger vorbestellen muß. Sie wird, wie im Rezept Seite 95 beschrieben, mit Suppengrün und Gewürzen weich gekocht, sorgfältig gesäubert und schließlich in eine mit Folie ausgekleidete Kasten- oder halbrunde Terrinenform gepreßt. Abgekühlt läßt sie sich dann mühelos auf der Maschine in dünne Scheiben schneiden. Mit einer Sauce Hollandaise überbacken wird eine elegante Vorspeise daraus:

Für vier bis sechs Personen:
1 gekochter Kalbskopf (Rezept Seite 95),
Tomatenvinaigrette (Rezept Seite 95),
Kräuter und Salatblätter zum Anrichten
Sauce Hollandaise:
3 EL Weißweinessig, 1 Schalotte, 2 Eigelb,
150 g Butter, Salz, Pfeffer

Für die Hollandaise Essig und gehackte Schalotte um die Hälfte einkochen, diese Reduktion durch ein Sieb filtern und mit den Eigelb verrühren. Im Wasserbad heiß und dick schlagen, dabei flöckchenweise die Butter zufügen. Mit Salz und Pfeffer abschmecken. Die Sauce auf die Kalbskopfscheiben verteilen und unter dem Grill bräunen. Tomatenvinaigrette dekorativ rundum auf den Teller träufeln und mit Kräutern und Salatherzen wie auf dem Photo dekorieren.

Mutter Böck hilft in der Küche mit – hier bei den Kalbsköpfen

Mit der Eisenbahn »Zum Roten Wolf«

Franz-Josefs-Bahn heißt die Linie, die von Wien über Tulln und Krems bis Prag führt. Genießer haben bereits nach einer knappen Stunde Fahrzeit von Wien Mitte ihr Ziel erreicht: Gleich neben dem Bahnsteig von Langenlebarn liegt das Gasthaus »Zum Roten Wolf« von Susanne und Johannes Böck. Schade, daß das einstmals hübsche Vorstadthäuschen, wie man es noch auf einem alten Photo bewundern kann, nach einem Dachstuhlbrand in den siebziger Jahren so gesichtslos wiederaufgebaut wurde. Damals hatten Susannes Eltern sich wegen der nahen Atomanlage Zwentendorf – die ja dann gottlob doch nicht errichtet wurde – Logiergäste erhofft und ein paar einfache Gästezimmer aufgestockt. Heute sind die wenigen Sommerfrischler, die auf ihrem Weg durch die idyllischen Donauauen hier vorbeiradeln und vom Fremdenverkehrsverein eher zufällig zum Übernachten hergeschickt werden, verblüfft, wenn sie entdecken, in welches Feinschmeckerparadies sie da geraten sind – viele verlängern einfach ihren Aufenthalt oder kehren gern wieder zurück. Natürlich mit der Bahn. Denn: Eine Reise ist der »Rote Wolf« wert wegen Susanne Böcks Küche! Was sie – mit Hilfe ihrer Mutter Maria, einem Koch und einem Lehrling – zubereitet, stimmt sofort fröhlich. Es sind auf den ersten Blick ganz einfache Gerichte, aber ungewöhnlich leicht, appetitlich und voller Wohlgeschmack! Eine sehr persönliche, intelligente und weibliche Sicht auf die traditionellen Wiener Küchenklassiker. Dabei setzt Susanne Böck auf Traditionelles verblüffende mediterrane Akzente und modernisiert gewohnte Rezepte nicht nur mit leichter Hand, sondern auch mit bemerkenswertem Geschick, virtuoser Küchentechnik und perfekter Präzision.

Johannes Böck kümmert sich mit sanfter aber bestimmter Liebenswürdigkeit um die Gäste und mit Leidenschaft um den Wein. Vor allem solche Gewächse, die noch nicht in aller Munde sind, schenkt er gerne aus. Und nach genußreichen Stunden ist der Gast froh, daß die Franz-Josefs-Bahn ihn dann wieder heil nach Hause bringen wird…

2

2

RUCOLASUPPE MIT HIRNPOFESEN

Pofesen, bayrisch Pavesen, kann man mit Powidl (Zwetschgenmus) gefüllt süß zum Dessert essen. Mit einer Schinken- oder wie hier Hirnfüllung sind sie eine hübsche wie köstliche Suppeneinlage.

Für vier bis sechs Personen:
1 Zwiebel, 1 Lauchstange, 5 EL Butter, 1 TL Speisestärke, 1 l Hühnerbrühe, 200 g Rucola (Rauke), Salz, Pfeffer

Hirnpofesen:
250 g Kalbshirn, ½ TL Pfefferkörner, 1 Lorbeerblatt, Salz, 1 Zwiebel, 2 EL Butter, 1 Eigelb, Petersilie, Pfeffer, Zitronenschale, Muskat, 6 Scheiben Toastbrot, 1 Ei für die Panierung, Semmelbrösel, Butterschmalz

Feingewürfelte Zwiebel und Lauch in zwei Löffel Butter andünsten, mit Stärke bestäuben und durchschwitzen. Brühe angießen, eine halbe Stunde leise köcheln. Rucola verlesen, waschen, blanchieren. Mit einer Tasse des Suppenansatzes im Mixer pürieren. Durch ein Sieb passieren und mit der restlichen Butter unter die Suppe mixen. Mit Salz und Pfeffer abschmecken.

Für die Füllung: Hirn wässern, häuten, mit Pfefferkörnern und Lorbeerblatt in wenig Salzwasser pochieren und sorgfältig putzen. Gehackte Zwiebel in der Butter andünsten, das in Stücke geschnittene Hirn zufügen und rösten, bis alle Flüssigkeit verdampft ist. Mit Eigelb und Petersilie zur Farce mixen, dabei kräftig würzen. Auf drei Toastbrotscheiben verstreichen. Mit jeweils einer zweiten Scheibe abdecken. Durch verquirltes, gewürztes Ei ziehen, in Semmelbröseln wenden und in Schmalz ausbacken. In Dreiecke schneiden und in der Suppe servieren.

1

GARNELENRAVIOLI

Für vier bis sechs Personen:
Nudelteig:
200 g Hartweizengrieß,
200 g griffiges Mehl, 1 ganzes Ei,
8 Eigelb, Salz
Garnelenfüllung:
400 g Garnelen (ungeschält),
250 g blanchierter Blattspinat, Salz, Pfeffer,
2 EL Noilly Prat (trockener französischer Wermut), 2 EL hellbraune Butter, 1 Eiweiß
Garnelensauce:
Schalen von 400 g Garnelen, 2 EL Olivenöl,
2 Schalotten, 1 Lauchstange,
1 Selleriestange, 1 TL weiße Pfefferkörner,
1 Msp Tomatenmark, 2 EL Cognac,
2 EL Noilly Prat, 1 Glas Weißwein,
75 g Butter

Die Teigzutaten zusammenkneten und eine halbe Stunde ruhen lassen.
Die Garnelen aus der Schale lösen, entdärmen, mit dem Spinat grob hacken, dabei mischen und mit Salz, Pfeffer, Wermut und Butter würzen. Für die Sauce die Garnelenschalen im Olivenöl anrösten, gehackte Schalotten, Lauch, Sellerie und Pfeffer zufügen. Tomatenmark unterrühren, mit Cognac, Wermut und Wein ablöschen. Einkochen, mit ½ l Wasser auffüllen und um zwei Drittel einkochen. Durch ein Sieb filtern. Mit der Butter etwas Raviolikochwasser zur cremigen Sauce mixen.
Den Teig hauchdünn ausrollen, Häufchen von Garnelenfüllung in regelmäßigen Abständen daraufsetzen, rundum mit Eiweiß einpinseln. Mit einer zweiten Teigplatte zudecken und die Füllung gut festdrücken. Ravioli ausstechen. In siedendem Salzwasser garen und mit der Sauce servieren.

2

SPINATKNÖDEL

Für vier bis sechs Personen:
150 g altbackenes, entrindetes Toastbrot,
1/16 l Milch, 1 kg Spinat, 2–3 Schalotten,
3 EL Butter, 1 Knoblauchzehe, 1 Ei,
2 EL griffiges Mehl, 3–4 EL Semmelbrösel,
Salz, Pfeffer, Muskat, Butter, Parmesan

Das Brot würfeln – wenn man es kurz anfriert, krümelt es sich nicht so sehr. Mit der warmen Milch befeuchten und ziehen lassen. Den Spinat blanchieren und durch den Wolf drehen (faschieren), mit feingewürfelter, in Butter angedünsteter Schalotte und durchgepreßtem Knoblauch würzen. Ei, Mehl und so viel Brösel untermischen, bis der Teig schön formbar ist. Salzen, pfeffern, mit Muskat abschmecken.
Kleine Knödel formen, in Salzwasser etwa zehn bis 15 Minuten ziehen lassen. Mit brauner Butter und Parmesan servieren.

3

WELSFILET IN ROTE-RÜBEN-SAUCE

Für vier Personen:
4 schöne Filetstücke vom Wels (Waller)
mit Haut, 3 EL Butterschmalz, Salz,
Pfeffer, Kren (Meerrettichwurzel)
Rote-Rüben-Sauce (Rote-Beten-Sauce):
1 Zwiebel, 2 EL Butter,
½ l Rote-Rüben-Saft (aus dem Reformhaus),
1 gehäufter TL Speisestärke,
1 Schuß Essig, Salz, Pfeffer

Die Hautseite der Fischstücke mit einem scharfen Messer kreuzweise einritzen – wie beim Schweinebraten. Mit dieser Hautseite in heißes Butterschmalz legen und langsam kroß braten, dabei das Fischfleisch salzen und pfeffern. Es wird durch die Hitze von unten besonders sanft gegart.
Für die Sauce gewürfelte Zwiebel in heißer Butter andünsten, mit Rote-Rüben-Saft ablöschen, etwas einkochen und mit Speisestärke binden. Die Saucen mit Essig, Salz und Pfeffer würzen, aufschlagen und durch ein Sieb passieren.
Das gebratene Welsfilet, Haut nach oben, auf Tellern anrichten und dick mit frisch geriebenem Meerrettich bestreuen. Die Sauce darum herumgießen. Dazu schmeckt ein sahniges Kartoffelpüree.

4

HIRSCHRAGOUT MIT DAMPFSEMMELKNÖDEL

Dafür nimmt Susanne Böck die Wadstücke vom Hirsch – wenn man nicht genügend zusammenkriegt, kann man auch Teile aus der Schulter verwenden.

Für sechs Personen:
1,5 bis 2 kg durchwachsenes Hirschfleisch,
3 EL Olivenöl, 2 rote Zwiebeln,
1 dicker Bund Wurzelwerk,
2–3 Knoblauchzehen,
2 Thymianzweige, 1 Rosmarinzweig,
2 Lorbeerblätter, je 1 TL Pfeffer-, Wacholder- und Pimentbeeren,
2–3 Champignons (oder getrocknete Steinpilze), 1 EL Tomatenmark,
Salz, ¼ l Rotwein, ½ l Wildfond
(oder Wasser), 2 EL Mehlbutter

Dampfsemmelknödel:
5 altbackene Semmeln, ca. ⅛ l Milch,
2 Zwiebeln, 2 EL Butter, 4 Eier, Salz,
Pfeffer, Muskat

Das Fleisch in Würfel von 4 Zentimeter Kantenlänge schneiden. In Olivenöl kräftig anbraten. Gewürfelte Zwiebeln und Wurzelwerk mitrösten. Knoblauch, Thymian und Rosmarin zufügen, ebenso die Gewürze, die grob zerschnittenen Pilze und das Tomatenmark. Schließlich salzen, Wein und Fond angießen. Zugedeckt sanft auf mildem Feuer knapp zwei Stunden schmoren. Die Fleischstücke herausfischen, die Sauce durch ein Sieb passieren und mit Mehlbutter binden. Noch einmal durchkochen, bevor das Fleisch darin erwärmt wird.
Für die Knödel die Semmeln würfeln, mit heißer Milch einweichen, mit den Eiern vermischen. Mit feingewürfelter, in Butter weich gedünsteter Zwiebel mischen. Mit Salz, Pfeffer und Muskat würzen. Knödel formen, über Dampf 20 Minuten garen.

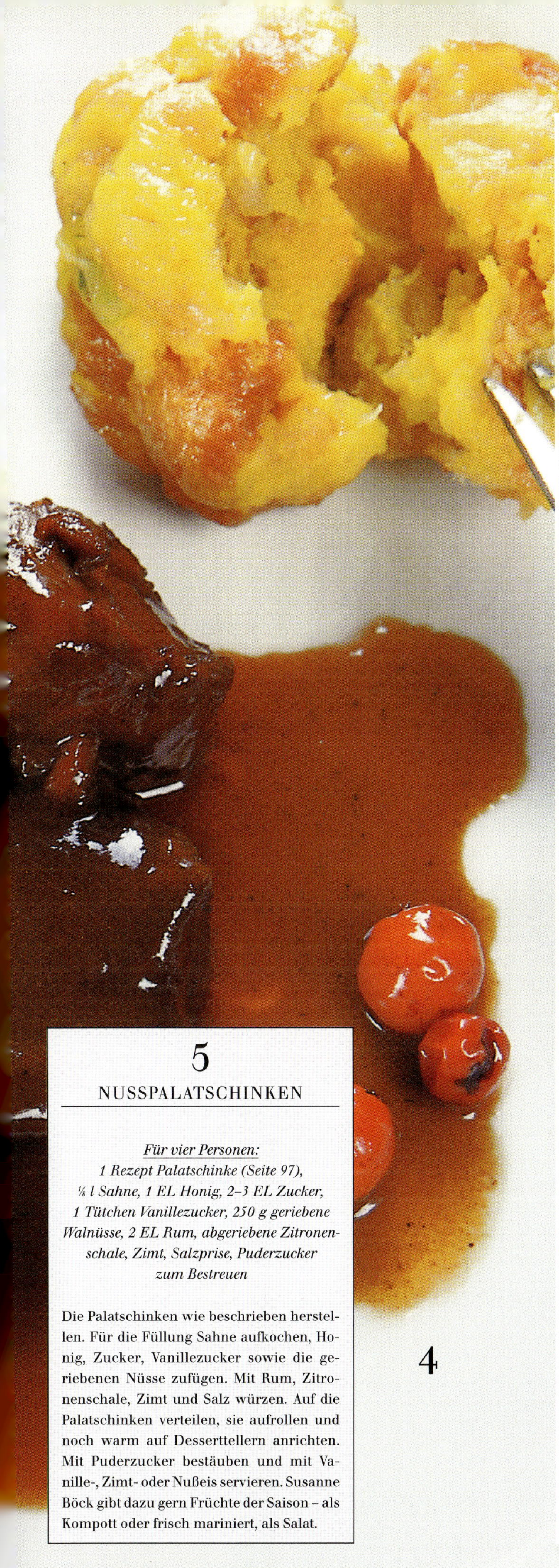

1

2

3

5

4

5

NUSSPALATSCHINKEN

Für vier Personen:
1 Rezept Palatschinke (Seite 97), ⅛ l Sahne, 1 EL Honig, 2–3 EL Zucker, 1 Tütchen Vanillezucker, 250 g geriebene Walnüsse, 2 EL Rum, abgeriebene Zitronenschale, Zimt, Salzprise, Puderzucker zum Bestreuen

Die Palatschinken wie beschrieben herstellen. Für die Füllung Sahne aufkochen, Honig, Zucker, Vanillezucker sowie die geriebenen Nüsse zufügen. Mit Rum, Zitronenschale, Zimt und Salz würzen. Auf die Palatschinken verteilen, sie aufrollen und noch warm auf Desserttellern anrichten. Mit Puderzucker bestäuben und mit Vanille-, Zimt- oder Nußeis servieren. Susanne Böck gibt dazu gern Früchte der Saison – als Kompott oder frisch mariniert, als Salat.

Die Gebrüder »Obauer« in Werfen: Luxus auf dem Lande

Werfen ist ein hübsches kleines Städtchen südlich von Salzburg, über dem die Bilderbuch-Burg Hohenwerfen als Postkartenschönheit thront. Hier sind die Gebrüder Obauer zu Hause. Sie haben mit ihrer verzweigten Familie den Ort ganz gut im Griff: Schwester Johanna betreibt zwei Häuser weiter eine Frühstückspension, der Fleischhauer (Metzger) am Ortseingang, der wunderbare Würste macht, das Fleisch selcht und den Schinken räuchert, ist ein Cousin – im Restaurant von Karl und Rudolf Obauer kann man von seinen Spezialitäten kosten.
Die beiden Brüder führen nun schon seit Anfang der achtziger Jahre das schmucke Haus am Markt. In dieser Zeit haben sie aus dem einfachen Gasthaus, in dem sie zu zweit werkelten, ein weltläufiges, elegantes und weithin gerühmtes Luxusrestaurant mit 26 Angestellten gemacht. Dabei ist Karl, der ältere (auf dem Bild rechts), dem Ruf der Familie, die vor der Frage stand, das Gasthaus des Onkels zu verkaufen, damals eher ungern gefolgt. Aber er wollte nicht schuld sein, wenn der Familienbesitz hätte verscherbelt werden müssen. Und so sah er sich mit all seinen hochfliegenden Plänen für eine Karriere in der großen Gastronomie plötzlich in der Verantwortung für ein Dorfgasthaus. Die ersten fünf Jahre war nur im Sommer geöffnet. Im Winter wurde mangels Nachfrage zugesperrt, und Karl verbrachte, wie früher schon, die Saison

am Arlberg, als Küchenchef im eleganten »Zürser Hof«. Der acht Jahre jüngere Rudi absolvierte in dieser Zeit seine Ausbildung als Koch. Karl, der mit dem heimischen Betrieb viel zu sehr angebunden war, um, wie eigentlich geplant, in Frankreich bei großen Chefs die große Küche zu erlernen, merkte bald, daß in Rudi eine unerhörte, die größere Begabung steckte. So schickte er ihn an seiner Statt los, nach Straßburg, ins »Maison Kammerzell« und zu Emile Jung ins »Crocodile«, nach Roanne, zu den Gebrüdern »Troisgros« und noch einer ganzen Reihe von Stationen. Und als Rudi dann 1981 voll Elan zurückkehrte: »Jetzt geben wir Gas!«, startete das Brüderpaar seinen zielstrebigen Aufstieg zum Gipfel. Längst sind sie dort angekommen: Das Gasthaus der Gebrüder »Obauer« ist ganz oben, die kulinarischen Guides sehen es auf der selben Stufe wie das »Steirereck« in Wien.
Natürlich ist der Betrieb jetzt das ganze Jahr geöffnet, und während der Salzburger Festspiele herrscht Hochsaison. Manche Festspielgäste nehmen gern die knappe Stunde Wegs zum Festspielhaus auf sich und genießen die bildschönen, modernen Zimmer sowie am Morgen das grandiose Frühstück. Vom opulenten Diner ganz zu schweigen. Denn die Küche der Brüder ist wahrlich etwas Besonderes! Beider Brüder wohlgemerkt, denn wenn auch Karl neidlos Rudis Talent für bedeutender hält, »er hat eine traumwandlerische Sicherheit im Würzen, für Saucen, im Umgang mit den Produkten«, so sind es doch stets beide, die miteinander die Rezepte erarbeiten, Konzepte durchdenken und schließlich auch verwirklichen. Vielleicht ist das das Geheimnis ihres Erfolges: Hier arbeiten zwei ebenbürtig und voller Vertrauen miteinander, ohne Neid und Mißgunst. Das schafft Zufriedenheit und eine gelassene Atmosphäre, die sich auch den Gästen mitteilt.

K.OBAUER

1

LAMMLEBERSALAT

Hauchdünne Scheibchen von der zarten Leber werden nur kurz in Lammfond geschwenkt und auf einem Salatbett angerichtet: Chinakohl in feinen Streifen, Sprossen von Alfalfa und Radieschen, hauchfeine Ringe vom Gemüsefenchel und gedünstete Würfel vom Kürbis. Angemacht wird der Salat mit einer Marinade aus Apfelbalsam (siehe Seite 137), Kernöl, Kreuzkümmel und der eigenen Würzmischung aus verschiedenen getrockneten Kräutern: Schabziegerklee (Steinklee), Salbei, Majoran und Beifuß.

2

G'SURTE SCHWEINEBACKE MIT SCHWARZEN TRÜFFELN

Die Schweinebacke (man kann auch Haxen nehmen) wird erst einmal fünf Tage gepökelt (g'surt), in einer Lake aus Wasser mit Pökelsalz, Rohrzucker (verstärkt den Pökeleffekt) und Gewürzen, wie Nelke, Zimtrinde, Kümmel, Wacholder; außerdem Thymian, Salbei, Knoblauch und Zwiebel. Das Fleisch wird danach in dieser Lake aufgesetzt, eine Stunde lang sehr vorsichtig, unter dem Siedepunkt gegart und schließlich in Scheiben auf einem cremigen Kartoffelpüree angerichtet und großzügig mit schwarzen Trüffelscheiben bedeckt. Aus dem Sud läßt sich übrigens noch eine herzhafte Kren-(also Meerrettich-)suppe kochen: Mit Kartoffeln und etwas Rahm gebunden!

3

RÄUCHERFORELLE IN DER PALATSCHINKE MIT KRAUT

Eine berühmte Spezialität der Obauer-Gebrüder, die nie auf der Karte fehlen darf! In der Palatschinke steckt übrigens kein Stäubchen Mehl!

Für vier Personen:
Palatschinke:
6 Eier, 6 EL Sahne, Salz, Cayennepfeffer, Öl zum Backen
Füllung und Sauce:
1 Räucherforelle, 1 kleines Lorbeerblatt, 4 Pfefferkörner, 1 Knoblauchzehe, 150 g Crème fraîche, 4 EL Sauerrahm (10%), 200 g Sauerkraut, Salz, Pfeffer, Cayennepfeffer, 100 g Butter, Zitronensaft

Eier mit Sahne, Salz und Cayennepfeffer glatt quirlen. In einer Pfanne in wenig Öl hauchdünne Pfannkuchen (Palatschinken) backen. Für die Füllung die Forellen entgräten, aus Kopf, Haut und Gräten mit Lorbeer, Pfefferkörnern und Knoblauch und einer Tasse Wasser einen Fond kochen. Das sorgfältig entgrätete Fischfleisch mit Crème fraîche und Sauerrahm cremig verrühren. Die Pfannkuchen jeweils mit Fischcreme bestreichen, darauf das zerzupfte Sauerkraut verteilen und aufrollen. Den Fond durch ein Sieb filtern, mit Butter aufmixen, dabei mit Salz, Pfeffer, Cayennepfeffer und Zitronensaft abschmecken. Heiß über die Pfannkuchenrollen gießen und sofort servieren. Eventuell im Backofen oder in der Mikrowelle aufwärmen.

4

HIRSCHFILET MIT CHICOREE UND KÜRBIS

Ein perfekt rosa gebratenes Stück Wild, das auf der Zunge zergeht. Mit einer intensiv würzigen, aromatischen Sauce. Ein klassisches, in seiner Schlichtheit sehr anspruchsvolles Gericht. Und die Beilagen zeigen, wie wichtig den Brüdern Obauer Gemüse ist: neben geschmortem, karamelisiertem Chicoree gibt es eine ebenso dekorative wie wohlschmeckende Rolle aus Muskatkürbisfleisch, in der ein Püree aus Kürbis und Kartoffeln steckt, das in San Danieleschinken gewickelt ist. Außerdem gibt's dreierlei Wildbeeren dazu, natürlich selber eingemacht (oben links vom Teller zu sehen): goldenfarbener Sanddorn, dunkle Preisel- und hellrote Vogelbeeren.

5

TOPFENGRIESSAUFLAUF MIT MARSALASCHAUM

Wundervoll duftig und locker, der Grießauflauf in einer verführerisch cremigen Sauce. Verblüffend dazu das Eis: Es ist aus dunklem Weißbier gemacht – so paradox das klingt – vom Kaltenhauser Hofbräu, einer Brauerei zwischen Hallein und Salzburg. Es gibt mit seinem bitteren Aroma der süßen Eiscreme eine aparte Note.

1
2
K.O.
3
4
5

Balthasar Grünwald vom Moarhauslhof züchtet Lämmer. Durch Kreuzung englischer Suffolk-Schwarzkopf-Schafe, die besonders widerstandsfähig sind, mit genügsamen Bergschafen, die mehrmals im Jahr trächtig werden können, hat er eine eigene Art gezüchtet: Schafe, die in diesem Klima hier leben mögen und viel Fleisch liefern, das besonders würzig und kernig ist. Die Gebrüder Obauer schwören darauf und verwenden nichts anderes mehr. Es geht ihnen dabei nicht nur um den besseren Geschmack, auch um den ökologischen Effekt: Die Schafe helfen die Bergwiesen zu pflegen, die bäuerliche Struktur zu erhalten. »Leider«, erzählt Grünwald, »wollen alle nur das zarte Lammfleisch, niemand mag den Geschmack der Mutterschafe.« Jetzt hat er einen Weg gefunden: Er säubert das Fleisch von jeglichem Fett, das schuld am »Hautgout« ist, und läßt dann vom Metzger eine wunderbare Kochsalami daraus machen

Von Maria Holzmann beziehen die Obauers ihren Topfen: Er ist voll im Geschmack und schön glatt in der Konsistenz. »Damit läßt sich wunderbar arbeiten«, schwärmt Rudolf Obauer. Maria und ihr Mann Johann bewirtschaften den Schartenbauernhof, oberhalb von Werfen auf einem idyllischen Plateau, vom Hagen- und vom Tennengebirge eingerahmt: auf 20 Hektar Wiesen weiden elf Kühe, aus deren Morgen- und Abendmilch Topfen entsteht. Milchsäurekulturen sorgen dafür, daß die Milch bei einer konstanten Temperatur von 25 Grad über Nacht gerinnt und stockt. Die Masse wird dann am Morgen mit einem Messer zerschnitten (Bild oben) und in kleinen Säckchen zum Abtropfen aufgehängt – nach vier Stunden ist der Topfen, fertig. »Wichtig für den Geschmack ist das Futter«, erklärt Johann Holzmann. »Kein Silofutter, sondern Heu, im Sommer natürlich Gras!«

Das »Rehkitz« in Kitzbühel

Für das Wirtshaus »Zum Rehkitz« von Brigitte Reiter scheint im nachhinein alles seinen vorgezeichneten Weg genommen zu haben, obwohl es zunächst gar nicht danach aussah: Die Eltern hatten neben dem kleinen Bauernhaus der Großeltern – auf dem Rehbühel, an der Straße hinauf zur Bichlalm – ein Gasthaus mit Pension gebaut: die »Reh-Alm«, im typisch alpenländischen Stil der siebziger Jahre, der der jungen Brigitte allerdings gar nicht gefiel. Als sie das wunderschöne, original erhaltene, aber doch recht kleine Haus von der Großmutter erbte, wuchs erst nach und nach die Idee, darin ein Gasthaus einzurichten – Geld war dafür nötig, aber vor allem der Einfall, das ganze Haus zu unterkellern, um genügend Platz zu gewinnen. Das war leichter gedacht, als schließlich getan. Doch 1995 war es soweit, die neuen Gaststuben ohne Puppenstubenkitsch, aber im alten Stil eingerichtet – was an Neuem dazukam, ergänzt das Alte harmonisch. Mit Jürgen Nenntwich, den sie von gemeinsamer Arbeit im In-Lokal »Quizo« kannte, hatte sie gleich den passenden Küchenchef: Kein Schnickschnack, sondern eine direkte, an den örtlichen Traditionen ausgerichtete Küche mit den Produkten der Umgebung, soweit das möglich ist. Klarer Geschmack, keine Mixturen; das Produkt im Mittelpunkt, die Akzente nicht mit überladenen Dekorationen, sondern lieber mit dem begleitenden Wein setzen – die Karte bietet eine prachtvolle Auswahl! Zum «Zwölfeleit'n», also zu Mittag, gibt es unter der Woche Tiroler Hausmannskost; am Wochenende, wenn die Touristen und Münchner Hausbesitzer kommen, mit teureren Zutaten, aber dann zum doppelten Preis – klug! Das sonstige Angebot der Kitzbüheler Gastronomie spielt zwischen Nobelitaliener, Grande und Nouvelle cuisine – oft nicht schlecht, manchmal wirklich gut. Es laufen wohl nicht allzu viele anspruchsvolle und kundige Genießer Ski.

1
HIRSCHPRESSKNÖDEL

Für vier Personen:
500 g mehlige, frisch gekochte Kartoffeln, 200 g griffiges Mehl, 2 kleine Eier, 100 g Graukäse (siehe Seite 240), 50 g Bergkäse, 50 g Bauerntopfen (trockener Magerquark), Salz, Pfeffer, 100 g Hirschschinken, Schnittlauch, eventuell Semmelbrösel, Butterschmalz

Kartoffeln pellen, durch die Presse drücken und abkühlen lassen. Mit Mehl, Eiern, gewürfeltem Graukäse, geriebenem Bergkäse und Topfen mischen. Salzen, pfeffern, feingewürfelten Hirschschinken und Schnittlauchröllchen untermengen. Falls nötig, die Masse mit Semmelbröseln festigen. Flache Küchlein daraus formen, in Butterschmalz auf beiden Seiten knusprig braten. In kräftiger Fleischbrühe servieren.

2
SCHLIPFRIGE WETZSTOANDL

Ein wunderbares Arme-Leute-Essen, wie es heute nur noch selten serviert wird: eine Art Gnocchi, wie man sie aus Italien kennt, in einer »schlipfrigen« Sauce aus Graukäse und Milch. Mehr zur Tiroler Spezialität Graukäse lesen Sie auf Seite 240.

Für sechs Personen:
1 kg mehlige Erdäpfel (Kartoffeln), 300 g griffiges Mehl, Salz, ca. ¼ l Milch, 200 g Graukäse, Pfeffer, braune Butter, Schnittlauch

Die Kartoffeln kochen, pellen, durch die Presse drücken und abkühlen lassen. Mit Mehl mischen, dabei salzen. Zu einem festen Teig kneten, einen länglichen Laib formen und eine halbe Stunde ruhen lassen. Scheiben abschneiden, daraus fingerdicke Streifen formen und diese in 3 cm lange Stücke (Wetzstoandl = Wetzsteine) schneiden. In einer Pfanne die Milch fingerhoch einfüllen, Graukäse hineinbröckeln, salzen, pfeffern und aufkochen. Die Wetzstoandl einlegen und 8 bis 10 Minuten köcheln, bis sie die Flüssigkeit fast vollständig aufgesogen haben. Ab und zu an der Pfanne rütteln, damit nichts ansetzt. Mit brauner Butter beträufeln und großzügig Schnittlauchröllchen darüberstreuen.

3
TIROLER SPECKSAIBLING

Für vier Personen:
4 frische, küchenfertig ausgenommene Saiblinge (oder Forellen), Zitronensaft, Salz, Mehl zum Wenden, Butterschmalz zum Braten, 200 g luftgetrockneter Speck in dünnen Scheiben, 50 g frische Weißbrotwürfel

Die Fische würzen, in Mehl wenden und in reichlich aufrauschendem Butterschmalz auf beiden Seiten knusprig braten. Kurz bevor sie fertig sind, den in Streifen geschnittenen Speck und die Brotwürfel zufügen, ebenfalls knusprig braten. Die Fische auf Tellern anrichten und mit Speck und Brotwürfeln bestreuen. Dazu schmecken Salzkartoffeln und ein Salat.

4
GRIESSZIMTKNÖDEL AUF BIRNENSAUCE

Für vier Personen:
¼ l Milch, ½ TL Zimt, 1 Prise Salz, 100 g Weichweizengrieß, 1 Ei, Milch zum Kochen, Zimtzucker
Birnensauce:
4 reife Birnen, Saft einer halben Zitrone, 3–4 EL Zucker, 2 EL Birnenschnaps

Die Milch mit Zimt und Salz aufkochen, den Grieß einrühren, 5 Minuten köcheln und schließlich abkühlen lassen. Erst dann das Ei einarbeiten. Knödel aus dieser Masse formen, in Milch sanft 10 bis 15 Minuten pochieren. In Zimtzucker wälzen und auf der Birnensauce anrichten. Dafür die geschälten Birnen entkernen, mit Zitronensaft, Zucker, wenig Wasser und Birnenschnaps weich kochen. Durch ein Sieb passieren und wenn nötig mit Zuckersirup auf die gewünschte Konsistenz verdünnen.

1
2
3
4

Riedel: Gläser für den perfekten Weingenuß

»Das Glas ist ein Instrument«, erklärt Georg Riedel, Glasmacher in der zehnten Generation, bedächtig und mit charmantem Lächeln, »das hilft, die Arbeit, die sich der Winzer das ganze Jahr über macht, in der richtigen Weise zur Geltung zu bringen.« Er läßt die Botschaft kurz wirken, bekräftigt dann: »Ja, wir sind Instrumentenbauer, stellen nur das Hilfsmittel zur Verfügung – aber versuchen, dies möglichst perfekt zu tun, um größtmöglichen Genuß zu erzielen.«

In der Bescheidenheit dieser Aussage schwingt natürlich das Selbstbewußtsein und der Stolz eines Mannes mit, der weiß, daß auf der ganzen Welt bei hochkarätigen Proben seine Gläser im Einsatz sind, viele Spitzenrestaurants seine Gläser auf den Tisch stellen und die besten Winzer ihre Weine am liebsten in seinen Gläsern probieren lassen.

Die Erfolgsstory der Riedel-Gläser ist bemerkenswert: Vater Claus Josef hatte, nachdem die in Böhmen betriebene Glashütte verloren war, in Kufstein einen Neuanfang gewagt. Er entwickelte ein revolutionäres Konzept, das erstmalig das Design dem Getränk und seinen Eigenschaften unterordnete – die Serie »Sommelier« entstand: Klares, hochwertiges Glas aus schwerem Bleikristall, dünnwandig, hochstielig, elegant, in reiner, wohlproportionierter Form, die sich, ebenso wie die Größe, aus der Funktionalität ableitet, um den Wein in Farbe, Duft und Geschmack voll zur Geltung zu bringen. Jedem Weintyp sein eigenes, ihm genau entsprechendes, seine Charakteristika förderndes Glas! Die Entwicklung findet nicht am Zeichentisch statt, sondern durch Verkostung – was dabei herausgekommen ist, spricht für sich: Kein anderer Glasmacher hat so viele Nachahmer gefunden wie Riedel! Sogar er selbst hat sich kopiert, mit »Vinum«, seiner stabileren, billigeren Serie, die maschinell hergestellt wird.

Top of the world – unerreicht, sind die Sommelier-Gläser: Durch einen hohen Bleigehalt haben sie einen besonders strahlenden und doch weichen Glanz,

eine reine Farbe und einen unglaublichen Klang. Die innen fast grobporige Oberfläche dieser Gläser regt den Wein an, fördert die Duftentwicklung – aus Sommelier-Gläsern schmeckt jeder Wein wahrer, intensiver und charaktervoller als aus anderen.

Die mundgeblasenen Sommelier-Gläser sind höchste Handwerkskunst! Besucher können die Entstehung in Kufstein verfolgen und staunen, mit welchem

Geschick der rotglühende, zähflüssige Werkstoff geformt wird. Handarbeit heißt, daß alle Gläser Individuen sind, jedes anders. Doch die Abweichungen dürfen nur gering sein: Viele werden wieder eingeschmolzen! Der Sommelier-Serie wird seit 1996, dem 240. Firmenjubiläum, der Jugendstil-Schriftzug »Riedel« mit Sand aufgestrahlt, die Vinum-Serie erhält ein »JR« im Rechteck, die zweite Wahl je einen Punkt daneben.

Schnaps von besonderer Art: Rochelt

Im »Gault Millau Wein- und Schnapsguide« sucht man den bekanntesten Brenner Österreichs vergebens: Günter Rochelt, dessen flache, von alten Tiroler Formen abgeleitete Flaschen aus wassergrünem, geripptem Glas, mit den schönen Metallkronen als Verschluß, vor allem in guten Häusern niemals fehlen, ist in dem sonst so ausführlichen Nachschlagewerk nicht zu finden. »Man hat die Rochelt-Schnäpse aus der Bewertung herausgenommen«, ist zu hören, »weil sie mit ihrem hohen Alkoholgehalt neben anderen Schnäpsen nicht zu beurteilen sind.«

Tatsächlich ist die Wucht des Alkohols, mit dem ein Rochelt-Schnaps daherkommt, zunächst schwierig: Er steigt mit aller Kraft aus dem Glas und betäubt die Nase. Aber: »Ein Schnaps ist nicht zum Riechen da«, sagt Rochelt, »am Gaumen soll er sich entfalten!« Das tun seine Schnäpse, und zwar mit einer unglaublichen Fülle von Aromen!

Wer die Augen schließt, glaubt die Frucht im Mund zu haben. Günter Rochelt verdünnt seine Destillate nicht, wie das sonst üblich ist, nach dem Brennen mit Wasser von 70 Prozent auf sogenannte Trinkstärke von etwa 40. Er legt sie vielmehr in große Glasballons und läßt sie darin geduldig reifen. Dabei verdunsten pro Jahr etwa zwei Prozent Alkohol, weil die Gefäße offen sind und nur zu drei Vierteln voll. Aber weil der Alkohol im Ballon über den Aromen schwebt, wirkt er wie ein Schutzschild – vom Duft verschwindet nichts! Allerdings: Der Schnaps wird dabei weniger und natürlich immer teurer…

Natürlich hat all das nur Sinn, wenn das Ausgangsprodukt stimmt, man erstklassiges, perfekt reifes Obst zum Brennen nimmt, weder zu früh noch zu spät geerntet, und zwar von Hand! Die Bauern, die Rochelt beliefern, wissen, wie anspruchsvoll er ist.

Sein Hang zur Perfektion macht auch vor Ausstattung und Vertrieb nicht halt: Die dekorativen Holzkästen für seine Flaschen werden in der eigenen Schreinerei hergestellt. Und mehr als die Hälfte seiner Produktion verkauft er selbst,

1
GEBACKENE BLUTWURSTRADELN

Die knusprigen Scheibchen werden auf Vogerl-, also Feldsalat, serviert, mit ausgebratenen Speckstreifen und knoblauchduftenden Brotcroûtons sowie einer Erdäpfel-Ziegenkäs-Terrine, deren Zubereitung allerdings Günter Eberls Geheimnis bleibt. Aber auch ohne sie ist es eine ebenso herzhafte wie hübsche Vorspeise.

Für vier Personen:
2 geräucherte Blutwürste, 1 Ei, Salz, Pfeffer, Semmelbrösel, Öl oder Schmalz zum Ausbacken, 4 hauchdünne Scheiben luftgetrockneten Specks, 2 Scheiben Graubrot, 1–2 Knoblauchzehen, 150 g Feld-(Vogerl-)salat, 2 EL Essig, Salz, Pfeffer, 3–4 EL Olivenöl

Die Würste in knapp halbzentimeterdicke Scheiben schneiden, durch verquirltes Ei ziehen, das mit Salz und Pfeffer gewürzt ist, und in Semmelbröseln wenden. Schwimmend in heißem Fett golden ausbacken. Auf Küchenpapier sorgfältig abtropfen.
Die Speckscheiben in ganz wenig Öl oder Schmalz ausbraten, in diesem Fett dann das in zentimetergroße Würfel geschnittene Brot knusprig rösten. Erst zum Schluß den Knoblauch durch die Presse hinzudrücken.
Den Salat gründlich waschen, mit einer Marinade aus Essig, Salz, Pfeffer und Öl anmachen, hübsch auf Vorspeisentellern anrichten und mit Speck, Brotwürfeln und Blutwursttalern garnieren.

2
SAFTGULASCH MIT SEMMELKNÖDELN

Natürlich stammt das Rezept ursprünglich aus Ungarn, ist aber längst von den Österreichern adaptiert und zur eigenen Spezialität geworden: Was hier Gulasch heißt, ist übrigens in Ungarn eher eine Gulaschsuppe. Die Ungarn würden zu diesem Gericht eher Pörkölt sagen. Wichtig ist jedenfalls, daß gleich viel Fleisch wie Zwiebeln verwendet werden und man an edelsüßem Paprikapulver nicht spart.

Für sechs Personen:
1,5 kg Rindfleisch (Schulternaht oder Wade), 3–4 EL Butterschmalz, 1,5 kg Zwiebeln, 3–4 Knoblauchzehen, Salz, Pfeffer, 1 EL Tomatenmark, 1 TL Kümmel, 2 EL Delikateßpaprika, ¼ l Brühe, 1–2 EL Essig
Semmelknödel:
5 altbackene Semmeln, ⅛ l Milch, 3 Eier, Salz, Pfeffer, 2 Knoblauchzehen, 1 TL getrockneter Majoran (oder 2 EL frischer), Petersilie

Das Fleisch in drei Zentimeter große Würfel schneiden und im heißen Schmalz kräftig anbraten. Grob gehackte Zwiebeln, Knoblauch, Salz und Pfeffer zufügen. Tomatenmark und Kümmel unterrühren, den Paprika darüberstäuben. Wenn alles davon überzogen rot leuchtet, Brühe angießen. Zugedeckt auf kleinem Feuer sanft knapp zwei Stunden schmoren, bis die Zwiebeln nahezu verkocht sind und das Fleisch butterzart ist. Mit Essig abschmecken.
Für die Knödel die Semmeln in kleine Würfel schneiden, mit heißer Milch benetzen und einweichen. Eier, Gewürze und Kräuter zufügen, gut durchmengen und eine halbe Stunde ziehen lassen. Tennisballgroße Knödel formen, in Salzwasser etwa 15 Minuten garen.

3
GAMSPFEFFER MIT NOCKERL

Für sechs Personen:
1 Gamsschulter (ca. 1,8 kg), ¼ l Rotwein, ⅛ l Rotweinessig, ⅛ l Wasser, 1 Bund Suppengrün, 1 Thymian- und Rosmarinzweig, je 1 EL Wacholder- und Pfefferkörner, 2 Lorbeerblätter, 3 EL Gänse- oder Butterschmalz, Salz, 200 g Rahm (saure Sahne 30 %), grob geschroteter Pfeffer, 75 g durchwachsener Speck
Nockerl:
500 g griffiges Mehl, ¼ l Sauerrahm (10 %), 4 große Eier, Salz, Pfeffer, Muskat

Das Fleisch vom Knochen lösen und in Scheiben schneiden. Für die Marinade Wein, Essig und Wasser mit gewürfeltem Suppengrün, Kräutern und Gewürzen aufkochen. Abgekühlt über das Fleisch gießen. So wird auch das Fleisch von einem älteren Tier mürbe und zart. Zum Anbraten abtrocknen, im heißen Schmalz kräftig anbraten, dabei salzen und mit reichlich Pfeffer würzen. Marinade durch ein Sieb angießen, Rahm zufügen, zugedeckt eine Stunde leise schmurgeln. Dabei sollte die Flüssigkeit cremig einkochen. Ganz zum Schluß knusprig gebratene Speckstreifen unterrühren.
Für die Nockerl Mehl, Rahm und Eier zum zähen Teig schlagen, dabei mit Salz, Pfeffer und Muskat würzen. Vom Brett in siedendes Salzwasser schaben, durch die Spätzlepresse, -sieb oder den Spätzlehobel drücken. Oben schwimmende Nockerl sind gar.

in seiner Tiroler Schnapsbrennerei in Fritzens, an Privatkunden! Diese werden, wenn sie sich angemeldet haben, von ihm sogar nach allen Regeln der Kunst bewirtet. Denn eigentlich ist Rochelt gelernter Hotelier! Doch beim letzten Heimaturlaub, kurz vor seiner Abreise nach Acapulco, wo er ein Hotel übernehmen sollte, verliebte er sich: Die Tatsache, daß seine Frau aus der berühmten Kristallglas-Dynastie Swarovski stammt, half, den Traum von der eigenen Brennerei zu verwirklichen

Angelika Eberl kümmert sich um die Gäste und die Weinkarte, während Ehemann Günter für die Küche verantwortlich ist

und eine völlig neue berufliche Basis am Heimatort zu finden.
Die Kristallfabrik liegt nämlich genau gegenüber, jenseits des Inns, in Wattens. Daneben, in der Swarovskistraße, ein schmuckes Biedermeierhaus, kaisergelb gestrichen und liebevoll restauriert: der Gasthof »Schwan«. Das Gebäude war ziemlich heruntergekommen und sollte eigentlich abgerissen werden, als die Familie Swarovksi es kaufte und ein hübsches, gemütliches Gasthaus daraus machte.

1

2

3

4

4

KASTANIENKOCH MIT KARAMELSAUCE

Unter »Koch« versteht man in der österreichischen Mehlspeisenküche einen Pudding, ein Soufflé oder Flan.

Für sechs bis acht Personen:
100 g Butter, 6 Eigelb, 250 g Maronenpüree, 100 g geriebene Mandeln oder Haselnüsse, 20 g Semmelbrösel, 50 g geriebene Schokolade, 5 Eiweiß, 80 g Zucker, 1 Prise Salz, Butter und Brösel für die Förmchen
Karamelsauce:
¼ l Sahne, 1 Vanillestange, 2 Eier, 2 Eigelb, 140 g Zucker, 100 g Crème fraîche

Butter mit Eigelb schaumig rühren; Maronenpüree, Mandeln, Brösel und Schokolade zufügen und behutsam glattrühren. Mit Zucker und Salzprise steifgeschlagenen Eischnee unterziehen. In gebutterte, gebröselte Förmchen füllen. Im Wasserbad bei 160 Grad 30 Minuten stocken lassen.

Für die Sauce die Sahne aufkochen, die Vanillestange darin einweichen, ihr Mark auskratzen und in die Sahne rühren. Eier und Eigelb dick und schaumig rühren, die heiße Vanillesahne hinzugießen, die Masse unter Rühren heiß und dick werden lassen. In einem zweiten Topf den Zucker zum haselnußfarbenen Karamel kochen, mit Crème fraîche und Eiercreme vermischen. Die Sauce schließlich auf Eiswürfel setzen und kalt rühren. Gut gekühlt zum Kastanienkoch servieren. Im »Schwanen« gibt's dazu wundervoll cremiges Vanilleeis (Rezept Seite 173).

Mit Günter und Angelika Eber wurde ein sympathisches junges Pächterpaar gefunden, das es zu schätzen weiß, in den Angestellten und den Gästen des Unternehmens stets eine gewogene Kundschaft zu haben.
Günter Eberl serviert aus seiner zum Gastraum offenen Küche, aus der es nicht nur appetitlich duftet, sondern – was man nicht von allen Restaurantküchen sagen kann – in der es auch einladend aussieht, ehrliche, bürgerliche, regionale Gerichte. »Angenehme Hausmacherkost, aber durchaus ambitioniert!« erklärt Günter Rochelt, und während er Eberl über den Ausgabetresen hinweg zuschaut, wie dieser einen Semmelknödel nach dem anderen behutsam ins siedende Wasser gleiten läßt, begeistert er sich geradezu: »Hausfrauenküche, das ist es! Männer mögen vielleicht kreativer kochen, aber so schlecht wie ein Mann kocht eine Frau nie. Deshalb«, ruft er, aber er lacht dabei und legt einen bittenden Ton in seine Stimme »Frauen, zurück an den Herd!«

Die Innenausstattung hat Rochelts Schwägerin besorgt, mit viel Zirbelholz, ländlichen Stoffen und mit Glaskunst von Swarovski

Tiroler Probleme, aber Graukäs' als Hoffnung

»Auf der Alm, da gibt's koa Sünd'!« singt man fröhlich im Sommer, aber im Winter werden sie tausendfach begangen: Was auf den Bergen Tirols an systemgastronomischen Ungeheuerlichkeiten angeboten und gemampft wird (der Hunger treibt's rein!), ist Sünde!
»Die Tiroler sind lustig, die Tiroler sind froh...« klingt es aus den Lautsprechern, die weit über die Pisten schallen. Man mag es nicht so recht glauben, schaut man in die Gesichter der Menschen. Eher hart blicken sie und sorgenvoll: Ob denn auch Schnee kommt, der wieder genügend Besucher aus Deutschland anzieht, damit man Zimmer vermieten kann und Geld kriegt, um die Schulden bei der Bank zu bezahlen... Tirol hat ganz auf Tourismus gebaut, und zwar immer mehr auf den einfachen, der über den Preis verkauft wird. Die Schönheit der Natur hat man in weiten Bereichen vernichtet, die alten Häuser abgerissen oder so umgebaut, daß sie wie die unsäglichen neuen aussehen, die allenthalben die Landschaft verschandeln.
Seit in den letzten Jahren der Schnee ausblieb, behaupten sich nur gut ausgestattete Hotels in schneesicherer Lage an attraktiven Orten ohne Schwierigkeiten. Anderswo tobt ein Kampf um die Zukunft – hier setzt man auf Quantität, mehr Lifte und Pisten, noch mehr Menschen, dort auf Qualität, bessere Ausstattung der Häuser, weniger Rummel, mehr Natur. Tirol ist im Umbruch.
Gute Tiroler Küche ist nur selten zu finden. Die harte Landwirtschaft wurde zugunsten der Dienstleistung aufgegeben, wo man das Geld leichter verdient. Wenn aber die Qualität der bodenständigen Produkte durch billige Allerweltsware ersetzt wird, ist es mit der regionalen Küche schnell dahin. »Der Tiroler ist ein Fuchs«, sagt ein Tiroler Bauer, »der alle anderen überlisten will. Da hat er gedacht, den Touristen geben wir den Speck aus dem Supermarkt, essen unseren eigenen und können mehr verdienen. Dann hat der Tiroler gedacht: was die essen, genügt mir auch – jetzt hält er keine Sau mehr, ißt Industriespeck und hat sich selbst überlistet!«
Jetzt bemüht man sich wieder, die traditionellen Produkte zu fördern, sucht Richtlinien für herausragende Qualität. Der eigenwillige Graukäse beginnt, von der EU gefördert, gerade eine neue Karriere – Molkereien und Käsereien produzieren wieder nach alten, naturnahen Methoden. Graukäse wird aus entrahmter, gesäuerter Milch hergestellt, ohne Pressen, reift mit graublauen Schimmelkulturen. Metzger und Bäcker beginnen wieder heimische Produkte zu verarbeiten, Gasthäuser bieten wieder gute Landeskost. Bis die Skiläufer auf den Berghütten wieder richtig essen können, wird es aber wohl noch ein paar heftige Schneefälle geben müssen.

1

GRAUKÄS'-JAUSE

Je reifer der Käse, desto besser – er ist dann zunehmend von blaugrünen Schimmeladern durchzogen, ähnlich wie ein Gorgonzola. Allerdings ist er dann erheblich kräftiger im Geschmack! In Scheiben, die nur zu leicht in Krümel zerfallen, auf dick gebuttertem Bauernbrot, dazu Zwiebelringe und Schnittlauch sowie ein Krügel frischen Most – Herz, was willst du mehr?!

2

GRAUKÄS' SAUER

Je jünger der Graukäse, desto milder und desto kräftiger die Begleitung. Mit einer Marinade aus Essig – zum Beispiel milder Apfelessig –, Salz, grob geschrotetem Pfeffer und Öl – ganz nach Geschmack ein neutrales Sonnenblumen- oder Tafelöl. Wer mag, nimmt ein aromatisches Olivenöl. Krumiges Bauernbrot darf dann natürlich auch nicht fehlen und jede Menge in feine Ringe gehobelte Zwiebeln.

3

SCHLIACHTRNUDELN

Von »Schlichten« – das heißt Aufeinanderstapeln – eine Zillertaler Spezialität: Bandnudeln, vorzugsweise frisch und hausgemacht, weil sie dann in zwei Minuten gar sind, werden halb Milch, halb Wasser gekocht, dabei mit Salz nur sparsam gewürzt, weil fünferlei Käse gewürfelt oder gerieben zugefügt werden. Zum Schluß rührt man Rahm hinzu und gibt braune Butter darüber.

4

HOLZKNECHTKRAPF'N

Dieselbe Masse, die in die Zillertaler Krapfen (Seite 244) eingepackt wurde, ist hier zu Küchlein (Laiberl) geformt und in Butterschmalz kroß herausgebacken. Je mehr Kruste die Kartoffelküchlein haben, je kleiner sie also sind, desto besser! Dazu schmecken Salate aus geraffeltem Rettich, von geriebener Möhre und in dünne Scheiben gehobelter Gurke.

1

2

3

4

Die »Linde« in Stumm

Das Zillertal ist eines der meistbesuchten Feriengebiete Tirols, weltbekannt durch seine sangesfreudigen Bewohner. Auch hier hat der Massentourismus ganze Ortskerne zubetoniert. Das kleine Dorf Stumm, etwas abseits der Hauptstraße, hat sich retten können: Wie mit lockerer Hand anmutig verstreut liegen die Häuser, nicht zu langweilig geraden Linien geordnet, aber mit Bezug zueinander, mit immer neuen Durchblicken auf Schloß, Gasthäuser, Kirche und die mit dunklem Holz verschalten Bauernhäuser. Zentrum ist das Schloß, vor hundert Jahren von der Saarländer Industriellenfamilie Stumm erworben, die sich so einen altehrwürdigen Stammsitz verschafft hat. Gegenüber das Gasthaus, schon 911 als Wirtschaftsgebäude des Schlosses ausgewiesen. 1506 erhielt es das Gastrecht – damals kam Kaiser Maximilian I. zur Bärenjagd und stärkte sich in der »Taverne zu Stumm«. Überhaupt war die Renaissance für das Zillertal – wie für ganz Tirol – eine Blütezeit, weil Bergbau Reichtum brachte. Im Jahre 1700 wurde eine Linde zwischen Schloß und Wirtschaft gepflanzt: Sie wuchs zu herrlicher Größe, ist heute Naturdenkmal. Und in das nun nach ihr benannte Gasthaus mit den wunderschönen Gewölben und holzgetäfelten Gasträumen zog 1846 die Familie Ebster. Das Leben verlief in ruhigem Gang, Sommerfrischler aus München kamen immer häufiger zu Besuch.

In den siebziger Jahren unseres Jahrhunderts zogen Stürme auf: Der Bürgermeister wollte »zeitgemäße« Hotels, den Gasthäusern sollten riesige Bettentrakte angefügt werden. Familie Ebster und die anderen Wirte von Stumm

wehrten sich vehement, galten daher als rückständig. Heute werden sie um ihre Standhaftigkeit beneidet. Die Einheimischen aus dem Tal sind die besten Gäste, weil es ihnen inzwischen hier besser gefällt…

Der Wirt der »Linde«, Hannes Ebster, hat in Innsbruck die Hotelfachschule absolviert, sich seinen Küchenstil aber selbst entwickelt aus den traditionellen Gerichten mit lokalen Zutaten (das herrlich marmorierte Fleisch vom kleinen Tuxer Weiderind, Wild, die Früchte des Waldes!) und einer leichteren, modernen Küche mit mehr Gemüse, kürzeren Garzeiten und neuen Produkten. Er hat das Glück, daß neben seiner Mutter Erna drei Tanten in der Küche helfen: »Sehr gute Köchinnen, die unsere traditionellen Gerichte in den Fingern haben – die brauchen kein Rezeptbuch! Die Baunz'n, die Tiroler Nocken, Knödel und Tascherl, die könnt' ich nie so gut!« Was für ein Schatz! Vater Anton führt mit zwei Brüdern die zugehörige Landwirtschaft, Weiden mit Kühen, die im Sommer am Gerlos auf der Alm stehen. Die privat organisierte Genossenschaft verarbeitet ausschließlich Milch ohne Silofutter, macht vorzügliche Käse, Topfen,

Sahne und Joghurt. Letztere kann man zum Frühstück probieren, das von herrschaftlicher Üppigkeit ist. Denn die »Linde« hat inzwischen von Christine Ebster (sie ist Steuerberaterin, auf dem Bild mit Sohn Georg, der Patissière Johanna und dem türkischen Koch Celal) fünf mit Liebe zum Detail und Geschmack eingerichtete Zimmer oder Appartements.

1
ZILLERTALER KRAPFEN

Das einstige Arme-Leute-Essen ist heute ein hübscher Imbiß. In Miniaturformat eignen sich die Krapfen auch gut zum Glas Wein.

Für sechs Personen:
Nudelteig:
300 g Roggenmehl, 100 g griffiges Mehl, Salz, ca. ¼ l Wasser, Mehl für die Arbeitsfläche
Kartoffelfüllung:
500 g Kartoffeln, 150 g Magerquark, 100 g Graukäse, Schnittlauch, Salz, Butterschmalz

Beide Mehlsorten, Salz und so viel Wasser, wie das Mehl aufnimmt, zum festen Teig kneten. Je länger man knetet, desto glatter wird der Teig! Zu einer Rolle von 5 cm Durchmesser formen. Halbzentimeterdicke Scheiben abschneiden und mit dem Nudelholz dünn auswellen. Arbeitsfläche und Nudelholz immer wieder gut bemehlen, damit nichts klebt.
Die Kartoffeln in der Schale kochen, pellen, durchpressen, mit Topfen, zerbröckeltem Graukäse und Schnittlauchröllchen mischen, dabei salzen. Jeweils eine kleine Portion Fülle auf dem Teigfladen verteilen, zur Hälfte zusammenklappen und gut zusammendrücken. In Schmalz ausbacken. Dazu gehört ein Glas Buttermilch und ein Salat.

2
BLUTWURSTGRÖSTL

Kein Tiroler Gasthaus ohne Gröstl auf der Speisekarte. Leider findet der Gast oft keineswegs, wie das Wort verheißt, geröstete, also knusprige Zutaten, sondern eher lieblosen Mischmasch. Dabei sollten Kartoffeln und Fleisch, Speck oder Wurst, die mitgeröstet werden, noch einzeln erkennbar und appetitlich kroß sein. Daß das Alltagsgericht tatsächlich eine Delikatesse sein kann, dafür liefert die »Linde« den Beweis.

Für vier Personen:
1 Zwiebel, 2 EL Schmalz, 500 g gekochte Kartoffeln (vom Vortag), 2 Knoblauchzehen, 4 frische (ungeräucherte) Blutwürste, Salz, Pfeffer, 1 EL getrockneter Majoran

Die Zwiebel würfeln und im heißen Schmalz anbraten. Gewürfelte Kartoffeln mitrösten, mit durchgepreßtem Knoblauch würzen. Die Wurst pellen, in Scheiben schneiden und mitbraten, dabei alles geduldig mit dem Spatel mischen. Salzen, pfeffern, mit Majoran würzen. So lange rösten und immer wieder mischen, bis alles glänzt und duftet. Dazu paßt gedünstetes Sauerkraut (Rezept Seite 74).

3
SCHLUTZKRAPFEN

Auf dem Photo sind neben den Schlutzkrapfen gebackene Käs'knödel angerichtet, zu denen der Kartoffelsalat in der Mitte paßt. Sie sind genauso zubereitet wie die Preßknödel von Seite 166, allerdings nicht gesotten, sondern in Schmalz fritiert.

Für vier bis sechs Personen:
1 Portion Nudelteig (Rezept Seite 166 oder 224), Butter, Bergkäse zum Reiben
Spinatfüllung:
1 Zwiebel, 1 Knoblauchzehe, 2 EL Butterschmalz, 250 g Blattspinat, 100 g grober Bauerntopfen (Schichtkäse), 100 g Sahnequark, Salz, Pfeffer, Muskat, eventuell 1 EL Grieß

Den Nudelteig kneten und ruhen lassen. Für die Füllung Zwiebel und Knoblauch fein hacken, im Schmalz andünsten. Geputzten Spinat zufügen und zusammenfallen lassen. Durch den Wolf drehen oder von Hand fein hacken. Mit Topfen und Quark mischen, kräftig würzen. Falls die Farce zu dünn wirkt, mit Grieß binden. Den Teig dünn ausrollen, Füllung in regelmäßigen Abständen daraufsetzen, mit einer zweiten Teigplatte abdecken, rund um die Füllung jeweils gut festdrücken. Mit einem Förmchen oder Glas Krapfen (Ravioli oder Maultaschen) ausstechen. In Salzwasser etwa zehn Minuten gar ziehen lassen. Mit brauner Butter und geriebenem Bergkäse bestreut servieren.

4
BERGLAMMRÜCKEN MIT KARTOFFELBAUNZEN

Für vier Personen:
1 ausgelöstes Rückenfilet vom Lamm (600 g), 3 EL Olivenöl, je 1 frischer Rosmarin-, Thymian- und Salbeizweig, 2–3 Knoblauchzehen, Salz, Pfeffer, ¼ l Lammfond, 2 EL Butter
Kartoffelbaunzen:
600 g frisch gekochte Kartoffeln, 1 Zwiebel, 300 g Topfen (Quark 20 %), 1 Eigelb, Schnittlauch, Salz, 1–2 EL Mehl, 2 EL Butterschmalz, 1 Tasse Rahm

Das Fleisch im heißen Olivenöl auf allen Seiten kräftig anbraten, dabei die Kräuter rundherum streuen, ebenso den grob gehackten Knoblauch. Erst dann salzen und pfeffern. In Alufolie gewickelt im 80 Grad warmen Ofen 20 Minuten nachziehen und ausruhen lassen. Den Bratensatz mit dem Fond ablöschen, um die Hälfte einkochen, durch ein Sieb filtern und mit der Butter zur cremigenSauce aufmixen.
Die Kartoffeln abgekühlt durch die Presse drücken, mit sehr fein gewürfelter Zwiebel, Topfen, Eigelb und reichlich Schnittlauch mischen. Salzen und mit etwas Mehl binden. Jeweils zwei, drei Eßlöffel davon zum Laiberl (einem flachen Küchlein) formen. Im heißen Schmalz langsam auf beiden Seiten golden braten. Erst dann den Rahm in die Pfanne gießen, die Laiberl so lange schmurgeln, und immer wieder wenden, bis sie alle Flüssigkeit aufgesogen haben.

5
SCHWARZBEERNOCKEN MIT SAUERRAHMEIS

Die saftigen, flachen Küchlein gelingen nur mit wilden, also den selbstgesammelten Beeren, schwört Lindenwirt Hannes Ebster. Die dürfen ruhig eingemacht oder eingefroren sein. Mit den schussergroßen Zuchtbeeren, Tiefkühlware oder gar solchen aus dem Glas klappt die Sache nicht. Gut schmecken die Nocken auch mit Preiselbeeren.

Für sechs Personen:
500 g Heidelbeeren, 200 g Mehl, 2 EL Zucker, knapp ¼ l Milch, 1 Prise Salz, Butterschmalz zum Backen, Puderzucker
Sauerrahmeis:
100 g Zucker, Saft einer Zitrone, 250 g Sauerrahm (10 %)

Heidelbeeren mit dem Mehl mischen und zuckern. Die Milch kochend heiß langsam hinzugießen, dabei mit dem Holzlöffel rühren, bis ein zäher Teig entstanden ist. Mit Salz würzen. Jeweils mit dem Eßlöffel kleine Küchlein ins heiße Schmalz setzen und auf beiden Seiten knusprig braten. Mit Puderzucker bestreut warm servieren.
Für das Eis Zucker und Zitronensaft aufkochen und wieder abkühlen lassen. Unter den Sauerrahm rühren und kalt stellen. Eine halbe Stunde bevor serviert werden soll, in die Eismaschine füllen und zu cremigem Eis rühren lassen.
Der Lindenwirt serviert beides auf einem Dessertteller, zusammen mit einem in Butterbröseln gewälztem Zwetschgenknödel und winzigen Buchteln. Zur Eiskugel gibt es einen Klecks Waldbeersauce, zur Minibuchtel ein wenig Schokoladensauce.

1

2

3

4

5

Gasthäuser, Restaurants und Cafés

(4) Gasthaus
ABRAHAM (Seite 35)
Hubertusstraße 11
A-2301 Mühlleiten
Tel. +43 (22 49) 33 11
Ruhetag: Do

(43) Restaurant
ALTES WINZERHAUS (Seite 48/49)
Eckberg 11
A-8462 Gamlitz
Tel. +43 (34 53) 24 92
Fax +43 (34 53) 61 11
Ruhetag: Mi

(1) Restaurant
Walter BAUER (Seite 208)
Sonnenfelsgasse 17
A-1010 Wien
Tel. +43 (1) 5 12 98 71
Fax +43 (1) 5 12 98 71
Ruhetag: So, Mo

(35) Hotel
BURG BERNSTEIN (Seite 144)
A-7434 Bernstein
Tel.+ 43 (33 54) 63 82
Tel. nur von 10-12 Uhr!
Geöffnet: Ostern bis Oktober,
Restaurant für Hausgäste

(1) Café
BRÄUNERHOF (Seite 204)
Stallburggasse 2
A-1010 Wien
7.30 bis 19.30 Uhr geöffnet

(33) Gasthaus Zur
DANKBARKEIT (Seite 158)
Hauptstraße 39
A-7141 Podersdorf/See
Tel. +43 (21 77) 22 23
Ruhetag: Mi und Do

(1) Café Konditorei
DEMEL (Seite 206)
Kohlmarkt 14
A-1010 Wien
10-19 Uhr geöffnet

(53) Wirtshaus und Hotel
GANNERHOF (Seite 164)
Haus Nr. 93
A-9932 Innervillgraten
Tel. +43 (48 43) 52 40
Fax +43 (48 43) 55 06
Ruhetag: Mo, Di

(45) Landgasthof
GERNGROSS (Seite 128)
A-8511 St. Stefan ob Stainz
Tel.+ 43 (34 63) 8 11 88
Fax +43 (34 63) 8 11 88 15
Ruhetag: So abend, Mo

(1) Gasthaus
GRÜNAUER (Seite 200)
Hermanngasse 32
A-1070 Wien
Tel.+ 43 (1) 5 26 40 80
Mo–Fr 15–24 Uhr geöffnet

(1) Konditorei Café
HEINER (Seite 206)
Kärntner Straße 21 und
Wollzeile 9
A-1010 Wien
tägl. außer So
von 8.30 bis 19.00 Uhr

(1) Restaurant
HIETZINGER BRÄU (Seite 194)
Auhofstr. 1
A-1130 Wien
Tel. +43 (1) 8 77 70 87
Fax +43 (1) 8 77 70 87 22
Mitte Juli bis Mitte August geschl.
Sa, So, Feiertag durchgehend geöffnet

(28) Gasthof
Zum HIRSCHEN (Seite 174
und 1. Vorsatz-Seite)
Hof 14
A-6867 Schwarzenberg
Tel. +43 (55 12) 2 94 40
Fax +43 (55 12) 29 44 67
Ruhetag: Mi
(Juni-September kein Ruhetag)

(47) Gasthof und Vinothek
HOLZER (Seite 41)
Beim Münster
A-8692 Neuberg/Mürz
Tel. +43 (38 57) 83 32
Fax +43 (38 57) 83 32 24
Ruhetag: Mo ab 15 Uhr, Di, Mi

(21) Genießerhotel
HUBERTUS (Seite 92)
Am Dorfplatz 1
A-5532 Filzmoos
Tel. +43 (64 53) 2 04
Fax +43 (64 53) 20 66
Ruhetag: Mo; im Spätherbst und
Frühjahr länger geschl.

(8) Hotel Restaurant
HUETT (Seite 27)
A-3452 Mitterndorf 9
Tel. und Fax +43 (22 75) 52 54
geöffnet: Fr abends, Sa und So mittags
und abends

(46) Wirtshaus
JAGAWIRT (Seite 120)
Reinischkogel/Sommereben
A-8511 St. Stefan ob Stainz
Tel. +43 (31 43) 81 05
Fax +43 (31 43) 81 74
Ruhetag: Mi

(6) Landgasthof
KIRCHMAYR (Seite 14)
Haus Nr. 9
A-3351 Weistrach
Tel. +43 (74 77) 4 23 80
Ruhetag: So abend, Mo, Di

(52) KNAPP-ALM (Seite 162)
An der Franz-Josefs-Höhe
Großglockner
A-9844 Heiligenblut
Tel. +43 (6 64) 2 74 11 73
Geöffnet von Mitte/Ende Mai
bis Oktober

(24) Landgasthof
LINDE (Seite 242)
A-6272 Stumm im Zillertal
Tel. +43 (52 83) 22 77
Fax +43 (52 83) 22 77 50
Ruhetag: Mo, in der Zwischensaison
auch Di

(15) Gasthaus Restaurant
LOIBNERHOF (Seite 82)
Unterloiben 7
A-3601 Dürnstein
Tel. +43 (27 32) 8 28 90
Fax +43 (27 32) 82 89 03
Ruhetag: Mo, Di; Mitte Januar – Mitte
Februar geschl.

(48) Gasthaus
LURGBAUER (Seite 116)
Lurg 1
A-3224 St. Sebastian/Mariazell
Tel. +43 (38 82) 37 18
Fax +43 (38 82) 37 18
Ruhetag: Mo, Di

(49) Gasthof
MARTIN – MARASCHHOF (Seite 112)
Treßdorf 1
A-9632 Kirchbach
Tel. +43 (42 84) 2 11
Kein Ruhetag, in der Zwischensaison
nur auf Vorbestellung

(18) Gasthaus
MOARSEPP (Seite 90)
Pötting 12
A-4754 Andrichsfurt
Tel. +43 (77 50) 33 02
Fax +43 (77 50) 30 24
Nur abends, Ruhetag: So, Mo;
Weihnachten, August geschl.

(11) Mohnwirt
NEUWIESINGER (Seite 69)
Mohndorf Armschlag
A-3525 Sallingberg
Tel. +43 (28 72) 74 21
Ruhetag: Di

(20) Restaurant und Hotel
OBAUER (Seite 227)
Markt 46
A-5450 Werfen
Tel. +43 (64 68) 5 21 20
Fax +43 (64 68) 52 12 12
Ruhetag und Ferien: variabel

(1) Konditorei Café
OBERLAA (Stadthaus) (Seite 206)
Neuer Markt 16
A-1010 Wien
8.30 bis 19.00 Uhr geöffnet

(14) Burg
OBERRANNA (Seite 89)
Mühldorf
A-3620 Spitz
Tel. +43 (27 13) 82 21
Fax +43 (27 13) 83 66
November bis April geschl.

(51) Jausen und Verkauf
OLZNER MÜHLE (Seite 115)
Röthengraben
A-9651 Strafach 4
Tel. +43 (47 15) 82 18
Nur im Sommer Sa und So tagsüber
geöffnet

(19) Restaurant
PFEFFERSCHIFF (Seite 170)
Söllheim 3
A-5300 Hallwang
Tel. +43 (6 62) 66 12 42
Fax +43 (6 62) 66 18 41
Ruhetag: So, Mo;
Festspielzeit nur Mo

① Restaurant
PLACHUTTA (Seite 194)
Wollzeile 38
A-1010 Wien
Tel. +43 (1) 5 12 15 77
Fax +43 (1) 5 12 15 77 20

㉖ Wirtshaus
Zum REHKITZ (Seite 232)
Am Rehbühel 30
A-6370 Kitzbühel
Tel. +43 (53 56) 6 61 22
Fax +43 (53 56) 66 12 24
Kein Ruhetag, in der Zwischensaison Mi geschlossen

⑦ Gasthof
Zum ROTEN WOLF (Seite 223)
A-3425 Langenlebarn
Tel. +43 (22 72) 6 25 67
Ruhetag: Mo, Di

㉒ Gasthaus
SCHWAN (Seite 238)
Swarovskistraße 2
A-6112 Wattens
Tel. +43 (52 24) 5 21 21
Fax +43 (52 24) 5 51 75
Ruhetag: Sa, So

⑩ Gasthaus
SCHWARZ (Seite 72)
Haus Nr. 13
A-3521 Nöhagen
Tel. +43 (27 17) 82 09
Ruhetag: Mo, Di, von November bis Ostern auch Mi, Do

① Imbiß und Restaurant
Zum SCHWARZEN KAMEEL (S. 212)
Bognergasse 5
A-1010 Wien
Tel. +43 (1) 5 33 81 25
8–24 Uhr geöffnet, So und Feiertag geschl.

① Café
SCHWARZENBERG (Seite 206)
Kärntner Ring 17
A-1010 Wien
7 (Sa 9) bis 24 Uhr

① Café
SPERL (Seite 204 und letzte Vorsatz-Seite)
Gumpendorfer Straße 11
A-1010 Wien
7.00 bis 23.00 Uhr geöffnet

① Restaurant
STEIRERECK (Seite 215)
Rasumofskygasse 2
A-1030 Wien
Tel. +43 (1) 7 13 31 68
Fax +43 (1) 71 35 16 82
Ruhetag: Sa, So und Feiertage

㉛ Restaurant
TAUBENKOBEL (Seite 154)
Hauptstraße 33
A-7081 Schützen am Gebirge
Tel. +43 (26 84) 22 97
Fax +43 (26 84) 28 17
Ruhetag: Mo, Di

① Eierbrötchen
TRZEŚNIEWSKI (Seite 213)
Dorotheergasse 1
A-1010 Wien
Zur Ladenöffnungszeit

㊿ Einkehr
WATSCHIGER ALM (Seite 108)
Sonnenalpe Naßfeld
Tel. +43 (42 85) 81 70
Von Mitte Juni bis Ende September

① Café Restaurant
WEIMAR (Seite 204)
Währinger Straße 68
A-1010 Wien
geöffnet von 8.00 bis 2.00 (Fr, Sa 4.00) Uhr

㊸ Gasthaus und Hotel
WEINLANDHOF (Seite 60)
Haus Nr. 15
A-8462 Gamlitz
Tel. +43 (34 53) 25 84
Fax +43 (34 53) 27 15 10
Kein Ruhetag

Produzenten

(39) Schnapsbrennerei &
Essigmanufaktur GÖLLES
(Seite 137)
Stang 52
A-8333 Riegersburg
Tel. +43 (31 53) 75 55
Fax +43 (31 53) 75 56

(15) Mohnhof
GRESSL (Seite 68)
Haiden 11
A-3631 Ottenschlag
Tel. +43 (28 72) 74 49

(17) Faß- und Bottichbinderei
Florian HAGMÜLLER (Seite 22)
Pachersdorfstraße 1
A-4502 St. Marien
Tel. +43 (72 27) 45 48

(23) Indigo-Blaudruckerei
KOO (Seite 149)
Neugasse 14
A-7453 Steinberg
Tel. +43 (26 12) 84 71

(41) Kürbiskernöl
Familie Kremsner
MANTRACHMÜHLE (Seite 133)
Mantrach 23
A-8452 Großklein
Tel. +43 (34 56) 32 31

(20) Lämmeraufzucht
MOARHAUSLHOF (Seite 230)
A-5452 Pfarrwerfen
Tel. +43 (64 68) 56 81

(25) Glashütte Prof. Dr. Claus
RIEDEL KUFSTEIN (Seite 234)
Weissachstraße 28-32
A-6330 Kufstein
Tel. +43 (53 72) 6 49 96
Fax +43 (53 72) 6 32 25
Werksverkauf: Mo bis Fr. von
9 bis 12 und 13 bis 17 Uhr

(23) Tiroler Schnapsbrennerei
ROCHELT (Seite 237)
Innstraße 2
A-6122 Fritzens
Tel. +43 (52 24) 5 24 62
Fax +43 (52 24) 5 25 81

(20) Topfen
SCHARTENBAUERNHOF (S. 231)
Scharten 22
A-5450 Werfen
Tel. +43 (64 68) 81 89

(3) Haindl + Theuringer
SOLOFINO Spargel (Seite 33)
Haus Nr. 16
A-2282 Markgrafneusiedl
Tel. +43 (22 48) 2 36 50

(53) VILLGRATER (Seite 169)
Natur Produkte
Haus Nr. 116
A-9932 Innervillgraten
Tel. +43 (48 43) 55 20
Fax +43 (48 43) 55 19

(28) Molkereiprodukte
Maria VÖGEL (Seite 178)
A-6867 Schwarzenberg
Tel. +43 (55 12) 29 60

(16) Obst, Schnäpse und Säfte
WETTER (Seite 220)
Haus Nr. 33
A-3751 Missingdorf
Tel. +43 (29 83) 23 98
Fax +43 (29 83) 23 98

Winzer, Heurige und Buschenschenken

(37) Weingut mit Buschenschank
ARKADENHOF –
WACHTER-WIESLER (Seite 142)
Hauptstraße 26
A-7474 Deutsch-Schützen
Tel. und Fax +43 (33 65) 22 45

(30) Weingut
FEILER-ARTINGER (Seite 153)
Hauptstraße 3
A-7071 Rust
Tel. +43 (26 85) 2 37
Fax +43 (26 85) 65 52

(5) Weingut und Buschenschank
Engelbert und Christian FISCHER
(Seite 36)
Hauptstraße 33
A-2500 Sooß
Tel. +43 (22 52) 8 71 30
Fax +43 (22 52) 8 26 66
Buschenschank unregelm. geöffnet

(44) Weingut und Buschenschank
Alois GROSS (Seite 54)
Ratsch/Weinstraße 10
A-8461 Ehrenhausen
Tel. +43 (34 53) 25 27
Fax +43 (34 53) 27 28
Buschenschank unregelm. geöffnet

(1) Weingut und Buschenschank
HENGL-HASELBRUNNER (Seite 191)
Iglasseegasse 10
A-1190 Wien
Tel. +43 (1) 3 20 33 30
Fax +43 (1) 3 20 86 96
Tägl. ab 14 Uhr geöffnet

(44) Weingut
Franz HIRTZBERGER (Seite 76)
Kremser Straße 8
A-3620 Spitz an der Donau
Tel. +43 (27 13) 22 09
Fax +43 (27 13) 24 05

(6) Wein- und Sektkellerei
KIRCHMAYR (Seite 14)
Haus Nr. 123
A-3351 Weistrach
Tel. +43 (74 77) 4 21 73
Fax +43 (74 77) 42 17 34

(13) Weingut
Emmerich KNOLL (Seite 87)
A-3601 Unterloiben
Tel. +43 (27 32) 7 93 55
Fax +43 (27 32) 79 35 55

(29) Weingut
KOLLWENTZ-RÖMERHOF
(Seite 153)
Hauptstraße 120
A-7051 Großhöflein
Tel. +43 (26 82) 6 51 58
Fax +43 (26 82) 6 51 58 13

(34) Weinlaubenhof
Alois KRACHER (Seite 153)
Apetlonerstraße 37
A-7142 Illmitz
Tel. +43 (21 75) 33 77
Fax +43 (21 75) 7 77 74

(2) Heuriger
LATERNDL PFAFFL (Seite 191)
Leobendorfer Straße 7
A-2100 Korneuburg
Tel. +43 (22 62) 7 39 20
Ruhetag: Mo

(1) Weingut und Heuriger
MAYER (Seite 191)
Pfarrplatz 2
A-1190 Wien
Tel. +43 (1) 3 70 12 87
Fax +43 (1) 3 70 47 14
Tägl. ab 16 Uhr, So und Feiertag ab
11 Uhr

(1) Heuriger
MUTH (Seite 191)
Probusgasse 10
A-1190 Wien
Tel. +43 (1) 3 70 22 47
Tägl. ab 15 Uhr geöffnet, Dezember
geschl.

(27) Weinbau und Buschenschank
Franz NACHBAUR (Seite 180)
Zehentstraße 4
A-6832 Röthis
Tel. +43 (55 22) 4 32 51

(40) Weingut und Restaurant
NEUMEISTER – SAZIANISTUBEN
(Seite 65, jetzt ein Spitzenrestaurant)
Haus Nr. 42
A-8345 Straden
Tel. +43 (34 73) 83 08
Fax +43 (34 78) 8 30 84

(42) Qualitätsweinbau
Familie NIGL (Seite 184)
Priel 8
A-3541 Senftenberg
Tel. +43 (27 19) 26 09
Fax +43 (27 19) 2 60 94

(9) Weingut und Weinstube
NIKOLAIHOF (Seite 89)
Nikolaigasse 77
A-3512 Mautern
Tel. +43 (27 32) 8 29 01
Fax +43 (27 32) 7 64 40
Weinstube: Ruhetag: So, Mo, Di;
Dezember bis Februar
und Juli/August geschl.

(45) Weingut und Buschenschank
Eduard OSWALD vlg. Trapl
(Seite 126)
Lehstein 40
A-8511 St. Stefan ob Stainz
Tel. +43 (34 63) 8 10 82
Fax +43 (34 63) 81 0 82

(38) Buschenschank Maria
SAMMER (Seite 138)
Kellergasse
kein Telefon
A-7522 Heiligenbrunn
Geöffnet: Bei schönem Wetter

(43) Weinbau und Buschenschank
E. und W. SKOFF (Seite 50)
Eckberg 16
A-8462 Gamlitz
Tel. +43 (34 53) 42 43
Fax +43 (34 53) 42 43 17

(43) Weinbau und Buschenschank
SÖLL (Seite 59)
Sernau – Steinberg 63a
A-8462 Gamlitz
Tel. +43 (34 54) 66 67
Fax +43 (34 54) 66 67 77

(42) Weingut
E. & M. TEMENT (Seite 46)
Zieregg 13
A-8461 Ehrenhausen/Berghausen
Tel. +43 (34 53) 41 01-0
Fax +43 (34 53) 40 01-30

(30) Weinbau
Ernst TRIEBAUMER (Seite 153)
Raiffeisenstraße 9
A-7071 Rust
Tel. +43 (26 85) 5 28
Fax +43 (26 85) 6 07 38

(32) Weingut
UMATHUM (Seite 153)
St. Andräer Straße 7
A-7132 Frauenkirchen
Tel. +43 (21 72) 21 73
Fax +43 (21 72) 2 17 34

(1) Weingut und Buschenschank
WIENINGER (Seite 191)
Stammersdorfer Straße 78
A-1210 Wien
Tel. +43 (2 22) 2 92 41 06
Fax +43 (2 22) 2 92 86 71
Tägl. ab 15 Uhr; Ruhetag Mo, Di

(1) Heuriger
ZIMMERMANN (Seite 191)
Armbrustergasse 5
A-1190 Wien-Heiligenstadt
Tel. +43 (1) 3 72 21 10
Täglich ab 17 Uhr geöffnet; Ruhetag: So
und Feiertage; August geschl.

Rezeptregister

VORSPEISEN

Stichwortverzeichnis

Bibliographie

A LA CARTE, Der Gourmet-Führer. Schoeller, Herbert und Schmid, Hans (Hrsg.). Gastronomieführer Verlags GmbH/Deuticke, Wien 1998

BAEDEKERS Allianz Reiseführer: WIEN. Ostfildern-Kemnat 1990

BAUER, Anna: Die praktische Wiener Köchin. Jacob Dirnböck's Buchhandlung, Wien 1891

BAUR, Eva Gesine und ZELTNER, Renate: Österreich – der Reichtum der einfachen Küche. dtv, München 1997

DÄHNHARD, Wolfgang: Weinparadies Österreich. Econ, Düsseldorf 1996

DORN, Anna: Neuestes Universal- oder: Großes Wiener-Kochbuch. Tendler und von Manstein, Wien 1827

ECKEL, Hans: Was koche ich heute? Econ, Wien/Düsseldorf 1977

GAULT MILLAU ÖSTERREICH 1998: Reinartz, Michael (Hrsg.). Guide-Verlags-Anstalt, Passau 1998

GAULT MILLAU Österreich WEIN & SCHNAPS 1998: Reinartz, Michael (Hrsg.). Guide-Verlags-Anstalt, Passau 1998

GRÜNDEL Eva und TOMEK, Heinz: Wien. Merian XL /Gräfe und Unzer, München 1997

HESS, Adolf: Wiener Küche. Deuticke, Wien – München 1987, 43. Auflage 1997

HUTTER, Clemens M.: Gross Glockner, Großglockner-Hochalpenstraßen AG, 2. Auflage, Salzburg 1994

LAKOMY, Tony: Die Gourmet-Symphonie. Wilhelm Goldmann, München 1974

LÖBL, Robert: Steiermark. Tyrolia, Innsbruck-Wien-München und Styria, Graz 1974

MAIER-BRUCK, Franz: Das große Sacher Kochbuch. Schuler, München 1975

MAIER-BRUCK, Franz: Vom Essen auf dem Lande. Kremayr & Scheriau, Wien 1981

MARCELLINO'S Restaurant Report Wien. Heyne, München 1998

MAUTHE, Jörg: Wien für Anfänger. Diogenes, Zürich 1959

MICHELIN ÖSTERREICH, Reiseführer. Karlsruhe 1996

Niederösterreich Millennium. Gault Millau Spezial. Wien 1996

OBAUER, Karl und Rudolf: Das neue österreichische Kochbuch. Zabert Sandmann, München 1997

PLACHUTTA, Ewald und WAGNER, Christoph: Die Gute Küche. Orac, Wien 1993

PLAICHINGER, Thomas: Historische Hotels Österreich. Kammerer & Unverzagt, Hamburg 1995

PRATO, Katharina (Edle v. Scheiger): Süddeutsche Küche. 37. Auflage, Styria, Graz o. J. (1910)

RUHM, Franz: Kochbuch für Alle. Ruhm-Verlag, Wien o. J.

SCHMOECKEL, Peter: Wachau – Weinreisen an Donau und Kamp. edition spangenberg bei Droemer, München 1998

SELESKOWITZ, Louise: Wiener Kochbuch. 13. Auflage, Wilhelm Braumüller, Wien/Leipzig 1908

SETTELE, Matthias: Denk mal. Deuticke, Wien 1996

SIEBECK,Wolfram: Die Beisln von Wien. Heyne, München und J & V Edition Wien Dachs-Verlag, Wien 1995

SIEBECK,Wolfram: Die Kaffeehäuser von Wien. Heyne, München und Edition Wien Pichler, Wien 1996

SIEBECK,Wolfram: Die Heurigen von Wien. Heyne, München und J & V Edition Wien Pichler, Wien 1997

Tirol. Gault Millau Spezial. Wien 1996

TORBERG, Friedrich: Die Tante Jolesch. dtv, München 1977

TORBERG, Friedrich: Die Erben der Tante Jolesch. dtv, München 1981

TORBERG, Friedrich: Kaffeehaus war überall. dtv, München 1984

TURÓS, Emil und TURÓS, Lukács: So kocht man in Ungarn. Corvina, Budapest 1962

Unser Wein 1994/95 und 1996/97 – der österreichische Weinguide. Bieber, Ernst / Kutscher, Walter / Sedlaczek, Robert (Hrsg.). Deuticke, Wien 1996 und 1996

WAGNER, Christoph: Das Lexikon der Wiener Küche. Deuticke, Wien 1996

WAGNER, Christoph: Restaurant-Guide Wien und Umgebung. Edition Wien Pichler, Wien 1997

WAGNER, Christoph und SEDLACZEK, Robert: Österreich für Feinschmecker – das kulinarische Jahrbuch 1995/96/97. Deuticke, Wien 1994/95/96

WECHSBERG, Joseph: Forelle Blau und schwarze Trüffeln. Heimeran, München 1979

WEIGEL, Hans: Flucht vor der Größe. Styria, Graz Wien Köln, 1978 (EA 1960)

WINTERSBERGER, Astrid: Österreichisch-Deutsches Wörterbuch. Residenz, Salzburg Wien, 1995

ZINNER, Hannelore: Mohn. Waldviertel Projekt Management, Oberwaltenreith Edelhof 1993

Zeitschriften und Periodika:

HB Bildatlas: Kärnten (5. Auflage, Hamburg 1996); Steiermark (Hamburg 1987); Tirol (3., durchgesehene Auflage. Hamburg 1996); Vorarlberg (Hamburg 1984); Wien (5., überarbeitete Auflage, Hamburg 1996).
Gault Millau; A la Carte; Gourmet – Edition Willsberger; VIF; Feinschmecker; essen & trinken; Wachau Magazin; Niederösterreichische Wirtshaus-Zeitung; Steirisches Weinblattl; Quinta Essentia; Destillata